"La mente creativa y configurada de modo brillante del científico y autor Dr. Ski Chilton explora de nuevo con valentía el potencial de la conducta humana en su último y esclarecedor libro *Reconfigura tu cerebro*: un viaje mental provocador".

Dr. Charles (Cash) McCall,
profesor de ciencia traslacional y medicina molecular,
Facultad de medicina de la Universidad Wake Forest

"El cambio (el cambio sincero y que honra a Dios) ¡es difícil! En ocasiones, parece que la comunidad cristiana oscila entre dos extremos: la negación religiosa o la locura de solamente intentar esforzarnos por ser mejores. En cambio, *Reconfigura tu cerebro* nos da esperanza y perspectivas prácticas sobre cómo podemos quedar 'liberados' en la vida. Utilizando puntos de vista interesantes de la Escritura, la neurociencia y las batallas personales del autor, el lector es atraído a la gran aventura de ser semejante a Cristo. El libro es un detallado tapiz de analogías fascinantes extraídas de la literatura y el cine contemporáneos, y también de acontecimientos actuales que ayudan al lector a comprender las dinámicas de renovar la mente mediante la 'reconfiguración'. Al haber empleado más de treinta años dando consejería a pastores y líderes cristianos que estaban atrapados gravemente en la vida, recomiendo encarecidamente esta aportación creativa a la batalla por la plenitud y la santidad".

Dr. Ted Roberts,
autor de éxitos de ventas, pastor,
y consejero certificado en adicciones sexuales

DR. SKI CHILTON

CON **DR. MARGARET RUKSTALIS** Y **A. J. GREGORY**

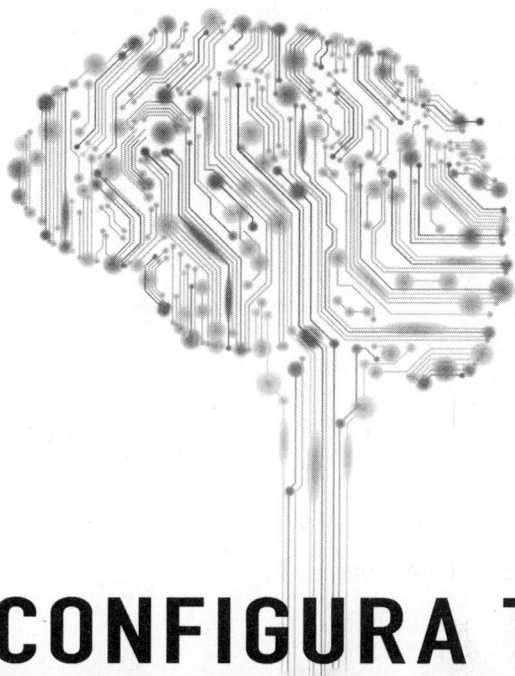

RECONFIGURA TU
CEREBRO

LIBÉRATE DE TUS HÁBITOS NEGATIVOS
Y DESATA LO MEJOR DE TI

W

WHITAKER
HOUSE
Español

Reconfigura tu cerebro
Libérate de tus hábitos negativos y desata lo mejor de ti
Dr. Ski Chilton
Con la Dra. Margaret Rukstalis y A. J. Gregory

Originally published in English under the title *The ReWired Brain* by Baker Books, a division of Baker Publishing Group, Grand Rapids, Michigan, 49515, U.S.A.
All Rights Reserved.

Edición: Henry Tejada Portales

ISBN: 979-8-88769-266-1
eBook ISBN: 979-8-88769-267-8
Impreso en Estados Unidos de América
© 2024 por Ski Chilton

Whitaker House
1030 Hunt Valley Circle
New Kensington, PA 15068
www.espanolwh.com

Por favor, envíe sugerencias sobre este libro a: comentarios@whitakerhouse.com.

Ninguna parte de esta publicación podrá ser reproducida o transmitida de ninguna forma o por algún medio electrónico o mecánico; incluyendo fotocopia, grabación o por cualquier sistema de almacenamiento y recuperación sin el permiso previo por escrito de la editorial. En caso de tener alguna pregunta, por favor escríbanos a permissionseditor@whitakerhouse.com.

1 2 3 4 5 6 7 8 9 10 11 **WJ** 31 30 29 28 27 26 25 24

ÍNDICE

PARTE 3: RECONFIGURA

INTRODUCCIÓN

Crecer en una pequeña comunidad rural tabaquera en las laderas de los Montes Apalaches en Carolina del Norte no causaba mucha emoción; sin embargo, cuando papá trajo a casa nuestro primer televisor en blanco y negro, fue como la segunda venida. Equipado con antenas de conejo, en forma de V, ocupaba un rincón de nuestra diminuta casa de bloques de hormigón de dos cuartos. Como mi familia vivía en un lugar remoto, sin tener ni siquiera el lujo de plomería interior, el único canal que podíamos sintonizar era la CBS. Menos mal. Era la única red que emitía anualmente mi película favorita: *El mago de Oz*.

Esperar año tras año a la emisión de esa brillante película era como esperar la llegada del presidente. Mis padres, mi hermana y yo nos juntábamos delante del televisor en nuestra pequeña sala (que también servía como el cuarto para todos) con gran anticipación, como si nunca antes hubiéramos visto la película. Aunque aprecio mucho la película por varios motivos, cincuenta años después me asombra su extraordinario mensaje, donde a lo largo de su peligrosa aventura, Dorothy y sus amigos siempre habían poseído precisamente las cosas que buscaban con desesperación. Dorothy podía ir a su casa en cualquier momento. El Espantapájaros ya tenía un cerebro, el Hombre de Hojalata tenía un corazón, y el León tenía valentía. Y, sin embargo, estaban convencidos de que el Mago era el único que podía poner remedio a todos sus problemas.

La escena en la que Dorothy y su grupo llegan finalmente a Oz y están delante del grandioso y poderoso Mago todavía me causa escalofríos. Ver su cabeza gigantesca rodeada de fuego y humo hablando con voz estridente y amenazante me producía un susto de muerte cuando era niño, pero como todos descubrimos, no había nada por lo que asustarse. El grandioso y poderoso Mago no existía, era tan solo un hombrecillo detrás del telón.

Me encanta la escena cerca del final cuando el Hombre de Hojalata pregunta a Dorothy qué aprendió en Oz. Ella responde: "Bueno, yo... yo creo que, que no basta con querer ver al tío Henry y la tía Em, y que si alguna vez quiero salir a buscar el deseo de mi corazón, no buscaré más allá de mi propia tierra. Porque, si no está ahí, ¡es que nunca lo perdí desde un principio!".[1]

Igual que Dorothy, muchos de nosotros estamos perdidos en las dimensiones interiores de nuestra mente, intentando descubrir quiénes somos y por qué estamos aquí. Vagamos por un desierto de lugares, situaciones y relaciones desconcertantes y difíciles. Tal vez más amenazantes todavía son los ciclones de nuestras experiencias del pasado, como una niñez traumática, relaciones fundamentales rotas, y transiciones difíciles, todas las cuales producen en nosotros temor, vergüenza, ansiedad y depresión.

¿Qué sucedería si descubrieras que tienes en tu interior la capacidad de sanar tu quebranto del pasado, de dirigir la transformación de tu mente y de tu vida? ¿Qué ocurriría si finalmente comprendieras que tienes más poder del que crees sobre tus conductas poco sanas, tus sentimientos dolorosos y tus interacciones dañinas? ¿Qué ocurriría si te dieras cuenta de que la devastación del pasado y el caos actual de tu vida podrían convertirse en las lecciones fundamentales necesarias para llevarte a un estado de consciencia más elevado? ¿Y si pudieras desatar el poder de tu mente para vivir tu mejor vida?

LO QUE OFRECE ESTE LIBRO

¡Noticias estupendas! Como seres humanos, tenemos la capacidad, mediante nuestra mente increíblemente potente y flexible, de transportarnos a nosotros mismos de regreso a Kansas. Si así lo decidimos, podemos hacer que nuestra vida descontenta y estática se convierta en una vida de belleza y alegría. Por medio de la ciencia, la psicología e historias de la vida real, *Reconfigura tu cerebro* te ayudará a comprender la infraestructura de tu mente. Podrás determinar el motivo por el que continúas participando de conductas destructivas y tienes unos sentimientos tan negativos. Aprenderás a reconocer patrones emocionales dañinos y cómo dejar de practicarlos. Y podrás hacer todo esto mediante la plasticidad (flexibilidad) de tu cerebro y tu capacidad tan enorme y maravillosa de reconfigurarlo.

Este libro se enfoca en el cerebro porque sirve como el fundamento, el *hardware* y *software* para todas nuestras reacciones, respuestas, conductas, emociones, sensaciones y decisiones. Es la fuente de millones de pensamientos inconscientes y un número mucho más pequeño de pensamientos conscientes cada día. Es el entorno fundamental donde podemos llegar a estar encarcelados y mantenernos así a la infelicidad, o descubrir la libertad y vivir en ella. Para avanzar, debemos aventurarnos a entrar en nuestro cerebro y reexaminar nuestra vida para darle sentido a nuestro pasado y a las acciones presentes, reconocer nuestros hábitos y patrones defectuosos y destructivos, y finalmente reconfigurarlos para así poder tener una vida alegre y significativa.

En las páginas siguientes leerás algunos términos científicos y psicológicos elaborados como *plasticidad cerebral, epigenética y Razonamiento de Proceso Dual*. No permitas que este lenguaje te haga tropezar. Al entender el cerebro humano, verás cómo tus pensamientos y tu sistema de circuitos cerebrales afectan tus viajes emocionales y espirituales con Dios y con otras personas.

No es mi misión ofrecerte una descripción técnica de cómo funciona tu cerebro según la ciencia, sino de permitirte poner nombre y dar contexto a tus conductas y emociones. Lo que aprenderás es fundamental para ayudarte a experimentar el proceso de cambio y encontrar libertad definitiva en todas las áreas de tu vida, incluyendo el crecimiento personal, las relaciones y la sexualidad.

Dicho eso, la premisa clave de este libro es que tu cerebro está dividido en dos sistemas de pensamiento (Sistema 1 y Sistema 2), y que compiten por tu atención, tus sentimientos, emociones y acciones. La supremacía del Sistema 1 da lugar a una persona que está totalmente controlada por sus temores e instintos inconscientes, y es muy influenciada por las experiencias de su niñez y factores del entorno (como anuncios basados en el temor, ciclos de noticias de veinticuatro horas y ciertas formas de religión). La segunda fuerza o sistema de pensamiento es mucho más desarrollada, deliberada y únicamente humana, y es donde encontramos la verdadera naturaleza de una persona.

Individualmente, estos dos sistemas de pensamiento no son todos ellos malos o todos ellos buenos, como un ángel sentado en uno de nuestros hombros y el diablo sentado en el otro. Sencillamente ambos tienen roles diferentes, y los dos son necesarios para tu supervivencia y felicidad. Sin embargo, cuando los dos sistemas no están balanceados, y una fuerza domina tus patrones de pensamiento, la experiencia humana se ve comprometida de maneras significativas y angustiosas. No hay necesidad de dar detalles aquí; te lo diré todo acerca de estos dos sistemas en el capítulo 1. Lo que necesitas saber en este momento es que, a lo largo de este libro, la doctora Rukstalis y yo te mostramos cómo reconfigurar precisamente los circuitos cerebrales de los que provienen estas dos fuerzas. Ella y yo combinamos nuestras experiencias profesionales y de vida para ofrecerte la perspectiva incluida en este libro. Esta perspectiva proviene de mis tres décadas de estudios en biología, bioquímica, genética (más recientemente epigenética), neurociencia, filosofía y teología en centros académicos como Wake Forest y Johns Hopkins, al igual que las tres décadas de estudio de la doctora Rukstalis en psicología de la adicción en las universidades Dartmouth, Harvard, Penn y Wake Forest.

LO QUE ENCONTRARÁS

Reconfigura tu cerebro está dividido en tres partes: Reflexiona, Remodela y Reconfigura.

La Parte 1 (Reflexiona) explora el Razonamiento de Proceso Dual (RPD): de dónde viene, por qué es importante, y lo que sucede cuando un sistema pasa a funcionar a toda máquina. La Parte 2 (Remodela) profundiza todavía más en cómo podemos balancear estos dos potentes sistemas en nuestro cerebro en aspectos específicos de la vida. La Parte 3 (Reconfigura) te ayudará a trabajar mediante ejercicios y prácticas autoexploratorias y transformadoras para reconfigurar tu cerebro.

Al final de cada capítulo, en las partes 1 y 2, te pedimos que respondas reflexivamente a algunas preguntas para ayudarte a iniciar el proceso de autodescubrimiento y reconfiguración del cerebro. No permitas que estas preguntas te intimiden o te abrumen. Las presentamos como ejercicios iniciales para ayudarte a personificar y activar los procesos de reflexión y reconocimiento necesarios para el cambio.

Este libro es para ti si:

- ✦ Has experimentado dolor y trauma intensos como resultado de tu pasado.

- ✦ Has cometido errores relacionales que te han hecho daño a ti mismo y a otros.

- ✦ Estás listo para alejarte de tus respuestas y situaciones destructivas para encontrar alegría y paz.

- ✦ Estás decidido a descubrir maneras nuevas y mejores de encontrar y expresar quién eres realmente en lo profundo de tu ser.

LO QUE ESTO SIGNIFICA PARA MÍ

Antes de leer este libro, deberías saber dos cosas acerca de mí. En primer lugar, soy un científico serio que insiste en utilizar el método científico para examinar preguntas específicas que pueden ser abordadas por la ciencia. También soy bastante consciente de que el mundo de las preguntas que pueden responderse científicamente es relativamente pequeño cuando se compara con las grandes preguntas que plantean quiénes somos, por qué estamos aquí, y si hay un Dios que nos ama. Cuando llegamos a estos asuntos, la ciencia no puede hablar con nada que se acerque a una voz definitiva y, por lo tanto, debemos movernos entonces a otras disciplinas como la filosofía y la teología, al igual que nuestros sistemas de creencias individuales.

La mayoría de los científicos y filósofos mantienen un sistema de creencia materialista. Su tesis central es que nuestros pensamientos, nuestra moralidad, nuestra consciencia, nuestras experiencias, los compañeros que escogemos, y si decidimos creer (o no) en un poder superior, son producto de un conjunto predeterminado y complejo de procesos y reacciones químicas y eléctricas que tienen lugar en los rincones más profundos de nuestro cerebro.

Sin embargo, yo creo que hay un Dios, lo que algunos podrían llamar un poder superior, que nos ama y desea relacionarse con nosotros. También creo que Él creó las partes extremadamente complejas de nuestro cerebro para que pudiéramos tener comunión con Él espiritualmente. Sin duda, no es necesario que compartas esta creencia para beneficiarte de este libro, pero este es el lugar donde yo resido.

En segundo lugar, aunque he tenido un éxito profesional increíble en el mundo académico en las escuelas de medicina de las universidades Johns Hopkins y Wake Forest, como autor de cuatro libros populares sobre dieta, y como hombre de negocios que está iniciando varias empresas rentables, los desastres relacionales importantes, un dolor personal intenso, y tragedias inesperadas que he experimentado en la vida han sido lo que más me ayudó. He hecho un esfuerzo intenso y he participado en mucha consejería profesional para intentar comprender los porqués de mi vida. El intenso deseo de darle sentido a mi propia realidad me condujo a examinar los misterios del cerebro humano. Me motivó a encontrar un modelo que me ayudara a comprender mi realidad y, tal vez lo más importante, las inconsistencias en mi conducta. La investigación del modelo de nuestros dos sistemas de pensamiento me ayudó a comprender, por un lado, cómo podía ser yo ese científico equilibrado y humanitario que amaba a todo el mundo y no quería otra cosa sino hacer del mundo un lugar mejor; y, por otro lado, comprendí también este caos emocional, reactivo, deprimido y destructivo que seguía fallando en las relaciones y haciéndose daño a sí mismo y a otros por mucho que quisiera hacer lo contrario.

A lo largo de la última década he realizado el trabajo duro necesario no solo para obtener nuevas perspectivas de los campos de la neurociencia, la filosofía y la psicología, sino que, además, y más importante, para llegar a conocerme a mí mismo, reconocer mis principales temores y sentimientos inconscientes y sus orígenes en mi pasado, y averiguar cómo no reaccionar a sus impulsos. Sobre todo, he sido capaz de conectar con Dios y comprender que Él no quiere otra cosa sino que yo experimente libertad, alegría y amor.

En su hermoso libro *Manual del guerrero de la luz*, Paulo Coelho describe el dolor y los desengaños de la vida como "las amadas marcas y cicatrices que me abrirán las puertas del Paraíso".[2] Me encanta esa frase porque, si permitimos que cualquier dolor que experimentamos (ya sea autoinfligido o causado por otros) sea nuestro maestro, puede llevarnos a un lugar nuevo. Por lo tanto, si has abierto este libro y en este momento estás sufriendo, ¡felicidades! Ahora tienes una gran oportunidad para el cambio y la reconfiguración necesarios para hacerte avanzar hacia una vida mejor.

Queremos presentarte a tu yo verdadero, tal vez por primera vez, y ayudarte a ser libre. Hay esperanza. Hay posibilidad. Puedes experimentar libertad en tu salud emocional y espiritual, tus relaciones, e incluso en tu intimidad y deseo sexual. Serán necesarios conocimiento y valentía. También requerirá autorreflexión sincera y sin temor. Requerirá entrega y perdón. Tomará tiempo, y tomará esfuerzo. Sin embargo, nunca más tendrás que estar atascado en una matriz de ciclos poco sanos y dañinos. Te espera un esperanzador futuro de posibilidad.

PARTE 1

REFLEXIONA

Comenzamos llevándote a un viaje para llegar a conocer tu cerebro, en particular tus dos sistemas de pensamiento y cómo batallan constantemente por tu atención. Aprenderás lo que sucede cuando estas dos fuerzas no están balanceadas y una de ellas domina a la otra. Al final de esta sección serás alentado por la emocionante noticia de que tu cerebro puede ser cambiado, independientemente de cómo haya estado configurado hasta ahora para controlar tus conductas y emociones.

1

HISTORIA DE DOS MENTALIDADES

Los humanos son anfibios: mitad espíritu y mitad animal...
Como espíritus pertenecen al mundo eterno; pero como animales habitan en el tiempo.
Esto significa que mientras que su espíritu puede ser
dirigido hacia un objeto eterno, su cuerpo, sus pasiones y sus
imaginaciones están en cambio continuo,
porque estar en el tiempo significa cambiar. Su enfoque más
cercano a la constancia, por lo tanto, es la ondulación: el regreso
repetido a un nivel desde el cual se retiran
repetidamente una serie de cumbres y valles.

C. S. Lewis, *Cartas del diablo a su sobrino*

Es un gruñón despreciable. Un personaje codicioso, tacaño y mal-
humorado con un corazón tan frío como el hielo y tan duro como el
hierro. Ebenezer Scrooge escupe amargo veneno sobre cualquiera que
esté cerca. Sabe que es un paria social, pero no le importa. De hecho,

le agrada "alejarse lentamente de las sendas llenas de gente de la vida, advirtiendo a toda la simpatía humana que mantenga las distancias".[1]

Todos podemos estar de acuerdo en que Scrooge, de quien hemos leído o hemos visto en el cine en el clásico *Cuento de Navidad*, es un hombre malo, incluso un monstruo. Por lo tanto, asombra bastante cuando, por medio de una serie de visitas de fantasmas, incluyendo entre ellos a un exsocio de negocios atormentado, él experimenta una revelación. Ver su niñez trágica y solitaria, su existencia presente despreciable y su futura muerte crea en Scrooge un ímpetu para cambiar. Hacia el final de la historia tiene lugar una transformación notable. Saltando de monstruo a alguien humanitario, de cáustico a alegre, de tacaño a caritativo, Scrooge personifica lo milagroso.

¿Qué le sucedió a Scrooge? ¿Le dieron una nueva personalidad aquel día de Nochebuena? No. Yo creo que el verdadero milagro aquel día fue que él redescubrió quién era realmente. De hecho, la visita del fantasma de la Navidad pasada reveló que su buena voluntad y compasión habían sido aplastadas por su niñez cruel y negligente, la ausencia de su mamá, su falta de amigos en el internado, y finalmente la pérdida de su único amor, su refinada prometida: Belle. En una escena profundamente conmovedora, ella va explicando por qué debe abandonarlo. "Temes demasiado al mundo… Todas tus otras esperanzas se han unido a la esperanza de estar más allá del destino de su sórdido reproche. He visto caer una por una tus aspiraciones más nobles, hasta que la pasión maestra, la Codicia, te absorbe. ¿No es así?".[2] Claramente, había dos hombres muy diferentes dentro de Scrooge, pero el que estaba abrumado por el temor y el dolor enterró al que era atento, bueno y generoso, y permitió que emergiera el monstruo.

La idea de que hay dos sistemas de pensamientos rivales dentro del cerebro humano ha sido bien documentada a lo largo de la historia humana. Pablo, el escritor de gran parte del Nuevo Testamento y un líder influyente de la iglesia cristiana primitiva, expresó claramente las dos facciones opositoras que competían constantemente por su propia mente. Él escribió:

Realmente no me entiendo a mí mismo, porque quiero hacer lo que es correcto, pero no lo hago. En cambio, hago lo que odio… Sé que no tengo en mí lo necesario. Quiero hacer lo que es correcto, pero no puedo hacerlo. Quiero hacer lo que es bueno, pero realmente no lo hago. No quiero hacer lo que está mal, pero lo hago de todos modos. Las decisiones que tomo no producen acciones. Algo muy malo ha sucedido en mi interior que causa que haga lo que no quiero.
(Romanos 7:15, 18-20 *The Message*, traducción libre)

Siento en estas palabras que Pablo está totalmente fuera de sí. Siente que se está volviendo loco, pues oye voces proverbiales que le dicen que haga cosas que él sabe que producirán malos resultados, y sin embargo las hace de todos modos. Pablo está en medio de una guerra civil en su mente. También nosotros deseamos desesperadamente reconciliar las partes que guerrean en nuestra mente para encontrar nuestro verdadero yo, y también paz y libertad. Queremos ser más pacientes y no reaccionar exageradamente, pero nuestro enojo nos supera. Queremos tener un matrimonio amoroso y en paz, pero seguimos luchando y compitiendo con nuestro cónyuge por asuntos aparentemente sin importancia. Queremos tener una buena vida, pero continuamos quedándonos atascados en ciclos y relaciones poco sanas o destructivas.

Todos tenemos esas voces opuestas que gritan en nuestro cerebro. Por lo tanto, ¿cómo le damos sentido a un cerebro que está en una lucha constante? ¿Por qué funciona de ese modo nuestro cerebro? ¿Encontraremos paz alguna vez?

Para comenzar a abordar todas estas preguntas vitales, este capítulo proporciona información fundamental acerca de cómo funciona el cerebro humano. Mi objetivo es describir un modelo práctico del cerebro humano para que puedas comenzar a darle sentido a tu realidad. Una vez hecho eso, entonces podrás comenzar a reflexionar en tu pasado y reconocer patrones de conducta y emociones que han funcionado positivamente y los que han sido destructivos.

¿LIBRES O NO LIBRES?

Por mucho tiempo, psicólogos, filósofos y teólogos han estado fascinados por cómo nos conocemos a nosotros mismos, los límites de la consciencia de uno mismo, y el impacto de no conocernos a nosotros mismos. La mayoría de nosotros damos por sentado que tenemos libre albedrío, y que podemos decidir cómo actuamos en cualquier situación.

Puede que te sorprenda que muchos biólogos, psicólogos y filósofos llamados *deterministas* o *conductistas* creen que tenemos poco libre albedrío, si es que tenemos alguno. Según estos campos, genes en nuestro ADN y nuestras experiencias tempranas en la vida forman nuestra arquitectura cerebral, sus circuitos y su constitución, al igual que niveles de señales nerviosas (neurotransmisores) y sus receptores. En conjunto, estos factores genéticos y fisiológicos programan de antemano nuestro cerebro de una manera que dicta por completo nuestras reacciones y las ideas que definen nuestras posturas y respuestas a los asuntos y problemas que enfrentamos cada día. Por consiguiente, tenemos muy poca libertad (si es que tenemos alguna) en el modo en que actuamos.

Los deterministas creen que no tenemos pensamientos conscientes libres o la capacidad de razonar, cuestionar, sopesar decisiones, o ejercer control ejecutivo sobre nuestras respuestas conductuales. Por lo tanto, carecemos de autocontrol sobre nuestros instintos primarios porque no hay un yo y, por consiguiente, no hay una autoridad autodirigida. Por ejemplo, un niño que es testigo de violencia doméstica y repite esa misma agresión no tuvo otra opción y no es responsable de sus acciones. Su agresión actual es un resultado inevitable de los acontecimientos anteriores que experimentó de niño.[3]

Aunque hay mucha verdad en que los genes y las experiencias del pasado tienen una gran influencia en nuestros sentimientos, creencias y conductas en el futuro, ¿es eso todo lo que hay en la vida? ¿Qué caso tiene la vida si todo está ya predeterminado?

Para mí, uno de los aspectos más inquietantes del determinismo es que el bien y el mal, lo bueno y lo malo, no tienen significado. Cuando somos reducidos simplemente a un conjunto determinista de acontecimientos físicos y químicos, nada es bueno o malo; simplemente es. Las personas actúan del modo en que fueron programadas. Si esta es la realidad, no podemos pedir responsabilidad a nadie por acontecimientos que no tenían ningún otro resultado posible. Yo no creo que sea por accidente que los dictadores más horribles y mortales del pasado reciente (como Hitler, Stalin, Pol Pot y Mao) basaron todos ellos gran parte de las actividades de sus regímenes en filosofías deterministas. Si eliminamos el libre albedrío y la decisión entre el bien y el mal, lo único que queda es la capacidad de la humanidad para destruir a los débiles.

Como contraste, yo he sido influenciado por el trabajo de filósofos humanistas como el psicoanalista Erich Fromm, en particular por sus libros *El miedo a la libertad* y *El arte de amar*. Fromm argumenta que todos los seres humanos tenemos la capacidad y la libertad para cambiar y dirigir nuestras propias vidas; muchos, sin embargo, sencillamente tienen demasiado miedo a hacerlo. Esta postura filosófica proporciona un tema central que se encuentra a lo largo de este libro.

Yo mismo, como mis colegas deterministas, creo que la mayoría de nosotros somos paralizados por los temores y los instintos de supervivencia primitivos de nuestros genes, nuestro trauma del pasado, y una cultura manipuladora que intenta asustarnos constantemente. En este estado mental, ciertamente tenemos muy poco libre albedrío; sin embargo, contrariamente a muchos deterministas, también creo que podemos desarrollar la capacidad de pensar diferente y superar lo que Freud denominaba temores inconscientes reprimidos y dolor, a fin de cambiarnos a nosotros mismos. Esto es verdadera libertad; y la libertad es la meta suprema de nuestro viaje juntos.

RAZONAMIENTO DE PROCESO DUAL (DPR)

El enfoque principal de este capítulo, y la base de este libro, es una teoría de la mente conocida como Razonamiento de Proceso Dual (DPR por sus siglas en inglés: *Dual Process Reasoning*). Entender este concepto es crucial para que puedas darle sentido a tu realidad, tus conductas, tus emociones y tus pensamientos.

El DPR ha recibido mucha atención en los mundos psicológico y de la neurociencia porque proporciona una estructura práctica para describir nuestras acciones y sentimientos desde una perspectiva fisiológica y también conductual. Debido a que ofrece un enfoque lógico para discutir sobre temas concernientes a la naturaleza dual de la humanidad (libre albedrío y responsabilidad ética), ha obtenido también un interés considerable en círculos filosóficos y teológicos. Más recientemente, incluso ha comenzado a aparecer en literatura de ventas y mercadotecnia como un modelo para diseñar las estrategias más eficaces para conseguir que la gente compre cosas.

La idea central del DPR es que hay dos clases muy distintivas de respuestas y de razonamientos que surgen en diferentes puntos durante el desarrollo humano y que actúan de maneras muy diferentes. La interacción entre estos dos sistemas determina nuestra personalidad, nuestras actitudes, nuestro carácter, nuestras emociones, y nuestra conducta.

Figura 1.1

NEOCÓRTEX. LAS FUNCIONES DEL SISTEMA 2 INCLUYEN:
Supervisión ejecutiva, resultados simulados, cálculo matemático complejo. También actúa en la conversación, planificación y visualización, y llega a la madurez plena en torno a los veinticinco años de edad.

SISTEMA LÍMBICO. LAS FUNCIONES DEL SISTEMA 1 INCLUYEN:
Emociones humanas como temor, enojo, lujuria, celos y felicidad. Desempeña un papel importante en la memoria, especialmente en la memoria asociada a la protección. Además, siente y nos dirige hacia cosas que se sienten bien y nos aleja de las que se sienten mal.

CEREBRO REPTILIANO. LAS FUNCIONES DEL SISTEMA 1 INCLUYEN:
Funciones más básicas, incluyendo la respiración, el latido del corazón, y respuestas de lucha o huida.

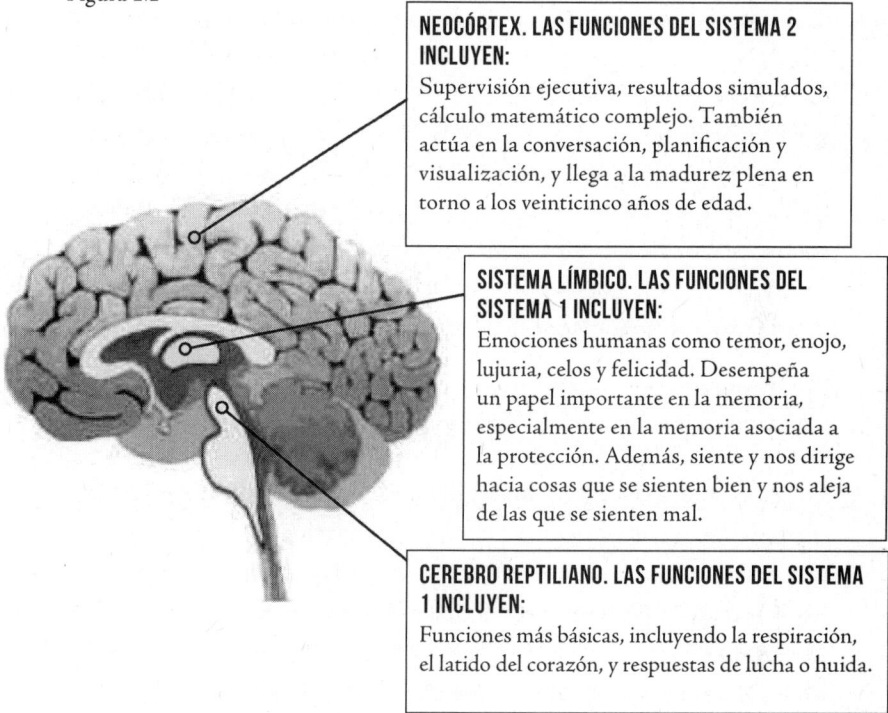

Puede que hayas escuchado esta teoría presentada bajo nombres diferentes (pensamiento lento versus rápido, el inconsciente versus el consciente, razonamiento versus intuición, pensamiento automático versus pensamiento controlado). Para los propósitos de este libro, yo usaré los términos "Sistema 1" y "Sistema 2". Comprender estos dos sistemas y configurarlos, o reconfigurarlos de maneras específicas, nos conducirá a una vida libre y significativa.

Es importante en este punto observar mi distinción entre el cerebro y la mente. Aunque utilizo ambos términos a lo largo de este libro y están claramente relacionados, existen diferencias críticas. Para mí, el cerebro es fácil de definir. Es el órgano de tejido nervioso blando donde las células cerebrales (neuronas) se comunican con el mundo y con nuestro cuerpo, y controlan funciones, movimientos, sensaciones, razonamiento, sentimientos y pensamientos.

La mente es más mística y compleja porque mientras que involucra muchos de los componentes mencionados con respecto al cerebro como el pensamiento, el razonamiento y el sentimiento, combina todas estas funciones con el concepto más metafísico de quiénes somos, o a lo que me referiré en este libro (y explicaré más profundamente enseguida) como el *Yo*. He ilustrado las ubicaciones cerebrales donde residen las actividades de estos sistemas en la Figura 1.1.

SISTEMA 1

Desarrollado a lo largo de millones de años, las respuestas del Sistema 1 son reacciones, sentimientos, sensaciones e intuiciones primitivas relacionadas con instintos de supervivencia parecidos a los de los animales. El Sistema 1 se origina predominantemente en regiones del cerebro bajo (reptiliano) y medio (sistema límbico), y es responsable de emociones y reacciones inconscientes que se centran en los instintos de supervivencia, entre los que se incluyen: reproducción, protección, control, competición y placer.

El análisis y las respuestas del Sistema 1 son rápidas, automáticas y sin esfuerzo. Lo que vemos, oímos, olemos, gustamos y tocamos se convierte en señales eléctricas que viajan por las partes primitivas de nuestro cerebro y desencadenan emociones, impresiones e intuiciones. No tenemos casi sensación de lo que nos dice el Sistema 1 porque se activa rápidamente, sin que ni siquiera lo sepamos. Por lo tanto, no tenemos la libertad para declinar o editar sus mensajes. Las señales del Sistema 1 discurren constantemente por nuestro cerebro, y no podemos hacer nada para detenerlas.

Desde una perspectiva de supervivencia, el Sistema 1 es muy eficiente en recordar acontecimientos del pasado y particularmente traumas que nos amenazaron o nos dañaron, y hacernos conscientes de ellos sin que nos demos cuenta, utilizando respuestas de temor o de lucha o huida. Por ejemplo, si eres una mujer y tu papá te descuidó o te abandonó cuando eras niña, hay una alta probabilidad de que la amenaza para tu bienestar de niña se traslade a la edad adulta como sentimientos inconscientes de temor al abandono o de no sentirte amada en las relaciones íntimas. Esto, a su vez, conduce con frecuencia a un mundo de sufrimiento para ti y para otros que te rodean. Estos tipos de escenarios tempranos de causa-efecto serán un tema central de este libro.

Como el Sistema 1 está siempre en funcionamiento, es responsable de gran parte de nuestra espontaneidad y también de aspectos clave de popularidad social y creatividad. También realiza de modo inconsciente nuestra rutinas más familiares y practicadas, entre las que se incluyen: caminar, manejar, y reconocimiento del lenguaje.

El Sistema 1 desempeña un papel crucial en uno de los instintos humanos más básicos y las características profundamente arraigadas que se encuentran en toda la naturaleza: la supervivencia del más fuerte. Para los primeros humanos, esto significaba la capacidad de sobrevivir y finalmente reproducirse para transmitir sus genes a la siguiente generación. A fin de poder hacerlo, la persona debía tener poder para controlar su entorno y a otros en ese entorno.

Esta necesidad de control primitiva es la base de la competición beneficiosa y al mismo tiempo destructiva que es evidente en todos los aspectos del mundo moderno. Los más fuertes en la actualidad son individuos que acumulan exitosamente posesiones materiales, cosechan logros profesionales, anotan conquistas sexuales, y aumentan su estatus social o económico, al igual que quienes disfrazan la codicia como ambición y dominan a otros en las relaciones.

SISTEMA 2

El razonamiento del Sistema 2 reside en las regiones más externas de nuestro cerebro (el neocórtex y en particular el córtex frontal). Comparado con el Sistema 1 y desde una perspectiva neurocientífica, es más sofisticado y parece haberse desarrollado muy recientemente, tan solo en los últimos ciento cincuenta mil años. Responsable del pensamiento y el razonamiento conscientes, es lógico y deliberado. En contraste con el Sistema 1, sabemos lo que nos dice el Sistema 2 y podemos controlar cuándo participamos en este pensamiento.

La capacidad de utilizar el Sistema 2 para tomar decisiones conscientes parece haber sido un hito fundamental en la historia humana. Nos transformó de ser seres humanos motivados en gran parte por nuestros instintos primitivos y animales, a ser humanos con la facultad de realizar funciones cognitivas de más alto nivel, tener personalidades distintivas y tomar decisiones complejas.

El Sistema 2 también puede monitorear e intervenir en ciertas situaciones de alto riesgo para anticipar y reconocer alarmas del Sistema 1 y responder de maneras más saludables y moralmente significativas. Por ejemplo, nuestra respuesta instintiva del Sistema 1 a una amenaza o un daño físico por parte de otro podría ser defendernos hiriendo a esa persona, eliminando así de inmediato la amenaza. Sin embargo, si un adolescente intenta asaltar físicamente a un adulto, el adulto puede emplear el razonamiento del Sistema 2 si conoce al adolescente y el hecho de que fue horriblemente abusado cuando era niño. Dada la consciencia del adulto sobre el Sistema 2 y los antecedentes del adolescente, puede recurrir a su Sistema 2 para anteponerse al Sistema 1. Puede tomar una decisión razonada de no intentar hacer daño al adolescente. En cambio, puede impedir los golpes y mantener a raya al adolescente. El Sistema 2 del adulto comprende la profunda sensación de dolor experimentada por el joven y reacciona con bondad y amor, no con venganza y fuerza.

Para los propósitos de este libro, el Sistema 2 tiene cinco funciones críticas:

1. Alberga la esencia de quiénes somos realmente.

2. Reflexiona sobre problemas y asuntos complejos, sopesa los pro y los contra de decisiones del pasado y opciones futuras, y llega a soluciones creativas y positivas.

3. Corrige o anula respuestas del Sistema 1 cuando está convencido de que esas respuestas no son beneficiosas para nosotros y son dañinas para otros.

4. Busca y reconoce una moralidad más elevada y la capacidad de amar y dar desprendidamente.

5. Refleja la imagen de Dios y nos permite tener comunión y una relación con Él.

Creo que las regiones cerebrales del neocórtex extraordinariamente sofisticadas que albergan el Sistema 2 son también donde reside el núcleo de quiénes somos. Yo lo denomino el *Yo* verdadero, un término que de aquí en adelante usaré en mayúscula y cursiva en este libro. Es mi esperanza al hacerlo que este trato tipográfico de la palabra te recuerde a ti, el lector (¡y también a mí, el autor!) el significado particular que intento darle.

Tu *Yo* es tu fuerza vital individual que anhela ser libre y expresarse. Te hace consciente de que eres una entidad separada, apartada de los demás, y aun así conectada con la humanidad y un miembro de la misma. Con él sientes que eres un ser único desde el día en que naciste, distinto a todos los demás en este planeta.

Tu *Yo* engloba la esencia de quien tú eres y tienes el potencial de ser. Es esa parte de ti que te da la capacidad de balancear el Sistema 1 y el Sistema 2 de una manera saludable y bella. Lo más importante, tu *Yo* hace posible que te relaciones con Dios y actúes de maneras que reflejen su imagen.

Tu *Yo* es también la parte del Sistema 2 que es capaz de la autorreflexión. En su forma más elevada, tu *Yo* es un cocreador juntamente con Dios, porque cuando tu *Yo* tiene pensamientos espirituales, amorosos y compasivos, esos mismos pensamientos forman directamente los patrones y las conexiones dentro de tus circuitos cerebrales que conducen a acciones amorosas y significativas.

Tu *Yo* determina cuándo es necesario involucrar otras funciones de análisis y razonamiento del Sistema 2 para balancear tu vida y moverte en una dirección saludable. Tu *Yo* puede anular tu tendencia natural a controlar tu situación presente, arrepentirte de decisiones del pasado, o preocuparte por el futuro. Puede aceptar imperfecciones y errores como importantes experiencias de aprendizaje, y abrazar la incertidumbre del futuro como una aventura hermosa. Te da la capacidad de tomar decisiones libres, las cuales pueden incluir decisiones de alto nivel de moralidad, y la capacidad de amar a los demás sin esperar nada a cambio. Es el intermediario y el árbitro entre tu espíritu eterno y tu naturaleza animal, la parte de tu mente donde puedes encontrar y experimentar fe.

Este libro se apoya en que, aunque la mayoría de nosotros tenemos la libertad de cambiar y la capacidad de encontrar y experimentar nuestro *Yo* verdadero, simplemente tenemos demasiado miedo o estamos demasiado abrumados por nuestra mente inconsciente (reflejada por respuestas del Sistema 1) para hacerlo. Sin embargo, la promesa es que el cambio es posible. Tu *Yo* verdadero, tu mejor versión, puede surgir con tiempo, práctica y paciencia.

LA CONEXIÓN ENTRE LOS DOS SISTEMAS

Es crucial señalar que el Sistema 1 y el Sistema 2 se comunican el uno con el otro continuamente mediante complejos conjuntos de circuitos nerviosos. Las interacciones entre los dos sistemas son la base para nuestros pensamientos, acciones y personalidad. Tal vez más interesante e importante, especialmente en el contexto de este libro, es que los circuitos entre las diferentes regiones cerebrales pueden ser modificados o reconfigurados por las experiencias y nuestras propias ideas y pensamientos nuevos. Esto, a su vez, altera nuestros hábitos y respuestas conductuales a nuestros entornos y el modo en que vivimos. Este proceso, conocido como *neuroplasticidad*, es una de las áreas de estudio más significativas en la neurociencia, y hablaré de ello con gran detalle en el capítulo 4.

Un principio clave al que regresaremos una y otra vez en este libro es que mientras más potente sea una experiencia, un hábito o un pensamiento, más fuerte será un circuito cerebral. Mientras más se utilice ese circuito, más se fortalece y más grande se hace. Como contraste, se debilitan circuitos cerebrales no utilizados y los pensamientos, conductas y emociones que producen. Por lo tanto, en qué áreas de la vida nos enfoquemos es críticamente importante para quiénes llegamos a ser.

El Sistema 1 es una fuerza poderosa. Proporciona una corriente constante y con frecuencia abrumadora de señales inconscientes. Como sus funciones no pueden apagarse, por lo general prevalece sobre los pensamientos lógicos y conscientes del Sistema 2.

En teoría, el Sistema 2 proporciona control ejecutivo sobre el Sistema 1; sin embargo, esto requiere un gran esfuerzo y disciplina, y el uso de enfoques como la autorreflexión profunda, la meditación, consejería grupal o individual, y la oración. Sin la práctica regular de estas importantes disciplinas, los dos sistemas operan de modo más independiente el uno del otro, y frecuentemente actúan de formas distintas.

EL BALANCE ES IMPORTANTE

Quiero hacer hincapié en un arquetipo universal en todos los campos de la ciencia y en cada aspecto de nuestras vidas: el balance es fundamental. Como científico cuyo trabajo aborda procesos que debilitan o enferman el cuerpo humano, puedo decir que el balance es importante. Si un sistema biológico está fuera de control mientras que otro diseñado para controlar o contrarrestar ese sistema original está disminuido, nuestro cuerpo no funcionará adecuadamente y, por lo general, nos dañaremos a nosotros mismos.

Figura 1.2

SISTEMA 1 CEREBRAL	SISTEMA 2 CEREBRAL
Ubicado en partes más primitivas del cerebro (cerebro "reptiliano" y sistema límbico).	Ubicado en las partes avanzadas del cerebro (cerebro frontal, neocórtex, y particularmente el córtex frontal).
Actúa rápidamente y sin esfuerzo.	Actúa lentamente y requiere esfuerzo para participar
Alberga el *Yo* inconsciente.	Alberga el *Yo* consciente
Reconoce el peligro y responde a él con temor y acción; recuerda amenazas previas.	Calcula y estimula resultados tras sopesar los pros y los contras de una situación.
Motiva instintos de supervivencia y competencia.	Es crítico para la moralidad de mayor nivel y decisiones Sacrificiales.
Desencadena emociones (intuiciones, impresiones, deseo y sentimientos).	Responsable del razonamiento deliberativo, lógico y deductivo, incluyendo estadísticas matemáticas.
Responsable de impulsos, hábitos, motivaciones y reacciones que dan lugar a la creatividad y la espontaneidad.	Crea y analiza conceptos abstractos.
Busca causas y patrones inmediatos, especialmente los que reflejan acontecimientos del pasado.	Reflexiona considerando opciones del cuadro general.
Con frecuencia impreciso e incapaz de verificar hechos.	Capaz de verificar hechos y de funciones ejecutivas para superar reacciones y respuestas del Sistema 1.

El Sistema 1 no es malo y el Sistema 2 sí es bueno, o viceversa. Necesitamos ambos para vivir vidas saludables. Cuando un sistema está siempre a toda máquina, el otro funciona menos y sentimos y nos comportamos de maneras que limitan drásticamente nuestra capacidad de experimentar alegría. Por lo tanto, los dos sistemas deben estar balanceados. La Figura 1.2 nos da un resumen de las características específicas de los dos sistemas.

El Sistema 1 tiene varias ventajas clave, entre las que se incluyen ayudarnos a responder rápidamente a una crisis o un peligro, y realizar tareas diarias como caminar y manejar. Es también responsable de gran parte de nuestra espontaneidad, creatividad e intuición. Seamos claros aquí. Sentimientos, sensaciones, respuestas del Sistema 1 pueden ser divertidas y bastante agradables (algunas de las cuales las exploraremos en el capítulo 10).

Sin embargo, lo que significa ser humano involucra al Sistema 2. Sus funciones nos ayudan a comprender que somos entidades únicas y singulares con la increíble capacidad de autorreflexión. Podemos tomar decisiones libremente, ver el cuadro general y simular un amplio rango de resultados. El Sistema 2 nos permite también tomar decisiones desprendidas y conectar con nuestro Creador.

Por lo tanto, necesitamos ambos sistemas en *balance*.

He visto que se ha comparado el Sistema 1 con Homero en el exitoso programa de televisión *Los Simpsons*, y el Sistema 2 con Spock en *Star Treck* o con Data en *Star Treck: La siguiente generación* (dependiendo de tu edad). Aunque puede que esa no sea la analogía más científica, sí nos permite pensar acerca de las diferentes capacidades y las ventajas y desventajas de los dos sistemas.

Hablemos de Homero, por ejemplo. Es un hombre chistoso, el alma de la fiesta, e impredecible. Aunque probablemente la pasaríamos muy bien al estar con él una noche, lo más probable es que

Homero también actuaría irracionalmente ante el peligro y tomaría decisiones impulsivas sin considerar otras opciones.

Ahora pensemos en Spock y Data. Aunque no son los tipos más creativos, espontáneos o amantes de la diversión, nos ayudarían a analizar y resolver un problema complejo. Probablemente mantendrían la calma en una situación estresante, y harían lo que pensaran que era correcto sin una influencia emocional.

Aunque estos tres personajes tienen grandes cualidades por derecho propio, ¿no sería extraordinario si pudiéramos balancearlos? Por suerte para nosotros, creo que podemos balancear de modo hermoso los aspectos de espontaneidad, ser amante de la diversión, creativo y social del Sistema 1 con la capacidad del Sistema 2 para el análisis introspectivo profundo, la resolución sofisticada de problemas, y una moralidad de elevado nivel. Pensemos en el Capitán James T. Kirk, el Capitán Jean-Luc Picard, y Marge.

En su libro *Strangers to ourselves (Extraños para nosotros mismos)*, Timothy Wilson destaca que las tareas más triviales de la vida son delegadas a la mente inconsciente. La mente consciente (el Sistema 2) es como el CEO de una gran empresa, y los empleados que desempeñan las actividades diarias son como la mente inconsciente (el Sistema 1). El bello y delicado balance de roles entre CEO y empleados es lo que hace que una empresa (la vida) tenga éxito.[4]

Una empresa irá mal si el CEO o sus empleados no hacen sus trabajos, o utilizan mal o descuidan sus posiciones y su poder. Por ejemplo, si el CEO no conoce los roles de todos, no se enfoca y dirige la empresa, o descuida el rol ejecutivo de visión, supervisión y corrección, la compañía fracasará. El CEO debe monitorear constantemente la organización, conocer su *Yo*, y comprender el propósito de la empresa. Cuando lo hace, todos los componentes de la organización son eficientes y trabajan bien juntos para moverla en la dirección correcta.

Sin embargo, si los empleados se juntan, toman la empresa, y se mueven en una dirección poco sana y destructiva sin la intervención del CEO, la empresa se deteriorará hacia el caos y la devastación.

Eso mismo puede ser cierto en nuestras vidas. Si el Sistema 1 corre desenfrenado sin la supervisión del Sistema 2, podemos sufrir en ciclos de relaciones rotas, tristeza, depresión, obsesiones malsanas, y un temor abrumador. Es decisión nuestra encontrar nuestro *Yo* en el Sistema 2 para dirigir al Sistema 1 y que el barco haga un giro y detenga conductas destructivas.

UNA ESPIRAL DESCENDENTE

No importa cuán pequeños sean los pecados dado que su efecto acumulativo es alejar al hombre de la Luz y llevarlo hacia la Nada. El asesinato no es mejor que las cartas si las cartas hacen el truco. Ciertamente, el camino más seguro hacia el Infierno es el gradual: la pendiente suave, el pequeño estorbo, sin giros repentinos, sin hitos, sin evidencias.[5]

Los seres humanos tenemos una capacidad increíble de adaptarnos a cualquier senda que estemos recorriendo, sin importar cuán disfuncional o inmanejable sea. Irónicamente, a menos que aprendamos la introspección para monitorear nuestro dolor, nos mantendremos atascados en las mismas situaciones recurrentes, sin considerar nunca lo que podríamos necesitar cambiar.

C. S. Lewis es mi autor favorito y la influencia contemporánea más grande. Uno de sus libros más populares, *Las cartas del diablo a su sobrino*, es una serie de treinta y una cartas de Escrutopo (un demonio veterano) a su sobrino Orugario, un tentador principiante que intenta conseguir que un hombre vaya al infierno.

En la cita anterior, el demonio veterano recuerda a su sobrino que es mejor no atraer al hombre hacia los pecados "grandes" (como asesinato y adulterio) porque una vida carente de autoexamen, reflexión y honestidad hará el truco y conllevará menos riesgo. Es mucho más seguro dejar que el hombre piense que, aunque puede que su vida no sea ideal, es mejor que la de la mayoría y no hay ninguna necesidad de cambiar de rumbo. En otras palabras, mantener la sencillez.

Mantén el dolor del hombre en un nivel tolerable, y él no despertará. Asegúrale que es un hombre decente, pero al mismo tiempo aliéntalo a repetir los mismos errores y patrones de conducta negativa. Mantenlo atascado en los mismos ciclos de relaciones tóxicas con su esposa, su familia y sus amigos. Y nunca, nunca permitas que el hombre considere ni por un momento que sus problemas pueden ser causados por él mismo. No, no, no. Establece en la mente del hombre que sus problemas son culpa de su esposa, de sus amigos, de sus vecinos, de sus compañeros de trabajo y de su mamá. Entonces has cumplido con tu tarea, y tu hombre va por seguro al infierno.

¿Te asusta esto tanto como me asusta a mí? Cuando reflexiono en mi vida, yo estuve muchas veces en esa pendiente descendente gradual, cayendo cada vez más profundo en la agonía del dolor y la soledad (hablaré más sobre eso en el capítulo siguiente). Iba caminando de un lugar a otro en un mundo soñado de fantasía, sin ser nunca consciente de la verdadera realidad que me rodeaba. Tal vez más aterrador era que en ese momento estaba convencido de que mi vida iba bien.

Ah, sabía que mi salud no era buena. Tenía la presión arterial elevada, me diagnosticaron depresión, y visitaba regularmente a médicos para tratar esas enfermedades con medicación.

En ese tiempo, yo creía que estas enfermedades eran el resultado de una combinación de mi genética y de un desbalance químico que podía tratarse con medicamentos recetados. Sin embargo, en la actualidad creo que mis respuestas de reacción excesiva del Sistema 1 eran la base de la mayor parte de mi dolor emocional y físico.

Nuestra mente y nuestro cuerpo no pueden soportar sentimientos constantes y abrumadores como temor, enojo, dolor, remordimiento y resentimiento que llegan a nuestra vida cada día sin experimentar graves repercusiones físicas y emocionales. Al final nos quebramos. Nuestra mente y nuestro cuerpo se enferman. No sabemos por qué nos estamos derrumbando, excepto porque esos sentimientos surgen de la mente inconsciente (Sistema 1), el cual nos resulta inaccesible. Por consiguiente, no podemos procesarlos conscientemente y darles sentido. Lo único que sabemos es que sufrimos mucho y estamos profundamente deprimidos e increíblemente solos.

Estados Unidos tiene los índices más elevados del mundo de enfermedades mentales. Más del 25 por ciento de los estadounidenses reportan que sufren alguna enfermedad mental; las más comunes son ansiedad y trastornos del estado de ánimo.[6] La investigación calcula también que más de la mitad de los estadounidenses experimentarán enfermedad mental en algún momento en sus vidas.[7] Estas enfermedades devastan a nuestra sociedad; incapacitan nuestra vida personal, social y laboral; tienen un costo para los Estados Unidos de más de tres mil millones de dólares que aumenta cada año; y causan muerte prematura.[8] Creo que el Sistema 1 a toda marcha forma gran parte de la base de nuestras enfermedades mentales. En el capítulo siguiente aprenderemos a qué se debe eso.

La sociedad moderna hace que sea fácil anestesiar nuestro dolor en lugar de abordar el problema. Nuestras compulsiones malsanas, tendencias adictivas, depresión y trastornos del estado de ánimo pueden ser adormecidas lo suficiente para evitar que nuestro dolor alcance un nivel que nos haga despertar a nuestra necesidad de cambiar.

No me malentiendas. Yo valoro las capacidades curativas externas de la medicina integral, los medicamentos con receta, y las terapias cognitiva y psicodinámica. Soy plenamente consciente de que, con frecuencia, las medicinas ayudan a las personas a funcionar y mantenerse con vida. Dicho eso, defiendo que necesitamos un nuevo lenguaje y un nuevo enfoque para enseñar a los individuos a balancear las respuestas del Sistema 1 y el Sistema 2 para así poder optimizar sus fortalezas y no solo tratar los síntomas.

Por lo tanto, ¿cómo encontramos el problema y lo arreglamos? Comienza con aprender a pensar y hacer de modo diferente.

Eso me recuerda mi experiencia con el salto con garrocha en la universidad. Durante muchos de los entrenamientos de equipo, tras mis numerosos intentos fallidos de superar la barra, mi entrenador me gritaba: "¡Ski, no te elevas lo suficiente!". Yo siempre tenía la tentación de responder: "No bromee, Capitán Obvio". Mi entrenador nunca entendió que gritar no era un medio eficaz para ayudarme a cambiar mi enfoque. Yo necesitaba instrucciones sobre qué podía hacer diferente para corregir la parte de mi salto que tenía que arreglar.

De igual modo, no tiene caso seguir diciéndole a alguien:

"¡Sal de eso!".

"Trabaja más duro. ¡Vuelve a intentarlo!".

"¡Deja de ser tan obsesivo (o controlador, o triste, o ansioso)!".

"¡Simplemente di no a las drogas, el alcohol, la promiscuidad o los atracones de comida!".

Necesitamos comprender cuál es la fuente o fuentes de nuestros problemas, temores y dolor, y equipar a nuestro *Yo* con las herramientas y enfoques que nos ayudarán a elevarnos y superar la barra hacia nuestras metas, alejados de la pendiente descendente. Nuestro objetivo es ayudarte a hacer eso a lo largo de este libro.

¡ESTO FUNCIONA!

Comprender el Razonamiento de Proceso Dual ha sido el descubrimiento más importante de mi vida. Me ha permitido darle sentido a mi realidad actual, cambiar mis conductas dañinas del pasado, y encontrar y expresar mi *Yo* verdadero.

Utilizo este modelo prácticamente cada día para analizar situaciones y adoptar un enfoque más razonado y consciente para resolverlas. Digo cosas como las siguientes: "Ski, estás actuando muy como el Sistema 1 en esta circunstancia. ¿Es así realmente como quieres ver este problema? ¿Existe verdaderamente una amenaza para que respondas de ese modo?". Por ejemplo, cuando me relaciono con otra persona, pienso con frecuencia: "Esa persona necesita control desesperadamente. No creo que sea seguro trabajar con ella o que me gustaría trabajar con ella". Mientras estaba escribiendo este libro, mi hijo de veintinueve años y sus amigos captaron la jerga. Ahora los oigo decir: "Vaya, hoy estoy actuando con mi Sistema 1. ¡Esa muchacha (o situación) me ha hecho perder los papeles!".

Con el uso del enfoque de Razonamiento de Proceso Dual soy libre para poner nombre a mis sentimientos y reacciones y comprender de dónde provienen. Soy libre para cambiar cuando juzgo a otros con adjetivos negativos como "mezquino", "egoísta" y "malo", y en cambio reconozco el desbalance en los dos sistemas de pensamiento. También soy libre para entender cuándo no puedo influir en la conducta de otra persona y, por lo tanto, debo establecer límites.

Entonces puedo enfocarme en lo que yo puedo cambiar: mis pensamientos y cómo decido actuar.

Dicho eso, yo no soy perfecto. Tengo una profunda motivación de Sistema 1 que cree que puedo solucionar cualquier situación, enmendar a cualquier persona o cualquier cosa. Por defecto, mis pensamientos gritan en ocasiones: "¡Mírame! Pasé de una casa que no tenía baño en la Carolina del Norte rural a ser promovido rápidamente por los rangos académicos en Johns Hopkins y Wake Forest. Puedo remediar cualquier cosa, y con el esfuerzo suficiente ¡nada puede detenerme!". Desgraciadamente, mi duro trabajo para cambiar las opiniones o conductas de otros me ha llevado a un mundo de problemas. Hablaré más sobre la razón de esta motivación del Sistema 1 en el capítulo 2, pero por ahora digamos solamente que el libro de Melody Beattie, *Libérate de la codependencia*, está sobre mi mesilla al lado de mi cama.

REFLEXIÓN: EL CAMINO HACIA RECONFIGURAR TU MENTE

El primer paso para reconfigurar tu cerebro es comprender que algo va mal en tu vida. Aunque todavía no tienes que identificar exactamente qué es, toma un tiempo para pausar y responder las siguientes preguntas. Están pensadas para ayudarte a comenzar el proceso de autorreflexión y descubrimiento.

1. ¿Tienes sentimientos y emociones abrumadores en tu mente con respecto a áreas importantes de tu vida? ¿Cuáles son?

2. ¿Has enfrentado situaciones difíciles o incluso devastadoras y te cuestionas cómo las manejaste? Escoge una y piensa en lo que podrías haber hecho diferente.

3. ¿Hay veces en las que, como el apóstol Pablo, quieres hacer lo que sabes que es correcto, pero haces lo contrario? ¿A qué crees que se debe?

4. ¿Crees que tu futuro está predeterminado y que tú tienes poca o ninguna capacidad para cambiarlo? ¿Por qué sí o por qué no?

2

FIJO EN LA HIPERACTIVIDAD

Tengo 99 problemas y 86 de ellos son escenarios
totalmente inventados en mi cabeza por los que me estreso sin
que haya ninguna razón lógica.

Anónimo

Tengo un temor increíble que me ha resultado difícil superar. Soy claustrofóbico. Es particularmente difícil lidiar con esta fobia cuando estoy en un avión, y yo hago muchos viajes aéreos. Aunque la ansiedad comienza a acumulase cuando se cierra la puerta del avión, puedo lidiar con ella mientras todo discurra de la manera esperada. Sin embargo, si hay alguna demora en cualquier parte del proceso para que llegue el despegue o para llegar a la puerta después del aterrizaje, desarrollo un temor paralizante casi hasta el punto de creer que me volveré loco. Mi pecho se tensa. Mi ritmo cardiaco aumenta. Mi respiración se vuelve corta y rápida. Hay veces en las que estoy sentado al borde de mi asiento y listo para gritar: "Si no me bajo de este avión, ¡voy a morir!".

Conscientemente, comprendo que esos pensamientos son totalmente irracionales. ¿Conoces a alguien que se haya quedado atrapado en un avión por días, meses o años? ¿Conoces a alguien, a excepción de las víctimas de accidentes aéreos poco frecuentes, que haya muerto en un avión? Soy totalmente consciente de que mi temor es desproporcionado, pero eso no hace que mi pánico sea menos real.

La otra noche, mientras trabajaba en este capítulo, volvió a surgir este temor. Había volado desde Los Ángeles a Cincinnati, donde abordé un vuelo de conexión hasta Charlotte. No mencionaré nombres de ninguna aerolínea, pero esa noche en particular no pasaron los chequeos de seguridad tres aviones con destino a Charlotte. Cuando me subí al tercero, era ya medianoche y la temperatura había caído por debajo de cero grados. El avión se movió hacia la pista y después se colocó a un lado. Se quedó allí por una hora sin ninguna información por parte del piloto. En los primeros quince minutos surgió la ansiedad. *¿Por qué no nos movemos? ¿Han fallado los motores o la hidráulica del motor debido a la temperatura? ¿Vamos a quedarnos en este pequeño avión en Cincinnati toda la noche? ¿Hay alguien que sepa que estamos aquí? ¡Tengo que bajarme de este avión! ¿Finjo un ataque al corazón?*

Dios realmente tiene sentido del humor. Creo que ese fue su modo de usar uno de mis mayores temores, y a primera vista el más irracional, para que el contenido de este capítulo fuera genuino. Los sentimientos de sofoco que tengo en un avión hacen que parezca que mi sistema de advertencia es absurdo y no funciona correctamente. Sin embargo, en el momento, los sentimientos y sensaciones de sofoco que tengo en un avión me dicen que estoy en un gran peligro. La intensidad de esta reacción inconsciente del Sistema 1 aumenta con cada minuto más de demora. El temor y la ansiedad cada vez más intensos al final dan como resultado un potente impulso de bajarme del avión.

A lo largo de los años he trabajado duro mediante mucha consejería para reflexionar sobre mi temor. ¿De dónde proviene? ¿Por qué aparece? Creo que en muchos casos es imposible conocer el nexo exacto de un temor así, pero basándome en mi autoexamen, creo que en mi caso hay dos acontecimientos de la niñez que son buenos candidatos.

Cuando era niño, fui víctima de acoso por parte de algunos muchachos de más edad que yo. Cada vez que mi familia hacía su viaje semanal los domingos a la piscina local, esos muchachos se divertían manteniendo mi cabeza sumergida bajo el agua, con frecuencia hasta que me desmayaba. El segundo fue que durante varios meses cuando era niño fui agredido sexualmente por un conocido de la familia. Este individuo me retenía mientras abusaba de mí. En ambos casos, alguien más fuerte y más grande me dominaba y me hacía daño.

Creo que esos acontecimientos en mi vida crearon una necesidad agudizada y desesperada de estar en control de mi espacio personal. Cuando no lo estoy, en especial si estoy encerrado en un área cerrada, siento el mismo pánico que sentía cuando estaba siendo acosado y abusado, y entonces transfiero esa emoción a mi situación actual. Y resulta que no estoy solo en esto. Un gran cúmulo de ciencia ha documentado cómo la exposición al trauma, como el acoso o el abuso en la niñez, puede tener un impacto psicológico perdurable en una persona como adulta.[1]

Respuestas del Sistema 1 como las que yo experimenté puede que fueran legítimas y necesarias para la supervivencia en una experiencia inicial; sin embargo, a medida que pasa el tiempo y pasamos de la experiencia o experiencias traumáticas en la niñez a la edad adulta, las reacciones automáticas que soportamos (como mi respuesta de lucha o huida en los aviones) ya no tienen un propósito útil. De hecho, tales disfunciones del Sistema 1 solamente causan dolor, incomodidad y obsesiones que pueden hacer que nuestras vidas sean miserables y en ocasiones totalmente incontrolables.

Creo que la mayoría de nosotros que vivimos en sociedades modernas sufrimos un profundo desbalance entre emociones y conductas del Sistema 1 y el Sistema 2. Esto deja a muchos de nosotros con un temor y ansiedad perpetuos, con una necesidad de control y sufriendo obsesiones, compulsiones, hábitos, dependencias y adicciones.

IMPRECISO POR NATURALEZA

Tal vez, la dificultad principal del Sistema 1 es que con frecuencia no es preciso. Cuando está en piloto automático no calcula la probabilidad de potenciales resultados y riesgos. En su libro *Pensar rápido, pensar despacio*, Daniel Kahneman se enfoca en la prevalencia de errores de pensamiento humano en nuestra sociedad. Esta obra es un examen extenso de los prejuicios de nuestro pensamiento rápido del Sistema 1 y cómo creemos de modo incorrecto y automático que nuestros sentimientos e intuiciones son mucho más precisos de lo que realmente son.[2]

El Sistema 1 es rápido, mucho más rápido que el Sistema 2. No tiene la capacidad de verificar la información. Como el Sistema 2 no puede reconocer fácilmente la actividad del Sistema 1 (porque se produce sin que lo sepamos), el Sistema 2 normalmente no puede confirmar las respuestas inducidas por el Sistema 1. Por consiguiente, el Sistema 1 produce temores, impulsos, juicios y reacciones a los estímulos y acontecimientos sin que haya capacidad alguna de evaluar el riesgo real. Aunque hace un trabajo estupendo para detectar el potencial de un peligro e identificar las reacciones necesarias para evadirlo, el Sistema 1 carece de la capacidad de validar que la amenaza percibida era realmente peligrosa.

En su libro *Strangers to Ourselves: Discovering the Adaptive Unconscius* [Extraños para nosotros mismos], Timothy Wilson ofrece una ilustración de este déficit del Sistema 1. Si detectas a una serpiente de mirada amenazante mientras caminas por un sendero en el bosque, tu Sistema 1 producirá rápidamente un gran temor, en particular si tienes miedo a las serpientes. Automáticamente prenderá tu respuesta de lucha o huida para moverte de inmediato en otra dirección y encontrar un lugar seguro. Sin embargo, como el Sistema 1 no verifica, su deducción inmediata puede que no sea precisa. Por ejemplo, tal vez lo que parece una serpiente es en realidad solamente un palo, o quizá sea una serpiente negra inofensiva que mata a serpientes venenosas.[3]

El Sistema 2 necesita ser activado a fin de que puedas evaluar los detalles de una situación y establecer esas determinaciones; sin embargo, la mayoría de las personas que tienen miedo a las serpientes no se quedarán allá sin moverse para examinar otras posibilidades. Por el contrario, saldrán corriendo del bosque lo más rápidamente posible, pensando y diciendo a todo aquel que escuche que acaban de eludir la muerte tras enfrentarse cara a cara con una serpiente venenosa del tamaño de su propio brazo. De modo insidioso, un acontecimiento así puede sacudir su psique durante semanas, meses e incluso años. Si su miedo a las serpientes es lo bastante grande, puede que nunca más vuelvan a entrar en el bosque. Todo eso tiene lugar porque vieron un palo en medio de un sendero que parecía una serpiente.

Eso es lo que el Sistema 1 en hiperactividad tiene la capacidad de hacernos. Muchos de nosotros reaccionamos en exceso a literalmente miles de amenazas percibidas cada día, lo cual nos deja en un estado constante de temor y sospecha. Como resultado, nos perdemos la belleza de lo que es posible. Estas respuestas exageradas requieren una energía enorme y nos desconectan de las experiencias positivas. Si nunca regresamos al bosque porque nos da demasiado

miedo encontrarnos con otra serpiente, nos perderemos para siempre el esplendor del bosque, los colores del otoño en los árboles, y las
melodías del canto de un gorrión. De modo similar, si sobrestimamos
el riesgo de crimen en nuestros barrios, pasaremos la mayor parte
de nuestra vida sin salir de casa y nos perderemos el conocer a otras
personas y jugar al aire libre con nuestros hijos. Si tenemos miedo
a que cada persona que está sentada junto a nosotros en un avión,
autobús, o subterráneo podría tener el ébola o ser un terrorista, nos
negaremos a viajar y nunca veremos partes hermosas de nuestro país
y del mundo.

COMPETICIÓN

Otro aspecto de una respuesta elevada del Sistema 1 que puede ser
particularmente destructiva es un instinto excesivo de supervivencia
del más fuerte o de competición. Hablaré en profundidad de este
tema en varios de los capítulos de este libro, pero es importante men-
cionarlo aquí porque puede producir resultados significativos y dañinos cuando está en hiperactividad.

En el mejor de los casos, la competición desempeña una función
vital para mejorar las sociedades. Motiva e impulsa el desempeño,
la calidad, la elección, el desarrollo económico y la innovación para
hacernos mejores en muchas áreas de la vida. En particular a los estadounidenses nos gusta, e incluso prosperamos, ante este fuerte instinto natural.

La competencia se centra en el poder y la capacidad de controlar
a alguien o a algo y salir victorioso. Si un equipo deportivo es más
fuerte o más rápido, o tiene un entrenador que es mejor que otro,
gana. Si una empresa tiene una ventaja competitiva (innovación,
cadena de suministro, mercadotecnia) sobre otra, gana.

Aunque son ejemplos generalmente inofensivos, la competición puede entretejer destrucción. Por ejemplo, los conflictos entre individuos en familias y relaciones íntimas, grupos raciales, naciones y religiones pueden ser devastadores tanto a nivel personal como a nivel de amplio alcance e incluso global.

En el corazón de la mayor parte de la violencia humana radica nuestro instinto primario de controlar lo que percibimos que nos coloca en riesgo en nuestro entorno. Cuando los seres humanos encontramos a una persona o un grupo de personas que son diferentes (ya sea en género, raza, religión, afiliación política, orientación sexual o nacionalidad), el Sistema 1 y sus orígenes primitivos entran en acción. Envía automáticamente señales inconscientes (intuiciones y sensaciones) de que el individuo o grupo es una amenaza potencial. Y, a menos que permitamos que intervenga el Sistema 2, las cosas pueden ponerse feas rápidamente. Solamente hay que observar lo que sucede cuando dos especies de animales agresivas ocupan la misma jaula y compiten por la misma comida.

En su relevante libro *El asiento del alma*, Gary Zukav escribe:

La misma energía que separaba a la familia de Romeo de la familia de Julieta es la misma energía que separa a la familia racial del esposo de color de la familia racial de la esposa blanca. La misma energía que colocó a Lee Harvey Oswald contra John F. Kennedy es la misma energía que puso a Caín en contra de Abel. Hermanos y hermanas se pelean por la misma razón que se pelean las empresas: buscan poder el uno sobre el otro.[4]

Por ese motivo, las protestas pacíficas de individuos como Martin Luther King Jr. y Mahatma Gandhi son tan extraordinarias. Recientemente vi la película *Selma*, que documenta la historia real de la pelea de King para conseguir los mismos derechos de voto en Alabama en 1965. Me recordó la valentía y la decisión increíbles del Sistema 2 que mostró este activista icónico por los derechos civiles mientras marchaba pacíficamente entre multitudes llenas de personas que portaban armas, insultaban con palabras racistas, e incluso empleaban la fuerza física. Como contraste, la tendencia de nuestro Sistema 1 es devolver el golpe y crear más caos, confusión y violencia. Creo que el enfoque no violento del Sistema 2 de King es la única manera en que el tejido de una nación dividida racialmente puede cambiar para mejor.

Un principio clave de la competencia es quién tiene el poder. El poder puede ser tomado, dado, comprado, robado o heredado de alguien o algo. Es esencial recordar que, cuando el poder se transfiere de una entidad a otra, el beneficio de una parte llegará a expensas de la pérdida de la otra parte. Cuando toda la riqueza en un país está concentrada en las manos de unos pocos, se le arrebata a la mayoría. Cuando una persona en una relación domina a la otra, el poder cambia de manos del dominado a las del dominante. En el momento en que un individuo saludable comienza a sentirse controlado o subyugado en una relación, es cuando la cercanía y la intimidad comienzan a disiparse.

Todos nacemos con el instinto del Sistema 1 de competir y controlar nuestros entornos para la autopreservación; sin embargo, debemos aprender a reconocer y entender cuándo son apropiados y beneficiosos los instintos de supervivencia y cuándo son destructivos y nocivos. La consciencia de uno mismo y el autocontrol, no el control sobre otros, edifican la capacidad humana de conectar, cooperar y crear y mantener vidas y relaciones armoniosas. Tales acciones requieren una profunda comprensión del *Yo* y decisiones aparentemente paradójicas del Sistema 2, como las que expresó Cristo en las

Bienaventuranzas. Me gusta mucho el modo en que Eugene Peterson expresa estas bienaventuranzas en su paráfrasis *The Message*.

Dichosos cuando están contentos con quiénes son ustedes: ni más, ni menos. En ese momento se colocan como dueños orgullosos de todo lo que no se puede comprar.

Dichosos cuando han cultivado un buen apetito por Dios. Él es alimento y bebida en la mejor comida que tendrán nunca.

Dichosos cuando se interesan por los demás. En el momento de estar llenos de cuidado por otros, descubren que reciben también esos cuidados.

Dichosos cuando su mundo interior (su mente y su corazón) está en paz. Entonces pueden ver a Dios en el mundo exterior.

Dichosos cuando pueden mostrar a los demás cómo cooperar en lugar de competir o pelear. Es entonces cuando descubren quiénes son ustedes realmente, y su lugar en la familia de Dios.

(Mateo 5:5-9, traducción libre)

Son unas palabras hermosas y conmovedoras, recordatorios de lo que es posible cuando reconocemos y nos negamos a vivir bajo el gobierno del Sistema 1 en hiperactividad. Aunque puede que deseemos estar ahí, no hay muchos de nosotros que estén en ese lugar.

EL INDIVIDUO INDIFERENCIADO

Describo a las personas que enfocan la mayoría de las situaciones en la vida con el Sistema 1 en hiperactividad como *indiferenciadas*, un término que utilizaré a lo largo de este libro. Quiero asegurarte que no asocio ningún juicio ni crítica a esta palabra. Muchas personas que actúan con emociones y conductas dominantes del Sistema 1 experimentaron trauma temprano (tal vez en la niñez) en sus vidas que ha motivado sus sentimientos y respuestas.

El término *diferenciación* se utiliza con frecuencia en biología y medicina, y algunas veces en psicología, para describir cuán adecuadamente se ha especializado o madurado una entidad, sea una célula individual o una persona, hacia su propósito supremo. Las células madre embrionarias, por ejemplo, son indiferenciadas. Dependiendo del entorno al que son expuestas pueden diferenciarse, o desarrollarse y madurar, hacia más de doscientos tipos de células que constituyen el cuerpo humano.[5]

Ahora, vamos con el aspecto negativo de las células indiferenciadas. Un evento clave que conduce a muchos tipos de cáncer es cuando un tipo de célula en particular dentro de un tejido se transforma y pasa de ser diferenciada a indiferenciada. Cuando se produce este cambio se desata el infierno, porque las células indiferenciadas pueden multiplicarse mucho más rápidamente que las células diferenciadas adyacentes, y además se niegan a morir tras cierto periodo de tiempo. Cuando un grupo de células indiferenciadas dentro de un órgano como el hígado pueden proliferar sin control y no perecer, se apoderan rápidamente del hígado como un cáncer y finalmente matan a la persona si no recibe tratamiento.

Creo que esto es análogo a las personas indiferenciadas que están motivadas por temores y respuestas del Sistema 1 que limitan sus capacidades de manejar emociones y desarrollar relaciones saludables. Las respuestas de temor y paranoia aumentan, aíslan y desconectan a los individuos hasta el punto que les resulta difícil madurar lo suficiente para disfrutar de la vida o encontrarle propósito. El Sistema 1 en hiperactividad puede conducir además a conductas y respuestas destructivas que afectan a personas que les rodean, y especialmente a seres queridos. Las personas indiferenciadas están cautivas por un

Sistema 1 en hiperactividad y ni siquiera lo saben. Están convencidas de que ellos tienen la razón y el mundo se equivoca.

LA CÁRCEL EN LA QUE NOS ENCONTRAMOS

La mayoría de las personas creen que ellos orquestan sus propias vidas. Están convencidos de que crean y siguen sus propias ideas e inclinaciones. Sin embargo, para la mayoría de nosotros la mayor parte del tiempo, eso sencillamente no es verdad. Aunque ya he hablado acerca de cosas como emociones indisciplinadas, problemas de control y situaciones inmanejables, no son esas nuestras cárceles. Me gusta pensar en ellas como nuestros carceleros.

La cárcel se encuentra en la organización de nuestro cerebro que genera la hiperactividad del Sistema 1. La razón principal por la que nos resulta tan difícil conocer nuestro *Yo* y controlar nuestras acciones es que no tenemos acceso a la mayoría de las cosas que suceden en nuestro cerebro. Somos "Extraños para nosotros mismos", tal como destaca el profesor de psicología Timothy Wilson en su libro del mismo título. Por eso tenemos problemas para dirigir nuestros pensamientos y acciones. También por eso nos comportamos con frecuencia de maneras que son destructivas para nuestro *Yo* y para otros por motivos que son un completo misterio para nosotros.

Los científicos han calculado que la mente inconsciente tiene la capacidad de interpretar y responder a más de diez mil señales nerviosas por segundo, o unos quince millones de señales por día. Esto está en marcado contraste con la mente consciente, la cual se calcula que procesa solamente cuarenta señales nerviosas por segundo (unas sesenta mil por día).[6] Eso significa que el 99.6 por ciento de las señales nerviosas en nuestro cerebro tienen lugar sin nuestro conocimiento o sin que tengamos acceso a ellas. ¿Es sorprendente entonces que con frecuencia tengamos "99 problemas y 86 de ellos son escenarios totalmente inventados en mi cabeza por los que me estreso sin que haya ninguna razón lógica"?

Muchas señales nerviosas inconscientes están diseñadas para servir a nuestros cinco sentidos, y otras son fundamentales para actividades que sostienen la vida (como funciones de órganos y la respiración). Sin embargo, nuestro cerebro también produce una cifra abrumadora de señales inconscientes del Sistema 1 que afectan nuestros sentimientos, emociones y reacciones de conducta sin que lo sepamos. Esto es muy poderoso, porque nuestro Sistema 2 consciente no puede darle sentido a ese ruido continuo y abrumador.

Cuando el Sistema 1 está siempre hiperactivo, interpretamos el mundo como un lugar donde hay emergencias por todas partes. La mayoría de las situaciones que nos encontramos parecen plantear una grave amenaza para nuestra supervivencia; por lo tanto, reaccionamos excesivamente con respuestas exageradas del Sistema 1 una y otra vez en las partes más vitales de nuestra vida. Nuestro Sistema 2 consciente no puede mantener el ritmo. De hecho, hay estudios que muestran que el estrés crónico, la ansiedad, la depresión, el trastorno de estrés postraumático y las adicciones alteran el metabolismo, la función, e incluso el tamaño de regiones cerebrales involucradas en el pensamiento del Sistema 2. Abrumado por el caos del Sistema 1, el Sistema 2 sufre insuficiencia o se cierra totalmente y permite que reine la anarquía. Entonces somos prisioneros de nuestra propia mente.

MI PRISIÓN

Yo me crie en una pequeña comunidad agrícola en la Carolina del Norte rural a finales de la década de los sesenta y principios de los setenta. Aunque los niños en nuestra comunidad asistían regularmente a la escuela, ocuparse de las cosechas de tabaco y practicar deportes era mucho más importante que la lectura, la escritura y la aritmética. Por consiguiente, ni los maestros de la escuela ni los administradores reconocían o abordaban trastornos del aprendizaje como la dislexia.

Al padecer yo una dislexia grave, aunque no lo sabía en aquel entonces, batallaba para leer y escribir, especialmente en la secundaria. Mis maestros suponían que yo tenía algún trastorno mental, o como se expresaba comúnmente y se aceptaba generalmente en aquella época, era "retrasado".

Los niños con retos y necesidades especiales de diversos grados (incluyendo el retraso grave en el desarrollo, TDAH, autismo, dislexia y graves problemas de conducta) eran colocados en un pequeño edificio de color blanco fuera de la zona escolar principal. Ese pequeño edificio blanco se convirtió en mi nuevo hogar durante los grados sexto y séptimo. Los maestros asignados no nos enseñaban nada porque no sabían cómo hacerlo a la luz de nuestros retos; por lo tanto, siete horas por día y cinco días por semana estábamos refugiados en ese pequeño edificio blanco mientras los maestros nos gritaban constantemente que estuviéramos "callados". Estar allí por dos años produjo en mí una cantidad increíble de estrés y ansiedad. Tal vez más notablemente, destruyó mi autoestima.

La falta de sensibilidad hacia la dignidad humana básica, por no mencionar la voluntad de educar y cultivar a niños que eran diferentes en esa época, eran claramente inaceptables. No solo era correcto utilizar la palabra *retardado*, sino que también los salones de clase se etiquetaban de maneras visiblemente discriminatorias. Por ejemplo, los niños más inteligentes pertenecían a la clase "A". La clase "B" era para niños con una inteligencia promedio. La clase "C" albergaba a los alumnos no tan brillantes. Y después estaba la clase "D", la mía, a la que maestros y alumnos igualmente se referían como los "retardados" y era con frecuencia el objeto de bromas crueles. Día tras día, compañeros de escuela (e incluso algunos maestros) dejaban totalmente claro quién era yo y dónde estaba: "un muchacho retardado en el pequeño edificio blanco".

Cuando cuento esta historia en la actualidad, las personas siempre preguntan cómo escapé del pequeño edificio blanco. Esta parte es en realidad bastante chistosa. El estado requería que todos los alumnos tomaran un examen de CI al inicio del octavo grado. Recuerdo tomar ese examen y pensar que era muy fácil. Naturalmente, yo suponía que habría sido rediseñado de manera especial para nuestra clase y que mis compañeros de clase disfrutaban del examen tanto como yo.

Debí hacerlo bien, porque cuando nos dieron los resultados los maestros me concedieron una atención positiva inusual y me colocaron al instante en la clase "A". Desgraciadamente, ese movimiento creó en mí más inseguridad porque todavía no sabía leer o aprender a leer. Sospechaba que todos en esa clase pensaban en silencio: "Ah, por el amor de Dios, envíen otra vez al pobre niño a la clase de los retardados".

Esta experiencia me dejó cicatrices duraderas y no solo de una naturaleza obvia emocional o psicológica. Según los últimos datos en la literatura de neurociencia, incluidos los míos, este tipo de trauma afectó también la naturaleza química de mi ADN y cómo se formaron mis circuitos cerebrales. Hablo de esto con gran detalle en el capítulo 4. Todas esas interacciones ambientales-biológicas dieron lugar a formaciones cerebrales, sentimientos y, por consiguiente, conductas específicas y negativas. Además, se produjeron en un periodo de mi vida en el que podían hacer mucho daño. Aunque yo no era consciente cognitivamente de los sentimientos de mi Sistema 1, se establecieron en su lugar a temprana edad los patrones que causarían un profundo sentimiento de rechazo, abandono, inferioridad y depresión durante gran parte de mi vida adulta.

Mi hermana me dijo sabiamente en una ocasión: "La clase de los 'retardados' hará una de dos cosas, Ski. Te aplastará, o te hará grande". Yo opté por lo segundo. Tras graduarme de la secundaria, comencé a toda marcha. Acumulé títulos. Me tomó solamente tres años (contrario el promedio de cinco a seis) obtener un doctorado en bioquímica de la Escuela de Medicina de la Universidad Wake Forest. Me dicen que sigo teniendo el récord por conseguir un doctorado en la menor cantidad de tiempo en la historia de ese programa. Durante aquel periodo, vivía prácticamente en el laboratorio y dormía allí muchas noches. De hecho, una Navidad en particular, mis padres amenazaron con llamar a la policía para que me detuviera si no salía del edificio ese día. ¡Yo estaba obsesionado!

Me hice un nombre en el prestigioso mundo de la academia, la ciencia, la publicación y los negocios. Era un profesor muy exitoso en Johns Hopkins y Wake Forest, publiqué más de ciento treinta artículos científicos y cuatro libros sobre dieta muy populares, obtuve más de treinta patentes e inicié varias empresas, en una de las cuales yo era el presidente y CEO. Trabajaba entre dieciocho y veinte horas diarias en un esfuerzo por hacerme a mí mismo "digno", la definición gráfica del éxito. Sin embargo, estaba gravemente deprimido y me sentía solo, incluso hasta el extremo de necesitar tomar varios medicamentos.

Mientras preparaba un paquete de prensa para uno de mis primeros libros, mi publicadora me pidió que redactara una biografía breve de mi vida. Pasé un par de horas trabajando en ello y, cuando la leí en voz alta, experimenté una revelación.

Tan claro como el reflejo en un espejo quedó plasmado el hecho de que mi deseo casi sobrehumano de tener éxito no estaba motivado por la alegría del logro sino por una motivación intensa de ser aceptado, reconocido, amado, y sobre todo de no ser llamado "retardado". Sin tener en cuenta cuán exitoso fuera, seguía siendo un muchachito asustado que haría cualquier cosa para que nunca más me enviaran a la clase de los retardados, metafóricamente hablando. Cada decisión que tomaba surgía de un temor profundo y persistente que estaba asentado en una parte primitiva de mi cerebro. Ese temor era una respuesta de supervivencia, una reacción emocional malsana que fue creada y alimentada por eventos traumáticos en mi niñez.

Mis relaciones también resultaron influenciadas negativamente por mi sistema de creencias hacia la inferioridad. A fin de ser amado, sentía que tenía que hacer algo para merecerlo. De modo inconsciente, era atraído hacia quienes necesitaban ayuda porque creía inconscientemente que de algún modo podrían amarme si los ayudaba. Eso creó problemas de codependencia muy destructivos en mis matrimonios, y al final jugó un papel muy importante en su destrucción.

Ahora entiendo que, aunque yo había creído que tomaba decisiones razonadas, no era así. Simplemente estaba reaccionando una y otra vez con sentimientos y respuestas básicas de supervivencia del Sistema 1 en hiperactividad. Mis emociones y conductas estaban programadas tan profundamente en mí, y surgían de aquel pequeño edificio blanco, que estaba destinado a repetirlas una y otra vez. De hecho, me tomó casi cuarenta años entender que yo estaba en esa cárcel y comenzar a escapar de ella.

Otras personas sufren más de lo que yo podría imaginar. Tuve la bendición de tener unos padres amorosos que me alentaban. Sé que muchos no son tan afortunados. La tragedia de vivir en este mundo imperfecto es que el dolor y el quebranto son inevitables. Es seguro suponer que seremos heridos en algún momento en nuestra vida; por lo tanto, la pregunta no es si sufriremos sino cómo manejaremos el daño producido por nuestras experiencias más traumáticas. Concretamente, ¿cómo lidiaremos con la constitución del cerebro y las disfunciones conductuales resultantes que son una consecuencia de esas experiencias? La respuesta a esta última pregunta lo determinará todo acerca de nuestro futuro.

LAS DISFUNCIONES POTENTES REQUIEREN UN CAMBIO POTENTE

Kimerer LaMothe dice que "nuestras respuestas emocionales pueden convertirse en hábitos que influyen en nuestras reacciones ante las cosas sin que nosotros realmente lo sepamos".[7] También yo creo que nuestras reacciones consistentes que están basadas únicamente en sentimientos de nuestro Sistema 1 (deseo, enojo, temor, ansiedad, dolor, celos, indignidad, incapacidad) y que van a toda máquina, pueden conducir a potentes disfunciones emocionales que tienen la capacidad de disminuir nuestro bienestar e incluso destruir nuestras vidas. Una disfunción emocional es una condición en la cual sentimos una emoción o reaccionamos de un modo desproporcionado ante la situación presente. Por ejemplo, podemos perder los nervios cuando una meta relativamente menor es obstaculizada, o podemos sentirnos aplastados por la tristeza cuando, para la mayoría que nos mira, nuestra vida va bien. La constitución cerebral para estas disfunciones está creada, por lo general, como un mecanismo de afrontamiento para fomentar la supervivencia y eludir el dolor en una situación difícil o de amenaza para la vida, en la niñez o en los años de adolescencia.

Claramente, mi experiencia temprana de ser colocado en un entorno que destrozaba mi valor como ser humano grabó en mí una disfunción emocional, una necesidad de garantizar por cualquier medio necesario que yo era aceptable y digno de amor. Las personas que sufren de una baja autoestima y cuestionan si son dignas de amor, puede que sean dependientes de otros para recibir atención y validación constantes. Quienes tienen un gran temor a la incertidumbre del futuro pueden tender a controlar su entorno y a quienes están en él. Hablaremos sobre más disfunciones en capítulos posteriores.

A lo largo de este libro, la doctora Rukstalis y yo te recordaremos constantemente que puedes cambiar, y el momento de hacerlo es ahora. No esperes cuarenta años como hice yo para descubrir lo que ha obstaculizado tu alegría. Sin embargo, como por muchos años has sido como eres, este proceso tomará tiempo. El cambio será gradual, incluso bajo las mejores circunstancias, a medida que aprendas cómo autocontrolar la reconfiguración de tu mente. La capacidad para reconfigurar tu mente dependerá de varios factores, incluyendo los siguientes:

1. cuán adecuadamente comprendas la estructura de tu mente y la fuente de tu dolor;

2. la profundidad de las cicatrices de tu Sistema 1;

3. con cuánta fuerza quieres cambiar.

4. si tienes humildad y puedes ser lo suficientemente vulnerable para rendir a Dios tu viejo modo de vivir; y

5. el esfuerzo y la disciplina que emplees en el aprendizaje.

Yo soy una obra en progreso. Gracias a la consejería intensiva, investigación personal de la filosofía y la psicología de la mente, dos sustos debido al cáncer, un doloroso examen interior, un deseo profundo de ser diferente, y entregar a Dios mi creencia inconsciente del Sistema 1 de que yo era inaceptable e indigno de amor, fui capaz de comenzar a transformar mis pensamientos, mis patrones de conducta y mi futuro. Mi vida tiene ahora una gran alegría, significado y libertad.

No será fácil, pero también tú puedes encontrar alegría, significado y libertad.

REFLEXIÓN: EL CAMINO HACIA RECONFIGURAR TU MENTE

1. ¿Puedes identificar situaciones en tu vida en las que respondiste de modo exagerado o ilógico, y que fue destructivo para ti o para otros? Tal vez sufres una fobia o tienes

tendencia a reaccionar emocionalmente de modo exagerado. ¿Cuáles son las situaciones que lo desencadenan? ¿Cómo tiendes a responder?

2. ¿Experimentaste o sospechas que experimentaste un evento traumático en tu niñez? En caso afirmativo, ¿cómo ha afectado significativamente tu vida presente?

3. ¿Has considerado alguna vez el concepto de disfunción emocional? ¿Qué significa para ti?

4. Un ejemplo de una disfunción emocional era mi necesidad de garantizar por cualquier medio necesario que yo fuera aceptado y amado. Reflexiona sobre tu vida, tus conductas, tus hábitos y tus reacciones. ¿Podrías estar sufriendo una disfunción emocional? En ese caso, ¿cuál? ¿Cómo es tu conducta desproporcionada con respecto a la situación actual?

3

OBSESIONADO POR EL TEMOR

Si permitimos que las cosas nos aterren,
entonces no vale la pena vivir la vida.

Séneca, filósofo romano

El ambiente en el salón de conferencias era tenso. Nubes de humo de cigarrillo flotaban alrededor de los ejecutivos de la agencia Sterling Cooper Advertising y su mayor cliente, la empresa tabaquera Lucky Strike. Mientras los hombres bien vestidos sueltan el humo de su producto de mayores ventas, Roger Sterling, el director de la agencia de publicidad, da malas noticias. Ya no podrán publicitar un cigarrillo "más seguro" para su cliente.

La reunión va cuesta abajo desde ese punto.

Los ejecutivos publicitarios ofrecen algunas ideas que al final son malas, una de ellas propuesta por un ejecutivo junior novato que gira en torno a un "deseo suicida". Exasperados, los jefes de la empresa tabacalera ponen fin a la reunión y comienzan a salir del salón de conferencias.

Tras un largo minuto, el suficiente para ampliar todavía más el drama, sale al rescate Don Draper. Con su cabello oscuro peinado hacia atrás, su traje caro y un aspecto bien parecido, recupera la posibilidad con su suave voz al decir: "La publicidad se basa en una cosa: felicidad. Y ¿saben qué es la felicidad? La felicidad es el aroma de un auto nuevo. Es libertad del temor. Es un cartel publicitario al lado de una carretera que grita con seguridad que, hagas lo que hagas, lo que haces está bien. Tú estás bien".[1]

Esas palabras profundas, que aparecen en una escena del estreno de la exitosa serie *Mad Men*, no solo se gana los corazones de los ejecutivos de Lucky Strike, sino que también parece sincera en la actualidad. Don Draper tiene razón. La felicidad es libertad del temor.

Mientras realizaba la investigación para este libro me sorprendió descubrir que, fuera de la filosofía, la psicología y la teología, se habla ampliamente del Razonamiento de Proceso Dual (DPR por sus siglas en inglés, *Dual Process Reasoning*) en la industria de las ventas y la mercadotecnia. Esta industria comprende que las reacciones del Sistema 1 hacia el temor motivará a los consumidores a comprar productos. Por eso, los investigadores de mercado relacionados con publicitar la mayoría de productos comerciales emplean cantidades enormes de tiempo y dinero para determinar cuáles son nuestros mayores temores y cómo explotarlos.

Somos bombardeados constantemente con productos que crean o magnifican y, en última instancia, prometen remediar nuestras ansiedades, sea que tengamos temor a ser poco atractivos, tener mal aliento, no ser una mamá o un papá lo bastante bueno, tener cáncer, o incluso dejar pasar muchas cosas.

Pensemos en cuán fácil es que una mamá crea que necesita un sistema de seguridad después de ver un anuncio publicitario que centra la atención en dos hombres de aspecto peligroso que entran en una casa. O que alguien de veintialgo de años sienta que se está perdiendo la tecnología de vanguardia y una vida plena si no compra el último modelo de teléfono inteligente o dispositivo de Apple.

Martin Lindstrom, autor de *Brandwashed* [El lavado de cerebro de las marcas] y *Buyology* [Verdades y mentiras de por qué compramos] dice: "Algunos anunciantes toman como presa nuestros temores de ser nuestro peor yo activando inseguridades que ni siquiera sabíamos que teníamos".[2] Utilizando como ilustración la campaña publicitaria del desodorante Dove, Lindstrom muestra cómo esta empresa de belleza hizo temer a las mujeres subconscientemente no solo que sus axilas olían mal sino también cómo se veían. Él asevera que esta campaña se basaba en técnicas publicitarias que se hicieron populares en la década de 1920 de "(a) ubicar un problema, tal vez uno que los consumidores ni siquiera sabían que tenían; (b) exacerbar la ansiedad en torno al problema; y (c) vender la cura".[3]

Sí, el temor vende. Y nosotros compramos.

EL PROBLEMA DEL TEMOR

Franklin D. Roosevelt es uno de mis presidentes favoritos. Admiro especialmente cómo lideró a los Estados Unidos en numerosas dificultades, incluyendo la Gran Depresión y la Segunda Guerra Mundial. En su breve discurso de toma de posesión, de 1883 palabras, el día 4 de marzo de 1933, el presidente Roosevelt afirmó anticipadamente lo que muchos creen que son algunas de las palabras más fundamentales declaradas nunca a este país.

> Por lo tanto, en primer lugar, déjenme aseverar mi firme creencia en que lo único a lo que debemos temer es… el temor mismo: un terror sin nombre, irrazonable e injustificado que paraliza los esfuerzos necesarios para convertir en avance la retirada.[4]

¿Por qué fueron tan importantes esas palabras? En aquella época, nuestro país ya había soportado tres años de una depresión devastadora en la cual casi la mitad (once mil de veinticuatro mil) de todos los bancos se habían derrumbado, eliminando las cuentas de sus depositantes. Millones de personas estaban sin empleo, con otros millones que apenas podían vivir por encima de la subsistencia. Los mercados de divisas y agrícola se habían erosionado por completo. Ante esa enorme adversidad, el presidente Roosevelt enfocó su discurso en el temor y cómo ese temor, y no la situación presente, podría destruir al país.

No quiero que pases por alto lo siguiente: la emoción del temor del Sistema 1 suele ser la fuerza más influyente que configura nuestros cerebros y el mayor obstáculo para reconfigurar y cambiar. El temor es paralizante porque evita nuestro desarrollo, nuestra madurez hacia ser personas bien adaptadas. No permite que llevemos a cabo acciones significativas para abordar nuestras circunstancias más difíciles. Ante nuestros peores problemas, potentes adicciones, relaciones miserables, e infelicidad e insatisfacción generales con la vida, el temor es nuestro mayor enemigo.

Antes de que concedamos demasiada autoridad a esta emoción primitiva, hemos de saber que el temor tiene una tarea básica: proporcionar información a fin de protegernos. Joseph LeDoux del Centro de Temor y Ansiedad de la Universidad de Nueva York dijo: "Llegamos al mundo sabiendo cómo tener miedo. Aprendemos a qué tener miedo".[5] Aprender a tener miedo está motivado por la información a la que estamos expuestos o nos exponemos nosotros mismos, al igual que la credibilidad que le damos a la fuente de información con respecto a la amenaza. Por eso es necesario activar el Sistema 2. Debemos utilizar su capacidad de razonamiento para evaluar la precisión de la información del Sistema 1. Hablaremos sobre cómo hacerlo en las áreas más críticas de nuestras vidas en la segunda parte de este libro.

El temor exagerado es problemático porque crea una paranoia infundada; nos paraliza y estrecha nuestro enfoque, obstaculizando así nuestra capacidad de cambiar. Cuando el temor toma el control, todo está perdido porque no podemos alterar las disfunciones emocionales del Sistema 1 que han convertido nuestras vidas en una pesadilla.

EL TEMOR VIENE EN MUCHAS FORMAS

Cuando adictos en recuperación trabajan en el paso 4 del programa de doce pasos de Alcohólicos Anónimos, se les pide que hagan un inventario moral de sus vidas. Para ayudar a guiarlos en el proceso de evaluar sus temores, *El libro grande*, en el cual se basa el programa, ofrece una "Lista rápida de inventario de temores".[6] Comprueba en la Figura 3.1. si te identificas con alguno de los puntos (nota: esta lista no es exhaustiva).

Ya que los miedos son instintos automáticos que normalmente se aprenden, es posible tener miedo a cualquier cosa y, para muchos, a todo. Karl Albrecht, exfísico y ahora consultor de gerencia y autor de veinte libros, señala cinco miedos básicos de los cuales se originan todos los demás:[7]

1. Extinción: el miedo a ser destruido o no seguir existiendo (por ejemplo, el miedo a la muerte).

2. Mutilación: el miedo al ataque o la invasión corporal que causa pérdida de función, movilidad o integridad. Puede incluir miedo a los perros, a las arañas y a las serpientes, y también a una infección viral o bacteriana. También puede incluir tener miedo a que algo o alguien nos haga daño.

Figura 3.1

LISTA RÁPIDA DE INVENTARIO DE MIEDOS

Dios	Muerte	Demencia	Inseguridad
Rechazo	Intimidad	Enfermedades	Alcohol
Drogas	Recaída	Pecado	Autoexpresión
Autoridad	Ser descubierto	Sexo	Alturas
Desempleo	Empleo	Médicos/ hospitales	Policía/cárcel
Sentimientos	Cambio	Fracaso	Éxito
Estar solo	Perder a un ser querido	Dolor físico	Ahogamiento
Carreras	Desaprobación	Rechazo	Confrontación
Violencia	Gobierno	Chisme	Armas

3. Pérdida de autonomía: el miedo a ser controlado por una fuerza o persona que no seamos nosotros mismos. En forma física, se denomina comúnmente claustrofobia y se manifiesta como el miedo a estar retenido, encerrado, inmovilizado, restringido, abrumado, capturado, encarcelado o asfixiado. En forma emocional es el miedo a ciertos tipos de relaciones (por ejemplo, miedo a la intimidad).

4. Separación: el miedo a ser separado del rebaño. Puede manifestarse como el miedo al abandono, al rechazo y a la soledad. También incluye la sensación de no ser respetado, amado o valorado por otros.

5. Muerte del ego: el miedo a cualquier mecanismo emocional que pueda destruir la integridad del *Yo*, como humillación, autocompasión y vergüenza. Puede dar lugar a temores parecidos a la separación, pero tiene que ver más con dañar nuestro sentimiento de valía y dignidad.

Consolidar esos miedos no es solamente un ejercicio académico. Nos permite vincular miedos aparentemente irracionales con acontecimientos originales en los que nació un miedo legítimo. Por ejemplo, mi temor a la pérdida de control en los aviones puede remontarse a un miedo muy racional de ser retenido durante el abuso. Ambos encajan en la categoría de pérdida de autonomía.

LOCOS DEL CONTROL

Creo que el mayor temor con el que batallan las personas es su falta de control sobre el futuro. Incorporados en este temor están todos los demás miedos básicos que explicamos anteriormente. Sin importar cuán desesperada y dolorosa sea una situación presente, muchos parecen pensar que el *statu quo* da menos miedo que un futuro incierto. Como dice la popular frase: "Es mejor lo malo conocido que lo bueno por conocer".

Como dijimos en el capítulo 1, nacemos con un potente instinto primitivo de controlar nuestros entornos. Nuestros primeros ancestros dependían de ello para sobrevivir. Como seres humanos modernos, seguimos aferrándonos a este instinto y particularmente al temor a no tener el control. Sin embargo, los individuos que se resisten al cambio e insisten en la certidumbre en su futuro serán infelices, se sentirán ansiosos y enojados la mayor parte del tiempo porque el futuro es impredecible. El cambio da miedo, y requiere que tengamos la valentía para adentrarnos en una nueva aventura indeterminada, pero al mismo tiempo potencialmente hermosa.

Me gusta lo que dice Elliot Cohen, uno de los principales fundadores de la consejería filosófica en los Estados Unidos: "Es esta contradicción entre la demanda de certeza y la realidad de la incertidumbre la que se repetirá continuamente una y otra vez sin resolución, a menos que abandonemos la demanda de certeza. Somos nosotros quienes debemos ceder, pues la realidad no renunciará a su incerti-dumbre por nosotros".[8] A menos que abandonemos nuestra voluntad de controlar el futuro, el futuro no puede ser diferente del presente. Para algunos, entregar el control se produce rápidamente. Para otros, en particular para quienes albergan un temor o temores intensos, puede tomar toda una vida. Quienes continúan alimentando sus miedos no tendrán ninguna capacidad de rendir el control.

Recientemente hablé con una amiga acerca de su decisión de abandonar un matrimonio que era física y emocionalmente abusivo. Janet expresó sus pensamientos y sentimientos sobre lo que fue nece-sario para vencer los temores aterradores de su pasado y su presente para avanzar hacia un futuro incierto. Le pregunté si querría descri-bir esa época de su vida para los propósitos de este libro. Ella aceptó con valentía, esperando que su experiencia pudiera ayudar a otros a tomar decisiones difíciles en sus vidas.

Cuando tenía doce años, mi mamá nos abandonó a mi papá y a mí por otro hombre. Cuando se fue, dejó solamente una nota. Al ser hija única cuyo papá trabajaba muchas horas como farmacéutico, yo pasaba mucho tiempo sola. Me sentía difícil de amar, inútil, y ni siquiera digna de tener una familia "normal" como tenían todas mis amigas. Si yo hubiera sido normal, mi mamá se habría quedado.

Al crecer, quería sentirme amada y tener una familia, pero no solo cualquier familia. Quería tener seis hijos. Quería ser ama de casa y desempeñar ese papel en mi familia feliz porque la mía quedó destruida. Pensaba que si podía crear esa familia mágica para sustituir a la que había sido des-truida, sería feliz. Todo volvería a estar bien; sin embargo, eso era una mentira, una mentira que viví por quince años.

Terminé en un matrimonio abusivo, en el que cada día escuchaba que yo era estúpida, estaba gorda, era demasiado religiosa, una mamá terrible, y no sabía hacer nada bien. Aun así, yo escapaba de eso intentando lograr que todo fuera "perfecto" para mi esposo abusivo con la esperanza de que me amaría lo suficiente para quedarse. Sin embargo, nunca creía que yo sería suficiente. A lo largo de nuestro matrimonio, mi esposo consumía drogas, me engañaba, e incluso me maltrató físicamente. Yo ignoraba esas conductas tóxicas, y decidía en cambio agarrar la bolsa familiar y arrugada de la negación y taparme la cabeza con ella. Justificaba las mentiras que me decía mi esposo porque tenía miedo a estar sola y que nadie cuidara de mí, como me había sucedido cuando era niña.

Por quince años seguí con esa bolsa sobre mi cabeza y creé un mundo de ficción para que otros lo vieran. Me enfocaba en el aspecto de la familia, criar hijos exitosos, y dibujar un cuadro general de una vida feliz. Sin embargo, en mi corazón, y tras puertas cerradas, estaba muriendo por el delirio y el miedo a perderlo todo.

Pero un día sucedió algo. Se detonó una bomba nuclear metafísica. La realidad golpeó mi mundo ficticio, y me di cuenta de que estaba sentada sobre escombros. Ya no podía continuar negándolo. Mi esposo ya había llegado al colmo, y yo ya estaba harta. Me enfrenté a una decisión que cambiaría mi vida: abandonar el matrimonio o quedarme. Tenía que escoger si saltar por un precipicio y perder la identidad que yo había creado por tanto tiempo, o continuar enterrándome a mí misma en una vida destructiva.

De repente, enfrenté la incertidumbre. Ya no sabía quién era yo o lo que haría a continuación. El borde del precipicio era un lugar aterrador porque yo no sabía dónde aterrizaría o cuánto daño sufriría por la caída; pero apartarme del precipicio significaba regresar a la jaula familiar y morir. ¿Saltar o morir?

Delante de la incertidumbre salté, ¡y escogí la vida!

Estoy muy agradecido por la muestra de valentía de Janet para enfrentar lo desconocido. Antes de mostrarte cómo esta mujer ha transformado su vida, me gustaría señalar que las experiencias devastadoras en la niñez dan lugar con frecuencia a situaciones difíciles más adelante en la vida.

Abandonada por su mamá, Janet creía que ella no tenía valor ni podía ser amada. Además, como su familia quedó destruida cuando era niña, fue impulsada a recrear una familia ideal a toda costa.

Por consiguiente, Janet probablemente escogería a casi cualquiera que pudiera hacerle sentirse amada y darle una familia. Con una baja autoestima, Janet escogió a un hombre que era incapaz de satisfacer sus necesidades emocionales. Desgraciadamente, abusaba de ella y de sus hijos. En el capítulo 9 exploraremos por qué escogemos ciertas relaciones, en particular las que son malsanas, pero vale la pena observar aquí que Janet no hizo nada para merecer el abuso. Los adultos impusieron sobre ella descuido y abandono cuando era niña.

El aspecto más vital de la historia de Janet es que, a pesar de todos sus miedos del pasado y del presente, encontró la valentía para enfrentarlos, escapar de su situación y cambiar su vida. Me sorprende ver cómo se ve su vida en la actualidad, y estoy seguro de que a ti también te sorprenderá.

Esta mamá soltera de cuatro hijos terminó una maestría en gerontología y es la cofundadora de una pequeña empresa de reciente creación que ayuda a personas con Alzheimer. Janet ha pasado de ser un individuo tímido, inseguro y gobernado por el temor al abandono, a ser una mujer fuerte y segura de sí misma que ama plenamente su *Yo* y confía en él y en otras personas. De modo importante, sus hijos se han beneficiado mucho de su fuerza saludable y su potente ejemplo en cómo pasar de vivir bajo un dominio y temor dolorosos a la plena luz de la libertad y la belleza. Debido a su valentía extraordinaria, no es probable que ellos repliquen conductas similares basadas en el temor, y tienen una gran oportunidad de vivir vidas felices y alegres.

Debemos reconocer y comprender que nuestros intentos de controlar la vida basándonos en emociones, temor y reacciones del Sistema 1 terminan en desastre. Para muchos de nosotros, mientras peores son las cosas, más creemos que necesitamos agarrar con mayor fuerza las riendas de nuestra vida caótica, solo para experimentar de primera mano las consecuencias de más confusión y destrucción.

Me resulta fascinante que las frases "no tengas miedo" y "no temas" aparecen más de ochenta veces en la Biblia. ¿Crees que Dios está intentando decirnos algo? Claramente, los escritores de este texto sagrado anticiparon nuestra tendencia natural hacia el temor, nuestra inclinación a aferrarnos a lo familiar. Comprendo que deshacer ese agarre es difícil para muchos de nosotros, especialmente cuando somos inundados de mensajes en los medios, en la publicidad, e incluso en conversaciones diarias que intensifican nuestro nivel de temor hasta un grado malsano y destructivo.

PELIGROS PRESENTES Y NO TAN CLAROS

Terrorismo global. Secuestros de niños. Balaceras en escuelas. Robos de autos con violencia. ISIS. Violencia doméstica. Asesinato. Violación. Todas estas palabras son suficientes para provocar escalofríos y pánico.

Recientemente cené en un restaurante en mi ciudad natal y escuché una conversación en la mesa de al lado. Un caballero anciano le decía a su acompañante: "¿Puedes creer todas las cosas que oyes en las noticias? Recuerdo que era muy seguro vivir aquí hace cuarenta años atrás. Nunca cerrábamos con llave un auto o la puerta de casa. Ahora yo nunca saldría a dar un paseo por mi barrio sin cerrar con llave la puerta de mi casa o llevar conmigo un arma. ¿Cómo se fue nuestra sociedad al infierno tan rápidamente?".

¿Estarías de acuerdo con este hombre?

Me parece alarmante ese tipo de conversación porque los hechos reales revelan que nada podría estar más lejos de la verdad. Las estadísticas de todas las categorías de crimen local y nacional, al igual que de violencia en el mundo indican que nunca hemos estado más seguros y el planeta ha sido más pacífico. Libros recientes, entre los que se incluyen *Winning the War on War* [Ganar la guerra a la guerra], *The Tragedy of Great Power Politics* [La tragedia de la política del poder] y *Los ángeles que llevamos dentro*, documentan estas mejoras. En *Los ángeles que llevamos dentro*, Steven Pinker, psicólogo de Harvard, ofrece datos poderosos que demuestran una reducción drástica en muertes por guerra, violencia familiar, racismo, violación y asesinato. Él dice: "La disminución de la violencia puede que sea el desarrollo más significativo y menos apreciado en la historia de nuestra especie".[9]

Según un gran número de investigaciones que condujo Pinker, el número de personas que mueren en guerras globales ha caído un doscientos por uno desde el último siglo hasta hoy. El crimen violento ha disminuido marcadamente desde la década de 1970, el periodo de tiempo al que se refería ese hombre en el restaurante. Desde 1976, el índice de asesinato doméstico (esposos que matan a sus esposas) ha descendido casi un 50 por ciento. Las violaciones han caído más de un 80 por ciento desde 1973.[10]

A la luz de esas estadísticas, estuve tentado a dirigirme al caballero en la mesa de al lado y decirle: "Mire, señor, si usted no cerraba con llave sus puertas en los años setenta, seguro que no comenzará a cerrarlas ahora, porque en la historia de la humanidad usted nunca ha estado más seguro". Sin embargo, si hubiera intervenido, tengo la sensación de que él no me habría creído a pesar de que las estadísticas, derivadas de varias fuentes independientes, no podrían ser más claras. Como el Sistema 1 es frecuentemente bastante impreciso y tiene poca capacidad para evaluar el riesgo, reduce la atención y cierra las mentes a los hechos reales. Sin importar el grado de evidencia, los individuos impulsados por temores del Sistema 1 siguen creyendo su propia evaluación de la situación actual.

Con respecto al terrorismo global, uno de los problemas más destacados en las noticias de la época, Pinker señala que "el terrorismo no supone muchas muertes. El 11 de septiembre fue completamente excepcional. Nunca hubo un ataque terrorista en suelo estadounidense antes o después que haya causado tantas muertes. Lo que sí genera es temor".[11] En primer lugar, quiero reconocer el dolor inimaginable que los terroristas han causado a las víctimas y a la sociedad debido a sus actos de violencia inadmisibles. Son acciones malvadas perpetradas por personas malvadas. Sin embargo, mientras muchos viven con un temor constante a que se produzca otro acto de terrorismo en el país, ¿es verdaderamente una preocupación legítima?

Un estudio reciente indica que la probabilidad de que la persona promedio en los Estados Unidos muera a causa de terrorismo internacional es comparable a la probabilidad de morir al ser golpeado por un asteroide o ahogarse en un inodoro.[12] Por lo tanto, aunque existe el terrorismo en los Estados Unidos, ya sea en forma de ISIS, Boko Haram o Al-Qaeda, la investigación revela que nuestro temor sobrepasa por mucho el riesgo de terrorismo. No necesitamos preocuparnos constantemente porque sea bombardeado nuestro edificio de oficinas, la escuela de nuestros hijos o nuestro barrio.

Sin embargo, el temor es predominante. Simplemente no tenemos organizaciones, fuentes de información o mensajes positivos que sean lo bastante fuertes dentro de nuestra cultura para reducir la velocidad o interrumpir a las personas, los medios y los comerciantes que venden temor.

En un estudio publicado en la revista *Archives of General Psychiatry*, los científicos rastrearon a una muestra de estadounidenses por algunos años después del 11 de septiembre. Descubrieron que el 6 por ciento de los individuos que fueron más impactados psicológicamente por los ataques sufrían ansiedad y temor duraderos, y tenían tres veces más probabilidad de tener problemas de corazón que el 94 por ciento restante.[13] Si la citada población de estudio es representativa de todo el país, eso se traduciría en más de quince millones de personas con nuevos problemas de corazón debido a su miedo al terrorismo. Si solamente una pequeña fracción de esas personas mueren de un ataque cerebral o un ataque al corazón, la cifra que murió debido al temor seguirá siendo mucho más elevada que la cifra de víctimas del 11 de septiembre. El temor es devastador y mortal.

Roosevelt dio en el clavo: lo único que debemos temer es al propio temor.

El Sistema 1 normalmente sobrestima el grado de peligro real de las situaciones diarias. Sin la intervención cognitiva del Sistema 2, nuestro Sistema 1 inconsciente verá cualquier acontecimiento horrible en televisión o lo escuchará y supondrá que el acontecimiento podría sucedernos o nos sucederá. No importa que la situación se produjera al otro lado del mundo y en un contexto completamente diferente. Nuestro Sistema 1 vincula de modo inconsciente y automático lo que vemos como una amenaza para nosotros en el aquí y ahora. Debido a que vemos y escuchamos sobre violencia y devastación constantemente en todo el mundo, pocas personas creen las estadísticas actuales que muestran que el crimen y la violencia en el mundo están descendiendo de modo drástico.

Observo una tendencia entre algunos líderes en ciertas comunidades de fe. Muchos muestran el temor desde detrás de un podio para que los congregantes reconozcan que estamos en los últimos tiempos antes del apocalipsis que llegará y, por lo tanto, sean motivados a aceptar la vida espiritual. Estos líderes religiosos tienden a infundir el temor de Dios en quien esté escuchando, citan historias y muestran videos de actos violentos perpetrados en todo el planeta. El temor no solo es un medio ineficaz para cambiar a las personas, sino que es también contraproducente. Genera en otras personas más ansiedad, más estrés, y más enfermedades relacionadas con el estrés. Yo les diría a esos líderes: "Dejen de mostrar el temor y proclamen en cambio la paz y el amor de Cristo".

Creo en la advertencia de la Escritura de que un día habrá una segunda venida de Jesús; sin embargo, nos recuerda: *Pero en cuanto al día y la hora, nadie lo sabe, ni siquiera los ángeles del cielo, ni el Hijo, sino solo el Padre* (Mateo 24:36). Aunque Jesús habló de señales que anunciarían su regreso, entre las que se incluyen guerras horribles, agitación, desastres naturales y declive moral (y vemos evidencia de esas cosas en la sociedad moderna), desde una perspectiva puramente matemática, la frecuencia de actividades descritas en esas señales nunca ha sido más baja. Claro está que eso podría cambiar, pero por ahora los índices de mortalidad, por ejemplo, son más de mil veces menores que cuando se profetizó la segunda venida. Espero que esto te aliente a poner en consonancia tu *Yo* con el tema recurrente de la Biblia de "no temas".

EL DAÑO DEL TEMOR NO CONFIRMADO

Abrir nuestro *Yo* a publicaciones, medios e incluso personas inducidos por el temor (al mirar habitualmente redes de noticias las veinticuatro horas, sintonizar programas de entrevistas radiales, o repetir las mismas conversaciones con otros acerca de cuán terrible, inseguro y violento es nuestro mundo) causa más daño catastrófico del que podemos imaginar.

Desde la perspectiva de la ciencia y la genética (un enfoque principal en mi investigación), los estimulantes del entorno que evocan temor alteran estructuralmente nuestro ADN cerebral. Una subcategoría especial de la genética conocida como epigenética es una de las disciplinas de más rápido crecimiento en la ciencia. Estudia cómo nuestros entornos (todo, desde la exposición a retos psicológicos hasta nuestras dietas) cambian la propia estructura de nuestro ADN. Aunque hablo de esto con más detalle en el capítulo siguiente, por ahora debes saber que el temor es un factor importante que altera el ADN en nuestro cerebro y que conduce a la reconfiguración del cerebro.

Específicamente, el trauma y el temor crean estrés, el cual altera nuestro ADN, enciende ciertos genes en nuestro cerebro y finalmente crea conexiones nerviosas basadas en el temor. Toda esta configuración cerebral basada en el temor nos mantiene constantemente sintiendo miedo y ansiedad. Trágicamente, el temor también conduce a cambios relacionados con el estrés en otras partes de nuestro cuerpo que al final causan patologías como alta presión arterial e inflamación. Por eso, el temor producido por el 11 de septiembre causó tantas enfermedades del corazón.

Por consiguiente, si llenamos nuestra mente con cantidades copiosas de estímulos producidos por el miedo (como publicidad, ciclos de noticias las veinticuatro horas y políticas basadas en el miedo), el estrés creado por este temor interactúa con genes en nuestras células cerebrales para fortalecer sendas basadas en el temor. Entonces pagamos un alto precio, el costo de desarrollar dolencias mentales y físicas como paranoia, ansiedad, depresión, enfermedades del corazón y ataque cerebral.

Cada año paso varias semanas en regiones aisladas de África donde no tengo acceso a ningún tipo de medios de comunicación. Siempre me sorprende, cuando regreso a los Estados Unidos, que nada ha cambiado. Regreso a casa a los mismos conflictos globales, las mismas disputas religiosas, el mismo dolor y sufrimiento, las mismas "tormentas del siglo" en la meteorología. Republicanos y demócratas; liberales y conservadores; potencias en el Oriente Medio, los Estados Unidos y Rusia; ateos y creyentes siguen batallando. Wolf Blitzer sigue abriendo de modo siniestro cada transmisión de la CNN y dice: "Ahora tenemos importantes noticias de última hora", como si nosotros y nuestra familia corriéramos un gran riesgo a menos que escuchemos la historia. Esto me recuerda las palabras del rey Salomón en el antiguo texto de Eclesiastés: "Las generaciones van y vienen, pero la tierra nunca cambia" (Eclesiastés 1:4, NTV).

Te ofrezco una herramienta útil si quieres reducir significativamente tu temor y crear más alegría en tu vida, comenzando desde hoy: disminuye tu consumo de estímulos basados en el temor. Apaga el televisor y especialmente los canales de noticias las veinticuatro horas. Escucha música inspiradora cuando manejas en tu auto. Niégate a aceptar como hechos gran parte de la información no corroborada que tu entorno te ofrece continuamente. De forma educada, pon fin a conversaciones que se enfocan en el pesimismo.

No estoy diciendo que deberías hacer como Pollyanna[14] y fingir que la maldad, o las malas personas o cosas no existen. Te ofrezco que dejes de alimentarte constantemente de información basada en el temor para que así puedas disminuir los circuitos de tu cerebro basados en el miedo que destruyen tu felicidad y tu salud. Este es un modo sencillo y relativamente fácil de reconfigurar tu cerebro y experimentar rápidamente más alegría en tu vida.

LA DECISIÓN DE CAMBIAR

Este capítulo tiene un contenido bastante pesado, y lo finalizaré con una nota alentadora. Sin considerar cuán potentes sean tus circuitos cerebrales basados en el miedo, puedes decidir no tener temor o entregarte al miedo infundado. Yo pasé gran parte de mi vida con miedo a ser feliz. Había algo en mí que de modo inconsciente y repetido enviaba a mi cerebro el mensaje de que yo no era digno de ser feliz. Este temor casi destruyó mi capacidad de reír, jugar y divertirme.

Mi papá era el hombre más libre que yo conocí nunca, y fuera bueno o malo, si pensaba algo lo decía o lo hacía. Puedo recordar que todo era siempre lo mejor. Él comía el "mejor" pastel, miraba el "mejor" atardecer y disfrutaba del "mejor" día en la playa. En aquel momento yo era un científico en desarrollo, y un día sentí que era mi obligación retarlo. Le decía —y ahora me avergüenza admitir que lo hacía con un tono un poco sarcástico—: "Bueno, papá, estadísticamente es imposible que todo sea lo mejor". Mi papá simplemente sonreía como respuesta. Estoy seguro de que sentía lástima por mí en aquel momento, y probablemente pensara algo parecido a lo siguiente: "Querido hijo, simplemente no lo entiendes, ¿verdad?".

No, papá. No lo entendía.

Como mi papá vivía solamente en el presente, el pastel, el amanecer y el día en la playa eran realmente lo mejor que él experimentó nunca. No había ningún pasado con lo que compararlo. Él no vivía en el ayer, atado por temores o por experiencias inquietantes. Vivía para el presente. Con el tiempo, y cuando él falleció, llegué a entender que papá vivía la vida del modo correcto: libre y sin temor. Así es exactamente como todos fuimos creados para vivir la vida.

Hace diecisiete años atrás, pronuncié la elegía en el funeral de mi papá. En mi discurso, hice la promesa de pasar el resto de mi vida con la meta de vivir del modo tan libre y sin miedo como lo hizo mi papá.

Actualmente, quienes están cerca de mí dirían que, sin duda, estoy en ese viaje. Con frecuencia oigo a personas comentar tranquilamente mientras menean la cabeza: "Ese Ski Chilton es un loco". Yo tan solo sonrío y pienso: "Papá, estarías orgulloso de mí. ¡Estoy llegando a ese punto!". Ya no tengo miedo a ser feliz. Disfrutar de esta libertad ha sido una de las transformaciones más importantes en mi vida.

Se necesita valentía para explorar nuestros temores y las disfunciones del Sistema 1 que han hecho que nuestras vidas sean inmanejables. Me encanta la línea en *Julio César*, de Shakespeare, cuando el líder romano le dice a su esposa cuando se acerca el ruido de la batalla y hombres moribundos y fantasmas gritan en las calles: "Los cobardes mueren muchas veces antes de morir: los valientes nunca gustan la muerte, sino una sola vez".[15]

Nuestra preocupación constante por el ayer y nuestro miedo al mañana disminuyen y destruyen nuestra capacidad de estar presentes en el momento, de estar alegres y vivir con libertad. Sin embargo, cuando hallamos en nuestro interior la valentía y el deseo de cambiar, podemos descubrir sendas autodirigidas que anulan las disfunciones del Sistema 1. Podemos superar nuestros miedos más constantes. Podemos ser intencionales en nuestros pensamientos y acciones. No podemos morir mil muertes pensando en ellas.

REFLEXIÓN: EL CAMINO HACIA RECONFIGURAR TU MENTE

1.   ¿Crees que el temor afecta tus sentimientos y decisiones diarias? En ese caso, ¿cómo? ¿En quién te conviertes cuando estás abrumado por el temor?

2.   ¿Cuál es el área más importante de tu vida en la que el temor te está reteniendo? Utiliza la "Lista rápida de inventario de miedos" que mostramos anteriormente en este

capítulo para ayudarte a evaluar lo que te hace estar nervioso, ansioso y temeroso.

3.   ¿Cuánto expones a tu *Yo* a estímulos basados en el miedo (como anuncios, ciclos de noticias, ciertas prácticas religiosas, etc.)? ¿Qué puedes hacer para comenzar desde hoy a disminuir tu exposición a esas cosas?

4.   Dadas las grandes ideas equivocadas que podemos tener sobre el riesgo de ciertas situaciones, ¿qué área identificas en tu vida en la que más has sobrestimado el riesgo de que suceda algo malo?

4

TU CEREBRO EN CAMBIO

El crecimiento es la única evidencia de vida.

John Henry Newman, *Apologia pro vita sua*, 1864

En 1997 Cheryl Schiltz despertó una mañana y se cayó de la cama. Sintiéndose mareada, pensó que su cuarto se había volteado, y batallaba sin éxito para recuperar el balance. Esta extraña sensación no desapareció nunca.

Los análisis mostraron que el sistema vestibular de Cheryl, los canales en el oído interno que coordinan el balance y diferencian entre arriba y abajo, estaban destrozados. Los médicos no le ofrecieron ninguna esperanza. Aunque detectaron la fuente del problema, que era un grave efecto secundario de un antibiótico que ella había tomado tras una cirugía reciente, no había nada que pudieran hacer. Cheryl estaba destinada a ir de un lado a otro tambaleándose como un borracho, con caídas y agarrándose a las paredes para obtener cierta estabilidad.

Unos años después, se ofreció como voluntaria para un estudio experimental conducido por Paul Bach-y-Rita, un neurocientífico del departamento de ortopedia y rehabilitación de la facultad de medicina de la Universidad de Wisconsin. Bach-y-Rita había argumentado por mucho tiempo que la parte sensorial del cerebro podía readaptarse tras sufrir pérdidas devastadoras. Colocó a Cheryl un sombrero duro que contenía un aparato llamado acelerómetro, que estaba cableado hasta una tira que contenía 144 microelectrodos que colocó en su lengua. El acelerómetro comunicaba sus coordenadas espaciales a una computadora, la cual a su vez daba la información a la tira que zumbaba en su lengua.

La primera vez que llevó puesto el sombrero, Cheryl gritó de mera alegría; el miedo debilitante a caerse desapareció. Podía estar balanceada sin necesitar las dos muletas en las que se apoyaba para caminar tan recta como pudiera, que ni se acerca a nuestra definición de caminar recto. Cheryl llevaba puesto ese sombrero durante algunos minutos cada día mientras Bach-y-Rita hacía que su lengua se sacudiera, estimulando las regiones sensoriales de su cerebro. A medida que pasó el tiempo, siempre que ella se quitaba el sombrero, su sensación de equilibro permanecía intacta por unos minutos antes de que regresara la inestabilidad. Esta estabilidad residual aumentaba mientras más tiempo llevaba el sombrero durante el periodo de un año. Finalmente, Cheryl recuperó el balance totalmente sin necesitar el aparato.

¿Qué sucedió? Como resultado de las estimulaciones que recibía la lengua de Cheryl, su cerebro se reconfiguró por sí solo creando nuevas conexiones nerviosas, recuperando así por completo su sistema vestibular. ¡Esto es muy poderoso! En especial cuando consideramos que los profesionales médicos básicamente se habían dado por vencidos con ella, confiando en teorías científicas de toda la vida que decían que el cerebro no puede cambiar.

LO QUE CREÍAMOS AL PRINCIPIO

Los científicos creían inicialmente que el cerebro era un órgano fisiológicamente estático; cuando el ser humano alcanzaba la edad adulta, la estructura cerebral quedaba establecida. El número de células cerebrales (neuronas) que tenía una persona estaba determinado por su genética, y esas neuronas estaban dispuestas según una arquitectura inalterable por las experiencias tempranas en la niñez. Los patrones de conexiones entre las neuronas producían un conjunto inflexible de funciones cerebrales, tendencias conductuales, sentimiento y pensamientos que no podían cambiar.

Según esta teoría, la formación de nuevas neuronas, que se denomina neurogénesis, se detenía poco después del nacimiento. Para empeorar todavía más las cosas, también se aceptaba generalmente que no solo era imposible formar nuevas neuronas, sino que el ser humano también perdía cientos de miles de neuronas cada día. Al llegar a los dieciocho años de edad, uno era quien era. El único modo de que el cerebro pudiera cambiar era si resultaba dañado por una apoplejía u otra lesión. En ese caso, cualquier parte que hubiera sido afectada o destruida no podía ser regenerada y se perdía para siempre.

Basándonos en este modelo, un individuo tenía una capacidad limitada, o ninguna, para tomar decisiones libremente con respecto a su conducta o sus emociones. No es extraño que tengamos el cliché: "No se pueden enseñar trucos nuevos a un perro viejo". Como científico, siempre me he preguntado quién prueba las ideas que están detrás de tales clichés. ¿Es incluso posible medirlas? Podría parecer un escrutinio muy trillado, pero creo que ciertos clichés no comprobados pueden ser dañinos para la sociedad, como en el caso del perro viejo. Esta afirmación comunica un mensaje doctrinal a los adultos que les dice que están atascados emocional y conductualmente donde están; no tienen la capacidad de realizar cambios significativos y positivos en sus vidas.

Descubrimientos recientes que demuestran la increíble capacidad del cerebro para reorganizar, reconfigurar, y en muchos casos reparar su arquitectura, como vimos en el caso de Cheryl, refutan el viejo cliché. Para poder comprender y apreciar mejor la belleza de este proceso conocido como neuroplasticidad, profundizaremos un poco en la ciencia.

EL PODER DE LA PLASTICIDAD

A lo largo de la historia de la medicina hubo críticos de la teoría del cerebro estático que creían no solo que un perro viejo puede aprender trucos nuevos, sino también que un perro viejo puede enseñarse a sí mismo trucos nuevos. Si nos remontamos al año 350 d. C., el brillante filósofo y científico Aristóteles postuló que las criaturas cambian como resultado de sus entornos internos y externos a lo largo de sus vidas y que este cambio no es accidental. Él creía que emergen formas orgánicas individuales gradualmente desde lo no formado.[1] En 1890 el gran filósofo y psicólogo William James escribió que "la materia orgánica, especialmente el tejido nervioso, parece dotado de un grado de plasticidad muy extraordinario".[2] Desgraciadamente, estos hombres brillantes y otros científicos que compartían la perspectiva controvertida de que, de hecho, el cerebro tenía la capacidad de cambiar, fueron generalmente ignorados hasta la década de 1960.

Alrededor de esos años, los investigadores comenzaron a presentar pruebas evidentes que apoyaban la neuroplasticidad, conocida también como plasticidad cerebral, además del desarrollo antiguo. Por ejemplo, en 1969 J. S. Griffith y H. R. Mahler propusieron que la adaptabilidad en el ADN cerebral desempeñaba un papel clave en la capacidad de retener memoria a largo plazo.[3] Su trabajo sugería que se producen cambios dinámicos en la estructura del ADN cerebral a lo largo de la vida que crean patrones específicos de circuitos cerebrales necesarios para almacenar recuerdos. En otras palabras, el ADN y la estructura de un cerebro se desarrollan continuamente basados en acontecimientos que se producen en la vida de la persona. Estas observaciones abrieron las compuertas para nuevos estudios e investigación que indicaban que nuestro cerebro está en cambio constante. Esto se produce no solo tras una lesión, sino también como respuesta a interacciones con nuestros entornos externos e internos y nuestras experiencias, pensamientos y decisiones. Estudios de todas las disciplinas de la biología y la medicina en la década de 1980 comenzaron a mostrar que a medida que los organismos (los seres humanos incluidos) interactuaban con ciertos entornos, la propia estructura química de su ADN cambiaba realmente como resultado de esas interacciones. Este proceso se conoce como epigenética. Me resulta un testamento asombroso a la brillantez de Aristóteles, quien propuso este proceso dos mil cuatrocientos años antes.

Estas nuevas perspectivas hacen hincapié en la increíble adaptabilidad de los seres humanos. La flexibilidad del cerebro nos hace ser notable y verdaderamente complejos. Norman Doidge es un psiquiatra que ha pasado muchos años examinando la investigación sobre la neuroplasticidad de los mejores investigadores de vanguardia en todo el mundo. Documentó esta obra en su libro éxito de ventas *El cerebro se cambia a sí mismo*. Doidge escribió:

> Conocí a un científico que posibilitó que personas que nacieron ciegas comenzaran a ver, a otro que posibilitó que personas sordas oyeran; hablé con personas que tuvieron apoplejías décadas atrás y habían sido declaradas incurables, y recibieron ayuda para recuperarse con tratamientos neuroplásticos; conocí a personas cuyos trastornos del aprendizaje fueron curados y su CI aumentó; vi pruebas de que es posible que personas de ochenta años agudicen la memoria para actuar como lo hacían cuando tenían cincuenta y cinco. Vi

a personas reconfigurar sus cerebros con sus pensamientos, curar obsesiones y traumas previamente incurables.[4]

¡Asombroso!

Enseguida hablaremos de los detalles de la arquitectura cerebral y cómo los cambios en el ADN pueden alterar nuestros destinos conductuales y emocionales, pero por el momento asimila la buena noticia: podemos cambiar a cualquier edad. Nuestro cerebro no está fijo o programado. Si lo decidimos, podemos ser obras en progreso continuas y hermosas.

LOS FUNDAMENTOS DE LA ARQUITECTURA CEREBRAL

Como sabemos, las experiencias tempranas en la niñez juegan un papel crítico en el desarrollo de la arquitectura de nuestro cerebro. Durante este periodo de tiempo, miles de millones de neuronas construyen conexiones llamadas *sinapsis* y envían señales que permiten que estas células cerebrales se comuniquen entre ellas. A medida que ciertas neuronas interactúan con más frecuencia con otras neuronas vecinas, se forman autopistas de información llamadas *circuitos cerebrales* o *redes neuronales*. Nuestras experiencias de vida, nuestros entornos familiar, social y cultural, nuestros pensamientos y sentimientos determinan qué circuitos son más utilizados y cuáles no.

Las conexiones que más se usan se fortalecen, y se construyen en torno a ellas circuitos mucho más grandes. Como contraste, las conexiones que no se usan se van desvaneciendo mediante un proceso llamado poda. Básicamente, o se usa o se pierde. O como les gusta decir a los neurocientíficos: "Las neuronas que se encienden juntas, conectan juntas".

Hubo una ocasión en que estuve en Los Ángeles manejando por la autopista más ajetreada en los Estados Unidos: la Interestatal 405 de catorce carriles. Hacerse paso por esta carretera puede ser todo un reto para un muchacho de campo como yo. Conocida por los residentes de la ciudad como "la 405", esta autopista da servicio a unos 379 000 vehículos cada día.[5] Eso supone muchas personas, bienes y mercancías que se mueven de un lugar a otro como para que un solo conductor lo maneje.

Imagina a tus circuitos cerebrales más fuertes como megasuperautopistas, diez veces la 405, que transporta millones de señales nerviosas de un lugar del cerebro a otro cada día.

Figura 4.1

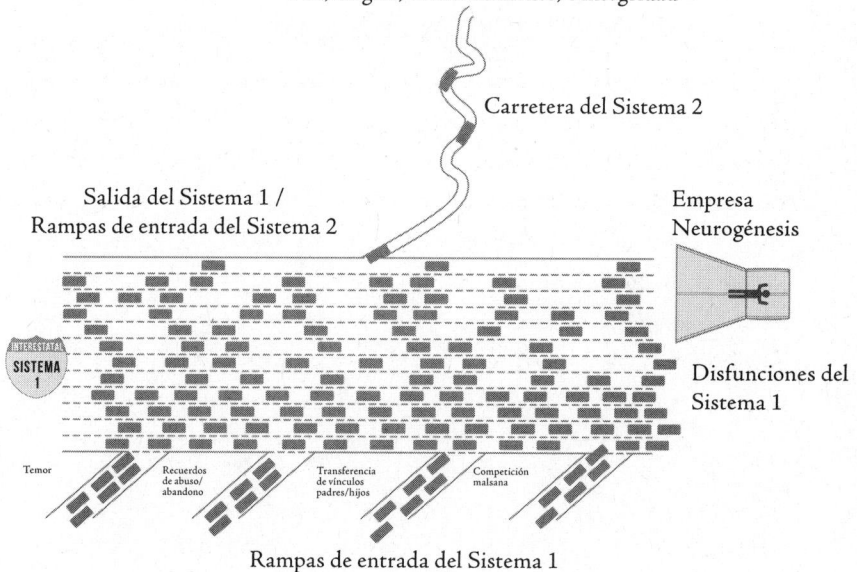

EL SISTEMA 1 EN HIPERACTIVIDAD

Paz, alegría, contentamiento, e integridad

Carretera del Sistema 2

Salida del Sistema 1 /
Rampas de entrada del Sistema 2

Empresa
Neurogénesis

INTERESTATAL
SISTEMA
1

Disfunciones del
Sistema 1

Temor · Recuerdos de abuso/abandono · Transferencia de vínculos padres/hijos · Competición malsana

Rampas de entrada del Sistema 1

Ahora imagina una empresa de construcción de autopistas llamada Neurogénesis. Esa empresa construye superautopistas más grandes y proporciona más carriles, nuevas rampas de entrada y mejores puentes basándose en el uso de una autopista en particular.

Mientras más se use, más consigue. Asimismo, si una autopista se usa menos, no recibe fondos para construcciones adicionales y, de hecho, es abandonada y finalmente se deteriora. Lo que acabo de describir es una versión simplificada de cómo se forman y se deconstruyen nuevos circuitos (autopistas) cerebrales.

En términos más personales, si pasaras años estudiando un segundo idioma y de repente dejaras de aprenderlo y practicarlo, esos circuitos que antes eran fuertes se debilitarán y finalmente se desvanecerán. Sin embargo, si continúas desarrollando tu idioma extranjero, esas redes neuronales se fortalecerán todavía más. Esto se aplica a muchas áreas de la vida, incluidas las disfunciones emocionales.

Figura 4.2

UN SISTEMA 1 BALANCEADO / RESPUESTA DEL SISTEMA 2

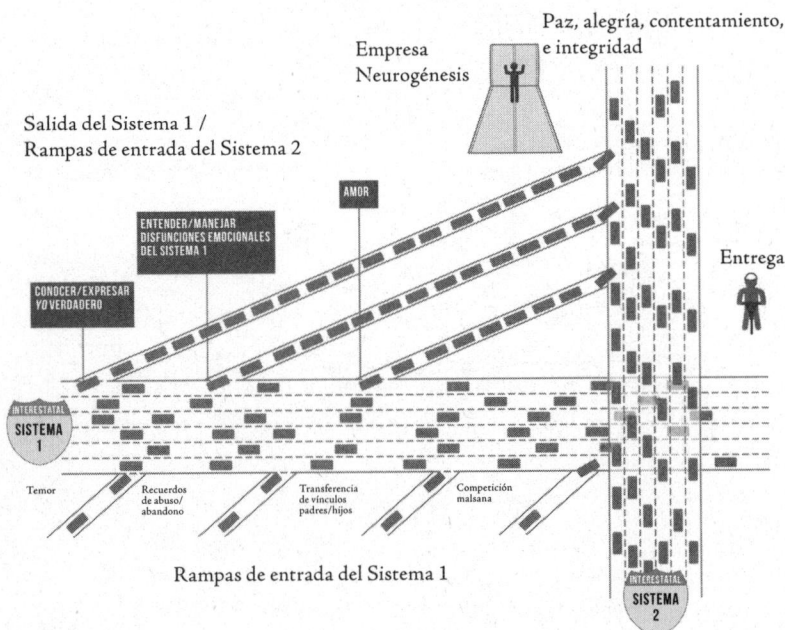

Si la respuesta de tu Sistema 1 de enojo está fuera de control, mientras más "practiques" o participes en la carretera de la ira, más fuertes serán los circuitos neuronales para esa disfunción en particular. Por otro lado, mientras más desconectes o invalides esa respuesta del Sistema 1, más destruyes ese circuito en particular.

La Figura 4.1 muestra cómo es el cerebro con el Sistema 1 en hiperactividad. Las disfunciones de tu Sistema 1 son como una superautopista de doce carriles a medida que reaccionas automáticamente a la mayoría de las situaciones. Existen amplias rampas muy transitadas desde el temor, recuerdos negativos, transferencia, y competencia malsana (hablaremos de la transferencia en el capítulo 8). La rampa de salida del Sistema 2 es una carretera de tierra poco transitada. Tristemente, esta es la imagen para demasiadas personas.

Como contraste, la Figura 4.2 muestra cómo se ve un cerebro balanceado, con el Sistema 1 y el Sistema 2 operando adecuadamente. Desarrollaremos más esta imagen en capítulos posteriores, pero por ahora observemos que el Sistema 1 tiene menos carriles, las rampas de salida del Sistema 1 al Sistema 2 son amplias y muy transitadas, y el propio Sistema 2 tiene tantos carriles como el Sistema 1.

EL PAPEL DE LA GENÉTICA Y EL ENTORNO EN LA CONFIGURACIÓN DEL CEREBRO

Quiero dejar claro que nuestro cerebro está entre las entidades más complejas en el universo. Aunque los científicos comprenden lo fundamental, la funcionalidad de ciertas áreas de este órgano tan magnífico sigue siendo un misterio. Como mencionamos antes, tan solo estamos comenzando a aprender cómo el cerebro coordina más de 80 mil millones de neuronas para formar la arquitectura de 125 billones de conexiones nerviosas solamente en el neocórtex, que produce nuestras conductas, nuestros pensamientos y nuestro sentido del *Yo*.

Para poder entender tal complejidad, nosotros los científicos debemos crear modelos sencillos para así poder comprender esta complejidad y explicarla a los demás. Yo utilizo esos modelos a lo largo del libro porque creo que es importante visualizar procesos complejos usando analogías sencillas.

Comenzaré con un modelo muy sencillo que he utilizado con frecuencia para describir la interacción entre la genética y la plasticidad cerebral de toda una vida. Comparo el desarrollo de un cerebro, incluyendo la plasticidad cerebral de toda una vida, con la construcción de una casa.

Un hijo hereda sus genes de su papá y su mamá. Estos genes están empaquetados juntos para crear lo que se denomina genoma estructural, las huellas esenciales que forman un ser humano. El genoma estructural construye cada célula en el cuerpo y, por lo tanto, es el apoyo fundamental prácticamente para toda característica física, cognitiva y conductual que una persona tendrá. Yo llamo al genoma estructural la "genética fundacional", porque este conjunto de planos se coloca en su lugar al inicio de la vida y, salvo una mutación rara, la información básica que proporciona no cambia. La información en los planos orquesta el ensamblaje de los elementos fundamentales del cerebro, la casa en mi modelo.

Al construir una casa se requiere un conjunto inicial de planos para construir la estructura básica. Si hay un buen diseño y la estructura básica para la casa (incluyendo los cimientos, la estructura, el tejado, la plomería y el trabajo eléctrico) se lleva a cabo adecuadamente, la casa tiene el potencial de llegar a ser un hogar funcional y bien construido. Sin embargo, si los cimientos no están asentados como terreno firme, la estructura no está recta, o hay goteras por una mala plomería, hay muchas posibilidades de que la casa terminada tendrá problemas fundamentales de inmediato o en el futuro.

De igual forma, si tenemos un conjunto de planos bien diseñados por el genoma estructural del cerebro, tendremos la capacidad de desarrollar una vida en una amplia variedad de direcciones positivas; en caso contrario, tendremos un mayor riesgo de desarrollar una enfermedad mental o carencias mentales.

En la construcción de la casa, el trabajo fundamental establecido en los planos iniciales es seguido por el trabajo terminado, el cual incluye la instalación de ventanas y puertas, pisos, pintura, paisajismo y diseño interior. Las opciones son abundantes en esta etapa, y están determinadas por factores como el clima, el propósito de la casa y el gusto personal. Por ejemplo, aunque pueden compartir características fundamentales similares, una casa en el desierto de Arizona tendrá cualidades que difieren de una casa construida en la fría Alaska. Si se producen errores o daños debido al mal tiempo en cualquiera de estos pasos posteriores, aunque tal vez no destruyen la estructura, sí podrían reducir la funcionalidad y la belleza del hogar, y la casa no llegará a ser lo que en un principio debía ser.

La adaptación de los planos iniciales para terminar el trabajo es análoga a la epigenética. Todos los cambios hechos al genoma estructural se llaman colectivamente el epigenoma, lo que yo denomino nuestra "genética variable". A medida que el ser humano experimenta la vida, piensa y toma decisiones, se producen alteraciones en el cerebro, incluyendo modificaciones en los circuitos que finalmente conducen a posteriores respuestas, reacciones y emociones. Igual que los dueños de una casa tienen la capacidad de disponerla según sus gustos (un caos de desorden, el paraíso de un acumulador, ordenada o sin mancha e inmaculada), nuestras experiencias y respuestas del pasado pueden cambiar los planos de forma bastante literal, dando como resultado nuestros sentimientos, hábitos, pensamientos y conductas presentes.

En resumen: la mayoría de nosotros nacimos con un fundamento genético firme que condujo a un cerebro perfectamente bueno. Puede que tus padres no fueran los mejores o no tomaran las mejores decisiones, pero los genes que te transmitieron en la concepción eran lo bastante fuertes para construir una vida buena.

Entonces, sucedieron cosas. Soportaste una situación traumática que estaba fuera de tu control y comenzaron a cambiar los planos para alterar tu genética y, por lo tanto, la configuración interna de tu cerebro. Puede que un familiar abusara de ti de forma verbal, emocional o sexualmente. Tal vez tus padres atravesaron un divorcio desagradable. Quizá perdiste a un ser querido, fuiste testigo de un acontecimiento horrible, o fuiste de una casa de acogida a otra.

Esos estímulos del entorno y sus posteriores impactos en tu ADN pueden haber forjado una configuración en regiones de tu cerebro que producen constantemente temor y ansiedad. Como resultado, desarrollaste superautopistas con tráfico muy pesado que llevan millones de señales nerviosas a regiones de tu cerebro que crean disfunciones cerebrales. Estas disfunciones pueden poner en un compromiso tu capacidad de tener relaciones íntimas, intensificar una tendencia adictiva para abusar del alcohol, la comida o el sexo; o provocar que actúes emocionalmente de maneras que conducen a resultados desastrosos. Tristemente, tu cerebro desarrolló un futuro disfuncional del Sistema 1 basado en experiencias negativas, sentimientos y entornos del pasado; en otras palabras, un futuro basado en recuerdos del pasado. Y puede que sea ahí donde estás en el presente.

LO QUE PENSAMOS IMPORTA

Creo que el aspecto más revolucionario de la plasticidad cerebral es el hecho de que no son solamente las experiencias externas, sino también nuestros propios pensamientos, es lo que puede cambiar nuestra configuración cerebral. Me fascina la obra de Jeffrey Schwartz, neuropsiquiatra y autor de varios libros, incluido *Desbloquea tu cerebro: Libérate del comportamiento obsesivo-compulsivo*. Schwartz ha tenido un gran éxito tratando uno de los trastornos mentales más intratables: el trastorno obsesivo-compulsivo (TOC), ayudando a sus pacientes a cambiar el modo en que piensan en sus sentimientos y conductas. Sus propios pensamientos, y no medicinas, anulan sus respuestas por defecto, reconfiguran sus cerebros, y finalmente cambian de modo permanente su conducta. El TOC es un entorno difícil para modificar el comportamiento, de modo que la obra de Schwartz ofrece gran esperanza en que todos tenemos la capacidad de cambiar conductas disfuncionales pensando de modo diferente.

Me gusta lo que dice Norman Doidge en su libro *El cerebro se cambia a sí mismo*: "Imaginar un acto involucra el mismo motor y programas sensoriales que participan en llevarlo a cabo. Por mucho tiempo hemos visto nuestra vida imaginativa con cierto tipo de asombro sagrado: como noble, pura, inmaterial y etérea, apartada de nuestra materia cerebral. Ahora no podemos estar tan seguros de dónde trazar la línea entre ellos".[6]

Nuestra vida pensante es poderosa. Las acciones, sean buenas o malas, resultan de lo que pensamos. Me gusta lo que dijo el obispo episcopal John Beckwith en el siglo XIX:

Planta un pensamiento, y cosecha una palabra;

planta una palabra, y cosecha una acción;

planta una acción, y cosecha un hábito;

planta un hábito, y cosecha un carácter;

planta un carácter, y cosecha un destino.[7]

Si quieres convertirte en una persona más generosa, debes empujar a tu *Yo* a hacer cosas buenas por otros regularmente. Si comienzas a recorrer ese camino, con el tiempo te convertirás en una persona generosa. Si le dices a tu *Yo*: "No soy una persona generosa. Simplemente no está en mi naturaleza", entonces seguirás dando escasamente a los demás. Como dice Beckwith arriba, nos convertimos en el tipo de personas que nuestros pensamientos nos dicen que seamos.

Cuando tienes un pensamiento según el cual actúas repetidamente, tus pensamientos y acciones resultantes se convierten en un hábito. Mediante este proceso diriges tu cerebro para cambiar su configuración. La repetición de los mismos pensamientos, acciones y hábitos fortalece esa configuración para hacer que el hábito sea todavía más poderoso. Mientras que las disfunciones emocionales del Sistema 1 de las que hemos hablado están integradas en tu cerebro, puedes debilitarlas al no usarlas y construir una nueva configuración hacia un lugar mejor al pensar diferente.

Como tus pensamientos importan, es importante aprender a tener cuidado con ellos. No pongas tu *Yo* en un compromiso. Con tiempo y práctica, sé consciente de cualquier pensamiento negativo o autodestructivo porque tiene mucha influencia en quién eres y en quién te convertirás. A la luz de nuestra nueva comprensión de la genética y su relación con la plasticidad del cerebro, las disfunciones emocionales del Sistema 1 y la reflexión negativa adoptan un significado totalmente nuevo. En este contexto, significa que puedes cambiar tu ADN y, por lo tanto, tu futuro. Pensar los mismos pensamientos negativos o malsanos producirá una cosecha de destino malsano y negativo.

Por fortuna, la ciencia reciente en psicología positiva y terapias cognitivas de conducta sugieren que también es cierto lo contrario. Puedes plantar pensamientos positivos de cambio y cosechar no solo un cambio positivo en el ADN cerebral, sino también una alteración positiva de las configuraciones cerebrales, las acciones, el carácter y, en última instancia, un futuro positivo.

He escuchado varias versiones de la siguiente historia: "Un anciano nativo americano describió una vez sus propias luchas internas de este modo: dentro de mí hay dos perros. Uno de los perros es mezquino y malo. El otro perro es bueno. El perro mezquino se pelea todo el tiempo con el perro bueno. Cuando le preguntaron qué perro es el que gana, reflexionó por un momento y respondió: el que más alimento recibe".[8]

Debido a la plasticidad del cerebro, los pensamientos que más alimentamos se vuelven más fuertes. ¿Quieres cambiar tu vida y tu mente? Cambia tus pensamientos (ofrezco más dirección sobre cómo hacerlo en la parte 3 de este libro). Quiero alentarte a saber que, incluso en este momento, estás en el centro del cambio. Simplemente por leer los cuatro capítulos de este libro hasta ahora, estás comenzando a entender que tal vez has estado alimentando al perro equivocado.

Esta es la noticia más importante y más emocionante de este libro: eres dueño de tu mente y puedes escoger cómo enfocar tus pensamientos. Debido a las maravillas de la plasticidad del cerebro, tus pensamientos autodirigidos, tus decisiones y acciones pueden cambiar tu cerebro y tu mente; sin embargo, eso toma deseo, práctica, muchos nuevos comienzos y valentía para trabajar duro.

Presta atención a la segunda parte de esas palabras.

LA CAPACIDAD DE CAMBIAR

Aunque yo he dicho, y estudios han mostrado, que cualquiera sin considerar su edad puede cambiar, la realidad es que no todo el mundo tiene la capacidad de hacerlo. Antes de que me acuses de hacer una declaración contradictoria, me explicaré.

El capítulo 5 de *El gran libro* de Alcohólicos Anónimos dice que "quienes no se recuperan son personas que no pueden o no quieren entregarse por completo a este programa sencillo, por lo general hombres y mujeres que son incapaces, por su constitución, de ser sinceros consigo mismos".[9]

Desde una perspectiva científica y filosófica, me fascina esa observación, en particular las palabras "incapaces por su constitución". Mientras escribo este libro he enviado un trabajo a la revista *Neuroética* que describe un nuevo modelo genético y filosófico de desarrollo moral. Describo que nacemos con libre albedrío o, como se denomina en círculos filosóficos, el principio de posibilidades alternativas. Básicamente es un modo sofisticado de decir que fuimos creados capaces por constitución de escoger nuestras acciones en una situación dada. Tristemente, muchos parecen perder esta capacidad. Me explicaré. A riesgo de generalizar en exceso, creo que la mayoría de los seres humanos encajamos en una de tres categorías a este respecto.

El primer grupo está totalmente motivado por la supervivencia de sus instintos del más fuerte. Sus respuestas en la mayoría de las situaciones están firmemente arraigadas y son completamente predecibles. Actúan por competición, egoísmo, admiración de uno mismo, y control en cualquier entorno a cualquier costo. Por lo general, viven según el lema que dice: "Quien muere con más cantidad de juguetes gana", y pelearán contra cualquier cosa o contra cualquiera que se interponga en su camino.

Imaginemos, por ejemplo, al narcisista. Esta persona carece de la capacidad de expresar empatía por otros y presta poca atención a los códigos o valores morales. Este enfoque se aplica a todos los aspectos de la vida, incluyendo relaciones, carreras profesionales y entornos sociales. Para esta persona es extraordinariamente difícil reflexionar en su vida y cambiar de rumbo. Desde la perspectiva de la neurociencia, creo que cualquiera en esta categoría ha fijado permanentemente sus circuitos cerebrales de una manera que ciertamente no cambia del todo.

El segundo grupo está formado por personas básicamente decentes que son también resistentes al autoexamen, la reflexión y la sinceridad. Son las personas de "la pendiente gradual" de C. S. Lewis. Como la mayoría de nosotros, han sido heridos y normalmente reaccionan a sus entornos de manera instintiva o basada en el temor. Estas respuestas dan como resultado consistentemente sentimientos y conductas negativas.

Las personas de "la pendiente gradual" repiten de modo inconsciente los mismos errores, los mismos ciclos malsanos, y los mismos patrones de relaciones tóxicas. Sin embargo, están atascados porque ni siquiera piensan en sus propias contribuciones a sus situaciones. No creen que tengan un problema, y mucho menos admiten que ellos sean el problema.

Para estas personas, la culpa la tienen todos los demás. Por ejemplo, un hombre puede escoger repetidamente tener citas con mujeres dañinas que juegan con sus emociones e incluso lo engañan. Aunque puede que él tenga la razón y pueda establecer el caso de que las compañeras que elige no son buenas personas, en cierto modo pasa por alto el hecho de que él es finalmente responsable de escoger al mismo tipo de persona tóxica una y otra vez.

Las personas en este grupo se adaptan y viven con su desesperación. Normalmente es necesaria una experiencia dramática y dolorosa para hacerlos despertar de su existencia manipulable. El cambio es difícil. Es más fácil y mucho más seguro no plantear ni responder las preguntas difíciles y permanecer atascados.

Los individuos en el tercer grupo también han sufrido por este mundo quebrado. Han cometido errores, dañaron a otros, y experimentaron gran dolor y devastación como resultado de sus respuestas inconscientes al trauma, el abuso, el rechazo, el abandono y la traición en algún momento en sus vidas.

Sin embargo, contrariamente a los primeros grupos, son profunda y dolorosamente conscientes de que muchas de sus estrategias y enfoques de la vida no funcionaron, y están decididos a encontrar maneras nuevas y mejores de encontrar y expresar su *Yo* verdadero y alejarse de sus respuestas y situaciones destructivas. Han perdido en la vida, pero no se han dado por vencidos. Tienen un fuerte deseo de aprender nuevos caminos para vivir a fin de crear un futuro mejor.

Tú eres parte de este grupo. Reconoces que tu vida necesita cambiar. Y ahora que comprendes el poder que tú y tus pensamientos tienen para cambiar la genética de tu cerebro y su configuración, estás listo para continuar en el camino de tomar mejores decisiones y vivir sin temor. Estás listo para aprender a hacerlo.

Creo que Dios era muy consciente de cuán difícil sería esta vida terrenal y, por lo tanto, consideró esencial dotarnos de mentes que puedan recuperarse de nuestras heridas y errores más profundos. De este modo, hizo posible que tengamos una segunda, tercera, y más oportunidades en esta vida nueva.

Dicho eso, el proceso de reconfiguración no es fácil. Los circuitos y las superautopistas desarrolladas por nuestro pasado deben ser rebajados y hay que construir otros nuevos. Sin estrategias específicas para lograr eso, no es probable que se produzca el cambio. No podemos simplemente desear que nuestro cerebro funcione de modo más saludable y positivo; tenemos que trabajar por ello. Tenemos que aprender. Tenemos que practicar.

Si ignoras y simplemente esperas que las autopistas mentales destructivas del pasado desaparezcan por sí solas, ellas y todas las disfunciones del Sistema 1 relacionadas con ellas solo se harán más fuertes. Sin embargo, si tú (tu *Yo* verdadero) deseas profundamente el cambio y estás dispuesto a practicar estrategias específicas para alcanzar esta meta, esas sendas hacia resultados desastrosos se debilitarán y finalmente se atrofiarán. Puede que no seas capaz de inmediato de dejar de ser controlador, temeroso, de estar triste o enojado, pero la meta es utilizar cada vez menos esas sendas y ubicar más rápidamente las rampas de salida hacia conductas y pensamientos nuevos y positivos.

Aunque las perspectivas que obtengas y las preguntas que respondes al final de cada capítulo te ayudarán a avanzar hacia reconfigurar tu mente, la tercera parte de este libro, particularmente los ejercicios, te ayudarán a guiar, dirigir y reforzar este proceso.

Cuando yo llegué a mi punto más bajo emocional y comencé a cambiar mi vida (lo detallaré más completamente en el capítulo 12), pinté cada habitación de mi casa de un color mediterráneo brillante y coloqué obras de arte vívidas en cada una. Esta transformación del diseño interior era un símbolo de los cambios positivos que decidí hacer en mi mente. No soy un ingenuo. Sé que cambiar mi vida librándome del ciclo de disfunciones del Sistema 1, patrones adictivos y decisiones basadas en el temor, requiere mucho más que una capa nueva de pintura y algunos cuadros atractivos.

Creo que las transformaciones de gran magnitud requieren esperanza, gran valentía, una fe profunda y, como defiende el programa de AA, un inventario "detallado y sin temor" de nuestras conductas. Esta no es una tarea fácil. Recuerda que AA alienta una filosofía de "un día tras otro". Este principio está pensado para alentar al adicto en recuperación a no ser abrumado por la idea de mantenerse sobrio toda la vida, sino enfocarse solamente en el día presente. Esta perspectiva hace que el proceso de recuperación sea más manejable. Como el cambio es tan difícil, para los principiantes en el programa el lema se modifica y es "un minuto tras otro". Cuando te esfuerzas por reconfigurar tu cerebro, es crucial adoptar esta idea. No prepares a tu *Yo* para el fracaso esperando cambiar tu configuración cerebral y debilitar o destruir tus disfunciones del Sistema 1 de la noche a la mañana. Toma este proceso un paso cada vez, un día, una hora, un minuto cada vez. Si estás comprometido, verás que el proceso de cambio se produce con el tiempo. No será mañana o la próxima semana, ¡pero puede suceder!

REFLEXIÓN: EL CAMINO HACIA RECONFIGURAR TU MENTE

1. ¿Cuántas veces has descrito a alguien como incapaz de cambiar? En otras palabras, cuando has dicho: "Él es así, y siempre será de ese modo". A la luz de la información que leíste en este capítulo, ¿cómo consideras tus afirmaciones anteriores?

2. La idea de que tus propios pensamientos pueden cambiar la arquitectura básica de tu cerebro, ¿te motiva a esforzarte por un futuro mejor? ¿Qué te alienta o te desalienta?

3. ¿Puedes identificar algunos de tus patrones de pensamiento, sentimientos y reacciones negativas que son constantes y bien pueden ser parte de un circuito cerebral en forma de superautopista?

4. ¿Qué expectativas tienes en este momento en cuanto a reconfigurar tu cerebro? Describe tu nivel de compromiso.

PARTE 2

REMODELA

En esta parte te ayudamos a enfrentar la realidad y determinar maneras de poner en perspectiva y lidiar con algunos de los problemas más apremiantes y específicos en la vida. Comenzaremos a explorar ofreciendo un vistazo preliminar de nuestra condición humana para ayudarte a entender lo que significa ser humano y la importancia de la moralidad. Después tendrás la oportunidad de aprender cuáles son los diferentes enfoques que muchos de nosotros adoptamos y necesitamos adaptar en áreas entre las que se incluyen las siguientes:

Tragedia y trauma

Crianza de los hijos

Relaciones

Sexo e intimidad

Aunque te ayudaremos a evaluar tus conductas en las diferentes áreas de tu vida, te alentamos a complementar tu aprendizaje buscando asesoramiento externo (vía un consejero, un asesor espiritual profesional como un pastor, mentor o un grupo de apoyo) para las áreas en las que batalles intensamente.

5

LO QUE SIGNIFICA SER HUMANO

Esta consciencia de sí mismo como una entidad separada, la consciencia de su propia y breve esperanza de vida, del hecho de que nace sin su voluntad y muere en contra de ella, que morirá antes que quienes ama, o ellos antes que él, la consciencia de su soledad y aislamiento, de su desesperanza delante de las fuerzas de la naturaleza y de la sociedad, todo eso hace que su existencia separada y desunida sea una cárcel insoportable.

Erich Fromm, *El arte de amar*

Todavía puedo ver a mi papá entrando en la casa tras un largo día de trabajo en los campos de tabaco. Limpiándose el sudor de su frente con un pañuelo polvoriento, se plantaba en la mesa de la cena con una sonrisa, para deleite de mis dos hermanas y yo. Cuando nuestros estómagos estaban llenos con la deliciosa comida de mamá, papá iba sin prisa hasta la sala y cargaba un montón de discos de 45 rpm en nuestro tocadiscos RCA. Mientras se ponía el sol, se tumbaba en el piso fresco y cerraba sus ojos, al tiempo que los dedos de sus pies se movían rítmicamente en el aire al sonido de la música *soul*. Cualquier día, las suaves voces de *Temptations*, Otis Redding, Aretha Franklin, Marvin Gaye y *The Supremes* canturreaban desde el reproductor hasta que el cielo estaba oscuro y los grillos cantaban.

A nosotros los hijos nos gustaba esa parte de las tardes. Aunque Detroit, el hogar de la Motown, parecía estar a un millón de kilómetros de distancia y cultura, mi papá me presentó el ritmo y la música blues allá en la Carolina del Norte rural. Bailábamos al ritmo de la música rasposa y hacíamos nuestras mejores imitaciones de James Brown, una hazaña difícil para un pequeño muchacho blanco de una granja tabacalera. Había algo en esas melodías que hacía que los días difíciles terminaran casi mágicamente. Recuerdo que un día pregunté a mi papá por qué le gustaba tanto la música *soul*. Él me dijo: "Ski, los artistas del *soul* cantan sobre sus sentimientos. Te muestran lo que hay en sus corazones, y te dicen la verdad sobre la vida".

Todavía me encanta la Motown. También le gusta a mi hijo Josh, que vive conmigo. Cada mañana mientras nos preparamos para el trabajo, ponemos a todo volumen nuestros clásicos del *soul*. Siempre pienso con una sonrisa: "Papá, estarías muy orgulloso. Tu legado musical vive en tu hijo y también en tu nieto".

Durante la redacción de este capítulo desperté una mañana, y como hago siempre encendí mi iPad y sintonicé la estación de clásicos del *soul*. Un estribillo desesperado de una canción de 1974 interpretada por el grupo *The Main Ingredient* se repetía incesantemente: "No quiero estar solo". Mientras me cepillaba los dientes, batallaba con qué escribir para este capítulo en particular. Mis pensamientos se centraban en la complejidad de nuestras mentes extraordinariamente humanas que hacen que sea posible el razonamiento del Sistema 2 y nos hacen ser únicos en toda la creación. A lo largo de los días anteriores había estado inmerso en el proceso de recolectar contenido, pero había batallado con el enorme peso de la pregunta: "¿Qué significa ser humano?".

Con el cepillo de dientes en la mano, miré fijamente mi reflejo en el espejo mientras pensaba en todos los aspectos diferentes de la condición humana. ¿Era posible resumir la esencia de la existencia humana en un solo capítulo, a la luz de más de cuatro mil años de literatura sobre este tema?

En medio de esos pensamientos, las melodías previamente apaciguadas de la primera canción del día sonaban más alto que mi introspección. Y, de repente, el significado de la canción y en particular del estribillo se enfocaron. Lo que significa ser humano es batallar con el aislamiento angustioso, una necesidad desesperada de tener relaciones, y un viaje con frecuencia tumultuoso para encontrar una solución a nuestra soledad.

PRIMEROS PRINCIPIOS

Este capítulo marca el inicio de la segunda parte de este libro. Antes de comenzar a remodelar las partes más importantes de nuestras vidas, creo que es fundamental que entendamos el punto de partida de nuestra condición humana. ¿Cuál es la esencia de un ser humano que finalmente influencia e incluso dicta cómo y por qué necesitamos remodelar los desbalances o el caos en nuestra vida?

Me encanta pensar en esto en términos de "primeros principios", que el *Diccionario Oxford English* define como "los conceptos o suposiciones fundamentales sobre los que se basa una teoría, un sistema o un método".[1] Elon Musk, fundador de SpaceX y cofundador de Zip2, PayPal y Tesla Motors, dice que lo que eso significa realmente es que "reducimos las cosas hasta las verdades más fundamentales, y entonces razonamos desde ahí".[2]

Algunos de los más grandes inventores de nuestro tiempo, como Elon Musk, ahora creen que comprender los primeros principios es el fundamento de la creatividad, los pensamientos y las innovaciones más importantes y transformadoras. Con formación como bioquímico, me enseñaron que cuando tengamos cierta capacidad para discernir cómo funciona algo en su nivel más básico, es cuando podemos iniciar el cambio o la innovación de un modo significativo.

Cuando comprendamos mejor la condición humana, que obviamente es una tarea ambiciosa intentarla en un solo capítulo, estaremos mejor capacitados para ver nuestras vidas y sus diferentes facetas dentro del contexto de esa lente. Debo señalar que este tema no es un asunto del Sistema 1 o el Sistema 2. La condición humana está en el centro de estas dos fuerzas, ya que define los asuntos más fundamentales de la existencia. Dicho eso, voy a posponer gran parte del lenguaje del Sistema 1 / Sistema 2 para enfocarme principalmente en lo que significa ser humano.

NUESTRA CONDICIÓN HUMANA

Examinaré este tema desde dos perspectivas: una bíblica y otra científica. En primer lugar, analicemos lo que revela la Biblia sobre nuestra condición humana y en particular la relación entre Dios y la humanidad desde el principio del tiempo.

UNA PERSPECTIVA BÍBLICA

Leemos en el primer libro de la Biblia que Dios dijo:

> Luego dijo Dios: «*Hagamos al ser humano a nuestra imagen y semejanza. Que tenga dominio sobre los peces del mar y sobre las aves del cielo; sobre los animales domésticos, sobre los animales salvajes y sobre todos los animales que se arrastran por el suelo*».

Y Dios creó al ser humano a su imagen; lo creó a imagen de
Dios; hombre y mujer los creó.

(Génesis 1:26-27)

Este texto antiguo, que se establece como el fundamento del cristianismo, el judaísmo y el islam, vincula a los seres humanos con Dios como el reflejo de su imagen.

Por lo tanto, ¿qué significa ser como Dios? La descripción de Dios proporcionada no solo por estos versículos sino también por todo el libro de Génesis nos da una instantánea importante de quién es Él y, por lo tanto, quiénes somos nosotros a su imagen. En primer lugar, se nos ha otorgado una capacidad increíble de razonar, pensar y crear que sobrepasa con mucha diferencia la de cualquier animal. Evidenciada mediante arte, música, literatura, medicina, tecnología y arquitectura, vemos la imagen de Dios reflejada en la creatividad y la inteligencia humanas.

En segundo lugar, la característica más importante que compartimos con Dios es que somos relacionales. Dios, como lo representa toda la Biblia, tiene un deseo profundo de comunicarse con la humanidad y tener una relación con ella. Sin embargo, nos ha dado un cerebro asombroso con la capacidad mental y espiritual de escoger corresponder el sentimiento. No somos autómatas obligados a amarlo o relacionarnos con Él.

Claramente, un principio central de la naturaleza relacional de Dios es la libertad. Esto está representado por el árbol del conocimiento del bien y del mal en el huerto del Edén (Génesis 2:9, 17). Dios dio a Adán y Eva acceso pleno al suministro natural de alimentos de esta tierra utópica, a excepción de un solo árbol. Aunque estaba claro en su instrucción que no debían satisfacer sus apetitos con los frutos de ese árbol en particular, Dios también dio a Adán y Eva libre albedrío para poder desobedecer. Era obvio desde el inicio que el amor y la obediencia no significaban nada para Dios a menos que se mostraran libremente.

Sin embargo, la libertad, y especialmente la desobediencia, llegan con un costo terrible. C. S. Lewis dice: "Los perdidos disfrutan para siempre de la horrible libertad que han demandado".[3] Esto quedó ilustrado marcadamente cuando Adán y Eva probaron del fruto del árbol prohibido. Tras ese acto de rebelión "se les abrieron los ojos, y de pronto sintieron vergüenza por su desnudez" (Génesis 3:7, NTV). En ese momento Adán y Eva fueron conscientes de sí mismos y de su separación como individuos. También comprendieron, con gran dolor, que ahora estaban separados de Dios.

Según Erich Fromm: "La consciencia de la separación humana, sin un reencuentro por el amor, es la fuente de la vergüenza. Es al mismo tiempo la fuente de la culpabilidad y la ansiedad. La necesidad más profunda del hombre, por lo tanto, es la necesidad de superar esa separación, de abandonar la cárcel de su aislamiento".[4] Adán y Eva todavía no habían aprendido a amarse o relacionarse el uno con el otro, como queda evidenciado por el hecho de que cuando Dios preguntó qué habían hecho, Adán respondió con un movimiento muy propio del Sistema 1. En lugar de defender a Eva, la culpó por haberle hecho comer del fruto.

Como sucede con nosotros ahora, el uso poco sabio que hicieron de su libre albedrío creó un abismo entre ellos mismos y Dios, e incluso entre ellos dos, cuando fueron conscientes por primera vez de que estaban solos. La increíble verdad que se encuentra en la Escritura es que el uso destructivo de la libertad nos separa de Dios y los unos de los otros. La libertad es muy poderosa porque contiene al mismo tiempo amor verdadero y maldad verdadera. Dependiendo de nuestras decisiones, es la fuente suprema de nuestra unión y alegría y también de nuestra separación y dolor.

A lo largo de la Biblia vemos el plan de Dios para restablecer la unión y la relación con la humanidad mediante pactos con individuos clave como Abraham, Noé y David. Como cristianos, creemos que nuestra reunificación definitiva con Dios llega por medio de nuestra confianza y nuestra conexión y pacto con su Hijo Jesucristo.

Como papá de cuatro hijos adultos que, para ser sincero, algunas veces fueron unos vándalos en su crianza, me veo atraído hacia la respuesta de Dios a la desobediencia de Adán y Eva. Primero les llama la atención con una potente reprimenda. Entonces, sabiendo que han perdido su inocencia y han sido cargados con la dolorosa soledad de estar separados de Él por el resto de sus vidas, Dios les muestra una compasión notable y amor incondicional. Antes de enviarlos al mundo, les hace ropa nueva para cubrir sus cuerpos desnudos (Génesis 3:21). Esta imagen hace que mis ojos se llenen de lágrimas. En este pasaje veo a Dios como un padre que no es tan diferente a mí. Cuando mis hijos han metido bien la pata, sin duda yo he sido decepcionado y he permitido que experimenten las consecuencias naturales de su desobediencia; sin embargo, espero que aprendan de sus errores y cambien para mejor. Y mi amor por ellos permanece igual para siempre.

UNA PERSPECTIVA CIENTÍFICA

La mayoría de la evidencia científica indica que los seres humanos modernos surgieron en África hace unos 180 mil años atrás. Es interesante que los seres humanos permanecieron principalmente en algunas ubicaciones distintivas durante casi cien mil años. Las pruebas arqueológicas de hace unos ochenta mil años atrás, especialmente en lugares de enterramiento de estas poblaciones, muestran señales de razonamiento abstracto y la capacidad de los seres humanos de diferenciarse a sí mismos como individuos (todas ellas características del Sistema 2). Estos cambios sociales quedaron reflejados por avances radicales en tecnología y la gran migración de poblaciones por toda África y hacia Europa y Asia. Estos primeros seres humanos comenzaron también a mostrar prueba de que eran capaces de un amor profundo y de relacionarse. Por ejemplo, lloraban la muerte de sus seres queridos colocando sus posesiones más valiosas en las tumbas de los fallecidos.

La evidencia científica,[5] incluido un estudio de mi propio laboratorio,[6] sugiere que en este punto en el tiempo, el cerebro humano y en particular el neocórtex aumentó drásticamente en complejidad y tamaño. Como resultado, creo yo, los seres humanos alcanzaron un nivel mucho más elevado de complejidad que facilitó su capacidad para el razonamiento del Sistema 2 y todo lo que conlleva, incluyendo la consciencia de moralidad y la capacidad de examinar y comprender, anteponerse a nuestros instintos de supervivencia del Sistema 1, amar desprendidamente, y reconocer el *Yo*.

Nadie sabe con certeza qué causó este aumento repentino en la capacidad cerebral. Muy parecido al debate entre creación y el *Big Bang*, científicos y teólogos pueden ofrecer sus propias explicaciones. Lo que sí sabemos, sin embargo, es que el cambio trajo con él la capacidad humana de pensar, planear, formar relaciones y trabajar cooperativamente en grupos. En un tono más aleccionador, creo que este cambio también hizo conscientes a los humanos de que estaban separados los unos de los otros y experimentarían soledad y finalmente la muerte.

EL PROBLEMA DE LA SEPARACIÓN

No nos equivoquemos; en el centro de nuestra condición humana está el deseo desesperado de escapar de la cárcel de nuestra separación. La mayoría de nosotros pasamos nuestra vida intentando superar la soledad mediante conexiones y relaciones con otros, de maneras saludables y también poco saludables (hablaremos más sobre esto en el capítulo 9). Con los avances de la tecnología moderna es fácil, al menos a primera vista, conectar con otros. Solamente tenemos que mirar algunas de las pruebas abrumadoras.

- Según un sondeo Pew, el 22 por ciento de los adultos de edades entre los veinticinco y los treinta y cuatro años han utilizado aplicaciones de citas, y su popularidad entre solteros de más edad está aumentando drásticamente.[7]

- Un asombroso 91 por ciento de los adultos de edades entre los dieciocho y los treinta y cuatro años; el 85 por ciento de edades entre los treinta y cinco hasta los cuarenta y cinco; y el 69 por ciento entre los cincuenta y cinco y más utilizan Facebook, con un crecimiento drástico que continúa en Instagram, Twitter y Tumblr.[8]

- El 64 por ciento de los estadounidenses posee un teléfono inteligente; el 67 por ciento de esos dueños de teléfonos miran constantemente sus teléfonos para leer mensajes, alertas o llamadas, incluso si no oyen el teléfono sonar o vibrar. El 44 por ciento de los dueños tienen el teléfono al lado de su cama en la noche para no perderse ningún mensaje o llamada mientras duermen. El 46 por ciento describe su teléfono celular como "algo sin lo que no puedo imaginar vivir".[9]

En nuestro intento desesperado por evitar la soledad y la insignificancia empleamos cantidades de tiempo asombrosas conectando con otros mediante las redes sociales. Un estudio reciente de los autores éxito de ventas Joseph Grenny y David Maxfield del *New York Times*, indica que la mayoría de nosotros creamos un personaje subiendo actualizaciones y fotografías que hacen que nuestras vidas parezcan especiales y significativas para que otros se interesen en nosotros. En el proceso, sin embargo, nos perdemos los acontecimientos más importantes y agradables de la vida.[10] En un sondeo reciente reportado en *The Telegraph*, un tercio de los encuestados reportaron que se sentían solos mirando sus redes sociales.[11] Es irónico que nuestro antídoto para la separación pueda hacernos sentir todavía más solos.

LA INQUIETUD DESESPERADA QUE CREA NUESTRA CONSCIENCIA DE LA MUERTE

Mi papá y yo compartíamos una relación cercana. Él lo era todo para mí. Cuando papá estaba vivo, conversábamos por teléfono casi todos los días. Él estaba muy orgulloso de mí y siempre me lo decía (y también a cualquiera que quisiera escuchar). No me di cuenta del carácter definitivo de la muerte hasta que él murió hace diecisiete años atrás. Durante meses después de que falleció yo marcaba su número de teléfono solo para escuchar su voz en el contestador. En particular quería oír el final de su mensaje, una frase que él usaba siempre: "Qué tengas un día bendecido". Entonces, un día cuando llamé no oí ningún mensaje de voz. Alguien lo había borrado, probablemente por accidente. Estuve horas llorando. Al hacer luto por su muerte, me sentí angustiado por la separación de mi padre, y sin importar la fe que tengo en que lo volveré a ver, no sé cómo ni cuándo.

La muerte de mi papá no solo me habló de mi inmensa tristeza; además me recordó que también yo moriré un día. Estudio un proceso biológico llamado *apoptosis*: muerte celular programada. La apoptosis les dice a los científicos que cada célula en nuestro cuerpo tiene un rango de vida concreto, una fecha de caducidad. En ese punto bien definido en el tiempo, cada célula inicia un programa que facilita su muerte de manera ordenada. La muerte está integrada en las unidades más pequeñas de nuestro cuerpo y, como resultado, nuestro cuerpo está programado genéticamente para envejecer y morir. El día en que nací, el reloj comenzó a avanzar.

Hay muchas preguntas que rodean al tema de la mortalidad y que dominan nuestros sentimientos de separación. ¿Cuándo moriré? ¿Cómo? ¿Y si mi cónyuge o mi hijo mueren antes que yo? ¿Qué sucede después de la muerte? Estas preguntas permanecen e infunden temor en nuestra mente acerca del futuro, de lo desconocido. Es importante observar que tener miedo a morir es natural, ya que es un reflejo de nuestro conocimiento de nuestra propia mortalidad.

Para abordar este tema, es necesario salir de mis zonas de confort de las disciplinas bien definidas biológica, filosófica y psicológica hacia la parte profunda de la alberca donde residen mi fe personal y lo espiritual. Como dije en la introducción, estas son las grandes preguntas que van mucho más allá de la capacidad que tiene la ciencia para abordarlas. Sin embargo, incluso los científicos son forzados a avanzar hacia estas áreas si quieren considerar nuestra condición humana en esta vida y más allá.

Como cristiano, yo escojo el camino de la fe en Jesucristo y creo que obtendré inmortalidad mediante esa relación. Aun así, comprendo que esta vida está llena de misterio, de preguntas y de asombro. Me encantan *Las crónicas de Narnia*, y he leído los siete libros de la serie a mis cuatro hijos. En el último párrafo del último libro de la serie (*La última batalla*), C. S. Lewis escribe algunas de mis palabras favoritas:

Y para nosotros este es el final de todas las historias, y podemos decir verdaderamente que todos vivieron felices para siempre. Sin embargo, para ellos fue solamente el comienzo de la verdadera historia. Toda su vida en este mundo y todas sus aventuras en Narnia habían sido solamente la cubierta y la página del título; ahora, por fin, comenzaban el capítulo uno de la Gran Historia que nadie en la tierra ha leído, que continúa para siempre, en la cual cada capítulo es mejor que el anterior.[12]

La condición humana de separación es la fuente de gran parte de nuestra inquietud interior. Buscamos significado. Buscamos pertenecer. Deseamos relación. Anhelamos curar nuestra soledad. Cuestionamos los misterios de la vida espiritual. Nos enfrentamos cara a cara con la alargada sombra de la muerte. Todas estas cosas crean en nosotros un impulso de encontrar respuestas y aliviar nuestro dolor. Me gusta lo que nos recordó la Madre Teresa: "La mayor enfermedad en Occidente en la actualidad no es la tuberculosis o la lepra; es no ser querido, no ser amado y no ser cuidado. Podemos curar las enfermedades físicas con medicina, pero la única cura para la soledad, la desesperación y la desesperanza es el amor".[13]

CUANDO TODO PARECE SIN SENTIDO

Hace casi una década atrás y durante un periodo difícil de mi vida, hice mi primer viaje misionero a África con un equipo de otras veinticinco personas. En colaboración con la organización sin fines de lucro *Samaritan's Feet*, nuestro equipo viajó a ocho ubicaciones en la comunidad masoyi en Sudáfrica durante el curso de diez días para ayudar a huérfanos afectados por el VIH/SIDA. En ese momento esta enfermedad había eliminado a una generación de padres jóvenes y dejó huérfanos a veinte mil niños solamente en esa comunidad. Ayudamos a llevar alimentos, agua, calzado y medicinas para desparasitar a cerca de dos mil huérfanos durante nuestra visita.

Antes de salir de los Estados Unidos, casi me avergüenza admitir que no había pensado mucho en ese viaje. Viajo con frecuencia, y aunque nunca había ido a África, pensé que, como mínimo, la visita a este gran continente era un punto que tachar de mi lista de deseos de cosas que hacer antes de morir. Mi falta de introspección antes del viaje probablemente tuvo que ver con la intensa presión y ansiedad que sufría en casa y en el trabajo. Estaba deprimido, y me sentía solo y vacío. Nada podía aliviar o eliminar esos profundos sentimientos. Nada importaba porque, al final, me parecía que la vida no tenía sentido.

Durante ese periodo hallé una alianza con el rey Salomón, considerado el hombre más sabio que haya vivido jamás, y en particular con sus palabras de apertura en Eclesiastés, un libro de sabiduría en la Biblia. Como científico, respeto profundamente este escrito sagrado por su sincero reconocimiento de la condición humana. En el pasaje siguiente, el rey Salomón presenta un asombroso análisis del Sistema 2 de lo que eso significa, y era exactamente donde yo estaba en ese momento.

Vanidad de vanidades
   —dice el Maestro—,
vanidad de vanidades,
   ¡todo es vanidad!

¿Qué provecho saca la gente
   de tanto afanarse bajo el sol?
Generación va, generación viene,
   mas la tierra permanece para siempre.
Sale el sol, se pone el sol;
   afanoso vuelve a su punto de origen para de allí volver a salir.

Lo que ya ha acontecido volverá a acontecer;
lo que ya se ha hecho se volverá a hacer.
   ¡No hay nada nuevo bajo el sol!

Nadie se acuerda de las generaciones anteriores,
   como nadie se acordará de las últimas.

¡No habrá memoria de ellos
entre los que habrán de sucedernos!

(Eclesiastés 1:2-5, 9, 11)

Las palabras del autor están maduras y llenas de una inquietud fundamental y desesperanza. Si miramos la evidencia de nuestras vidas a primera vista, nada de lo que hacemos parece importar nada. Vivimos, morimos, y no nos llevamos nada con nosotros. Los ciclos incesantes de la naturaleza permanecen, pero nuestra existencia en este planeta no. Si tenemos suerte, dentro de una generación desde ahora, pocos recordarán que hemos vivido.

Leer el clamor de desesperación del rey Salomón alimentó mis sentimientos de insignificancia y soledad, a pesar de cuán bendecido era y cuán agradecido estaba por mi familia y mi floreciente carrera profesional.

¡A PUNTO DE ESTAR HECHO PEDAZOS!

Después de treinta largas horas de viaje, nuestro equipo finalmente aterrizó en el aeropuerto internacional en Johannesburgo, donde nos subimos en un bus escolar para el último tramo de seis horas hasta llegar a nuestro destino: un pequeño instituto bíblico rodeado por una inmensa valla de alambre de espinos en medio de un barrio marginal muy grande. Después de unas pocas horas de sueño, nos dieron la bienvenida con un abundante desayuno y un devocional dirigido por Manny Ohome, un africano muy grande y con una gran sonrisa. Manny era originario de Nigeria, se había mudado a los Estados Unidos para jugar básquet universitario, se convirtió en un hombre de negocios muy exitoso, y ahora era presidente de *Samaritan's Feet*.

Aunque no puedo recordar de qué hablaba el devocional, nunca olvidaré lo que me dijo este hombre después de concluir en oración.

Todavía no nos habían presentado formalmente, pero por razones que yo no comprendía en ese momento, me escogió entre el grupo y se acercó directamente a mí. Mirándome a los ojos, Manny me dijo: "¡Dios me dijo que estás a punto de estar hecho pedazos!".

Asombrado, lo miré fijamente como si estuviera loco. Yo no sabía a qué se refería con esa afirmación tan osada. ¿Quién se creía que era? Sin saber qué decir como respuesta, simplemente asentí con la cabeza.

La primera tarea de nuestro equipo era proporcionar calzado para cientos de hermosos niños y niñas de edades entre los dos y los ocho años. Se juntaron en una larga fila y esperaron por horas mientras nuestro equipo lavaba los pies de cada uno de ellos y les ponía un par de zapatos nuevos. Para muchos, era el primer par que tenían. Yo tuve el privilegio de orar con los huérfanos cuando recibieron sus zapatos. Muchos de ellos relataron breves historias desgarradoras de sufrimiento y abuso impensables cuando les pregunté cómo podía orar por ellos. Me sentía indefenso, pronunciando lo que me parecían palabras trilladas en medio de sus vidas devastadoras. ¿Qué bien harían en realidad un par de zapatos y una oración?

Dos días después, las palabras proféticas de Manny se hicieron realidad. Nuestro grupo viajó a una plantación de bananas. No puedo explicar lo que ocurrió en el momento en que me bajé del bus y mis pies tocaron el suelo rojo africano, pero sentí de inmediato que mi vida sería cambiada para siempre en ese momento y por ese lugar.

Cuando volteé mi cabeza para darle un vistazo al paisaje, mis ojos se fijaron primero en los cientos de niños que estaban confinados detrás de una cerca de alambre de púas oxidada y enredada. Los más mayores estiraban sus cabezas entre las púas para tener una mejor vista de los americanos "ricos" que caminaban hacia ellos. Observé en un costado a un grupo de unos cincuenta niños, probablemente de dos años o menos, sentados en agua de cloaca enlodada. Algunos jugaban, salpicando en medio del charco infestado de mosquitos. Sin embargo, la mayoría de ellos lloraban, gritando a todo pulmón.

Me sentí inexplicablemente atraído a un niño en particular que parecía tener unos dos años. Sus ojos tenían un color profundamente amarillento por fallo renal como resultado del SIDA y la tuberculosis, su rostro estaba muy distorsionado por un defecto de nacimiento y los estragos de la malnutrición. Estaba llorando, pero con desánimo, como si hubiera llorado por mucho tiempo sin que nadie le prestara atención. Le pregunté el nombre de ese niño a una de las "abuelitas", las mujeres de más edad que estaban a cargo de los niños más pequeños. Ella meneó la cabeza y se encogió de hombros. No lo sabía. Y fue entonces cuando comprendí que ninguno de los niños que estaban detrás de la cerca de alambre tenía un nombre. Eso me dejó sin aliento.

Mirando fijamente al bebé que lloraba, mi instinto fue el de cargarlo en mis brazos; sin embargo, cuando nuestras miradas se encontraron, pensé con temor: "No puedo cargarlo. Es demasiado riesgo". Como investigador biomédico, conocía las repercusiones de contraer una cepa de tuberculosis resistente a los medicamentos.

En ese momento, por primera vez en mi vida, oí que Dios hablaba a mi corazón. Tengo que decir que hasta ese momento yo siempre había sido el que se burlaba con arrogancia científica cada vez que oía a alguien decir que había oído la voz de Dios. Pero, allí de pie, mirando fijamente a un bebé malnutrido que lloraba bajo el implacable calor africano, sentí en mi corazón que Dios me preguntaba con toda claridad: "¿Quién eres tú?". Y después: "¿De quién eres?".

Creo que la primera pregunta no era para conocer mi identidad. Supongo que Dios sabe exactamente quién soy yo. Creo que fue un recordatorio de mi humanidad. Yo estaba conectado con ese niño mediante la familia de la raza humana de maneras que yo no comprendía. Y, al mostrar amor a ese niño y a otros que vagaban por la plantación de bananas, estaba mostrando amor a toda la raza humana, incluyendo mi *Yo*. Entender eso estaba mucho más allá de mi primitivo Sistema 1, que es capaz de interesarse solamente por mi *Yo* y mi familia. Vino del potente Sistema 2 y su conexión con Dios y el universo.

La pregunta "¿de quién eres?" me motivó a entender que yo, como ese niño que lloraba, era un hijo de Dios. Y aunque había estado viviendo en un mundo espiritual al que era ajeno la mayor parte del tiempo, el momento presente me retó a avanzar hacia una vida de fe más allá de las meras palabras, teología y tradición religiosa. Como yo tenía una relación personal con Dios, tenía la responsabilidad de ser sus brazos, sus pies, su amor en esa situación y todas las demás que llegarían.

De inmediato agarré al niño y lo levanté del agua enlodada, limpié su cara con mi camiseta, y junté su cara contra la mía. Agarrando con fuerza el cuerpo de ese niño, canté suavemente la misma canción de cuna que me cantaba mi mamá: "Adiós, mi bebé, adiós, adiós, mi bebé". Casi inmediatamente, el pequeño dejó de llorar. Me miró directamente a los ojos, y por primera y única vez en mi vida, vi el rostro de Dios.

Ese momento lo cambió todo. Mi percepción de la condición humana y mi papel en este planeta cambiaron. Mi perspectiva de que todo carecía de sentido se disipó, y se creó un propósito nuevo. Mi querido hermano africano Manny tenía razón. Yo estaba "hecho pedazos": hecho pedazos del modo más significativo posible que cambiaría para siempre la trayectoria de mi vida.

EL PODER DEL AMOR

¿Por qué fue tan poderoso aquel momento? ¿Qué había en ese niño en particular en un mar de niños hambrientos, pobres y enfermos que transformó mi corazón para siempre? ¿Cómo sabía Manny que yo quedaría hecho pedazos en aquella plantación de bananas?

No conozco con seguridad las respuestas a esas preguntas, y sospecho que nunca las conoceré en esta vida. Tal vez puedes identificarte conmigo. Quizá también tú experimentaste un acontecimiento inexplicable que te sacudió hacia un cambio duradero. Aunque puede que nunca entendamos el significado pleno de esas situaciones misteriosas y dinámicas, lo que importa es que nos influyen, y lo más importante, nos remodelan.

Aunque me ha tomado casi una década entenderlo, creo que la experiencia africana me colocó en la senda de comenzar a darle sentido a mi existencia. Aquel día en la plantación de bananas comencé a darme cuenta de que la vida es mucho más sencilla de lo que yo había imaginado. Tengo solamente una tarea durante el tiempo que pase en este planeta: amar. Eso, igual que la condición humana, es un principio que está en primer lugar. Si comienzas cada día con la intención de amar, todo lo demás en tu vida (tus relaciones, tu carrera profesional, tu mortalidad, todos tus esfuerzos, cómo empleas tu tiempo) se arreglará por sí solo; y dará como resultado una vida hermosa, llena de significado y de alegría. Tal como dijo la Madre Teresa, el amor es la cura para nuestra soledad, desesperación y desesperanza.

También comencé a captar la naturaleza paradójica del dar. Un mito común acerca del dar (ya sea de nuestro tiempo, nuestro dinero, nuestra energía o nuestro esfuerzo) es que dar algo significa renunciar a otra cosa. En esta perspectiva, dar no es un recurso sostenible. Mientras más damos, más agotaremos nuestras reservas.

Los individuos que se enfocan en superar su aislamiento dominando o siendo dominados enfocan el dar bajo una perspectiva de mercado. Están dispuestos a dar solo si obtienen algo a cambio. Estas personas donarán mil dólares a una organización sin fines de lucro para poder ser reconocidos por sus esfuerzos sobre un escenario o en un anuncio. Sacrificarán un fin de semana para ayudar a un amigo bajo la condición silenciosa de pensar que esa persona "les debe una".

Las personas que dan para recibir creen generalmente que dar es un sacrificio. Sufren o son incomodadas por enviar ese cheque, ofrecer voluntariamente su tiempo después del trabajo o hacer ese viaje misionero. Y si no ven ningún beneficio a cambio de lo que dan, se sienten engañados. Yo veo eso frecuentemente en iglesias donde se presenta el dar como un acto de martirio, como si deberíamos hacerlo por ese motivo y no para experimentar alegría.

Mi experiencia en África cambió por completo ese concepto tan retorcido. Me proporcionó una nueva economía del amor. Había una sola solución, un único antídoto para la condición humana de la separación: amar a los demás, y no porque otros nos devolverán ese amor sino porque el universo y su Creador corresponderán el acto desprendido de maneras que están más allá de nuestra imaginación.

Estar rodeado por miles de huérfanos y sentir la bendición de tener la oportunidad de servir a Cristo por medio de ellos canalizó hacia mi vida un amor increíble, alegría, significado y poder. De hecho, al dar meramente mi *Yo*, descubrí de nuevo mi vida y encontré mi *Yo*: quien había de ser. Una vez por semana llevo puesta al trabajo una camiseta que dice: "Necesito a África más de lo que África me necesita a mí". Estoy convencido de que, si no hubiera sido por ese primer viaje a este continente especial, podría haber perdido mi *Yo*, mi propósito para vivir, y para siempre.

Incluso ahora no afirmo tener las respuestas a los problemas fundamentales de nuestra condición humana; sin embargo, estoy seguro de que nuestra comprensión y cómo respondemos a estos primeros principios determina todo sobre la calidad de la vida que viviremos.

REFLEXIÓN: EL CAMINO HACIA RECONFIGURAR TU MENTE

1. ¿Te has sentido solo alguna vez? ¿Has pensado alguna vez que la vida o tus acciones no tenían sentido? ¿Cómo respondiste a esos sentimientos?

2. ¿Cómo contribuye la sociedad moderna a los sentimientos de aislamiento o insignificancia?

3. ¿Has experimentado la muerte de un ser querido? ¿Cómo reflexionaste en el carácter definitivo de la muerte?

4. ¿Dónde o cómo encuentras significado en tu vida? ¿Qué te da propósito?

6

LO BUENO Y LO MALO IMPORTAN

Pues como piensa dentro de sí, así es.

Proverbios 23:7, LBLA

Mi amigo John creció a finales de la década de los sesenta en los bosques de Carolina del Sur, donde reinaba el racismo. De hecho, uno de sus tíos y unos pocos padres de algunos de sus amigos de la escuela eran miembros del KKK (Ku Klux Klan). El veneno del racismo estaba engranado profundamente en el entorno de John mediante la familia, normas sociales equivocadas y presión de sus iguales.

John estaba en primer grado cuando terminó la segregación racial. Él recuerda claramente el temor en los ojos de los pequeños niños y niñas de color que se convirtieron en sus nuevos compañeros de clase. También recuerda el odio que escupían hacia esos niños y cómo parecía que casi todos los que lo rodeaban lo instaban a tratar a esos niños afroamericanos como si fueran malos, incluso malvados.

Y, sin embargo, John sabía en lo profundo de su corazón que algo no estaba bien. Le caían bien sus nuevos amigos. Incluso en medio de toda la influencia para seguir al grupo y tratar mal a esos nuevos alumnos, lanzando insultos degradantes a su camino, él no podía ignorar el pensamiento constante de que esa conducta era equivocada. Por lo tanto, a pesar de una intimidación violenta constante y amenazas de otros, incluso de los propios miembros de su familia, John trataba a todos los nuevos alumnos con la bondad y compasión que se merecían. Caminaba al lado de ellos por los pasillos. Conversaba con ellos cuando estaban asustados. Se sentaba a su lado cuando nadie más lo hacía.

¿Qué hizo que John se negara a someterse a las voces clamorosas del racismo que le rodeaban? ¿Por qué escogió diversidad y amor por encima de intolerancia y odio? ¿Por qué decidió mantenerse firme y ser perseguido cuando lo más fácil del mundo habría sido seguir lo que hacían los demás? ¿Qué le dio a John una imagen clara de moralidad bajo circunstancias en las que la mayoría lo entendía tan mal?

Junto con los primeros principios, la moralidad pone en movimiento los próximos capítulos sobre remodelar los diferentes aspectos de nuestras vidas por un motivo: este componente clave de ser humano es el fundamento sobre el cual descansa todo lo demás. Será imposible poner en orden el resto de tu vida hasta que establezcas principios morales consistentes. A fin de crecer como individuos y como sociedad en general, necesitamos calibrar nuestra brújula moral. Debemos llegar a ser hombres y mujeres que anhelen verdad y significado, que busquen hacer lo bueno sin importar cuál sea el precio. El abolicionista Henry Ward Beecher dijo: "Un hombre que ha perdido el sentido moral es como un hombre en batalla al que le han cortado ambas piernas: no tiene nada sobre lo que apoyarse".[1]

Al comprender la importancia de la moralidad, empleé los dos últimos años estudiando intensamente cómo se desarrolla y su relación con el libre albedrío. Gran parte de ese tiempo lo pasé en conversaciones con mi colega Kevin Jung, un brillante filósofo y profesor asociado de ética cristiana de la Universidad Wake Forest. En el capítulo 4 introduje un modelo de desarrollo moral que he basado en esta investigación. Este capítulo destacará mis hallazgos clave con respecto a su relevancia para nuestras vidas y particularmente para nuestro futuro.

COMPONENTES CLAVE DE LA MORALIDAD

LA FUENTE DE LA MORALIDAD

Me gusta mucho la primera línea del clásico de los años setenta de *Crosby, Still, Nash & Young* "Enseña bien a tus hijos": "Tú, que estás en la carretera, debes tener un código por el cual vivir". Filósofos y teólogos han argumentado que los seres humanos tienen una comprensión natural o una sensación intuitiva de moralidad: la diferencia entre el bien y el mal. Yo lo llamo la *condición de conocimiento moral*.

Tanto C. S. Lewis en su clásico *Mero cristianismo* como el destacado erudito del Nuevo Testamento N. T. Wright en *Simplemente cristiano* amplían esta idea al señalar que la existencia de este conocimiento instintivo es evidencia de que una fuerza sobrenatural, concretamente Dios, creó un código moral básico instintivo para la humanidad. La observación de un código moral en una amplia variedad de culturas fue un motivo importante por el que Lewis, antes ateo, cambió su cosmovisión al teísmo.

Wright dice:

Librémonos de "Dios", y ya no tendremos un "problema de maldad". Lo único que tenemos son "actitudes" o "prejuicios" no deseados. No es que las personas puedan vivir así tan fácilmente. Inventan rápidamente nuevas "moralidades" alrededor de uno o dos puntos fijos que parecen trascender a ese análisis subjetivo y emotivo: la maldad de Adolf Hitler, la bondad del activismo ecológico, la importancia de "aceptar al otro", y demás. Mejor que nada, tal vez; pero las personas que intentan navegar por los mares morales con ese equipamiento se parecen sospechosamente a un puñado de supervivientes que se agarran a una tabla partida mientras el barco se hunde y se acercan los tiburones.[2]

También yo creo que Dios es la fuente de esta brújula moral. Y, en ausencia de grave enfermedad mental o abuso, este criterio de bien y mal, de bueno y malo, de lo que es justo y lo que es injusto, está presente en todos nosotros.

Sin embargo, he descubierto que alinear nuestros principios interiores con las leyes morales de Dios, el conjunto instintivo de virtudes que estimulan nuestras convicciones, nos colocará con frecuencia entre la minoría; pero eso es lo que Cristo nos dijo que hiciéramos. Nos dijo: *Entren por la puerta estrecha. Porque es ancha la puerta y espacioso el camino que conduce a la destrucción, y muchos entran por ella. Pero estrecha es la puerta y angosto el camino que conduce a la vida, y son pocos los que la encuentran* (Mateo 7:13-14). Es mucho más fácil enfocar situaciones moralmente desafiantes siguiendo nuestra respuesta por defecto del Sistema 1, como sospechar de quienes se ven o actúan diferente a nosotros o hacer la vista gorda ante alguien que tiene necesidad. John adoptó una postura contra el maltrato racial de sus iguales y pagó el elevado precio de ser excluido y perseguido por ello. El camino de la moralidad es ciertamente angosto.

Por difícil que pueda ser a veces, vivir arraigados en amor como un hombre o una mujer de integridad moral es lo que conduce a tener paz, alegría y propósito. El mensaje de Dios que nos dice: *Ama a tu prójimo como a ti mismo* (Marcos 12:31), por ejemplo, es un enfoque de soporte vital debido a su naturaleza recíproca natural. En cierto modo y en muchos aspectos, el amor que das regresa a ti multiplicado. Aprendiste esto en el capítulo anterior.

Yo creo que la historia de John es un gran argumento a favor de la intuición humana de igualdad, justicia, y el bien y el mal. Como cristiano, me entristecen las posturas que muchas iglesias sureñas a las que yo asistí escogieron adoptar durante ese momento crítico en la historia. En el mejor de los casos, guardaron silencio sobre el tema del racismo; en el peor de los casos, en apoyo de sus posiciones discriminatorias, usaron la misma Biblia y en muchos casos los mismos versículos que quienes luchaban por los derechos civiles. Por consiguiente, la iglesia no ofreció dirección o apoyo a la ley moral de Dios para personas como John, y eso significaba estar en oposición de la única organización que debería haber sido la primera en ser ejemplo de lo que significa amar al prójimo.

DESARROLLO MORAL

¿Por qué tuvo John la capacidad de tomar esas decisiones morales tan valientes en medio de una situación tan difícil? No estoy seguro de si alguna vez conoceré la respuesta completa a esta pregunta extraordinariamente compleja. Pero sí creo, sin embargo, que con el paso del tiempo sus decisiones y experiencias alimentaron su conocimiento moral intrínseco, el cual se desarrolló hasta convertirse en su moralidad de alto nivel.

Consistente con nuestra comprensión de la plasticidad del cerebro, el proceso de desarrollo moral comienza temprano en la niñez e implica tomar decisiones con frecuencia difíciles del Sistema 2, centradas en las leyes naturales de Dios. Igual que nuestros pensamientos, nuestras decisiones morales eventualmente se convierten en hábitos y reacciones automáticas. Al escoger actuar de acuerdo con nuestra condición de conocimiento moral y no los instintos de autopreservación y las necesidades del Sistema 1, alteramos nuestro ADN cerebral. Esto, a su vez, dirige la configuración cerebral que está en consonancia con la moralidad diseñada por Dios. Repetir consistentemente esas decisiones a lo largo del tiempo fortalece esta configuración y hace que sea todavía más potente. Del mismo modo, cuando tomamos decisiones inmorales configuramos nuestro cerebro de una manera que refuerza la probabilidad de que repitamos las mismas acciones sin principios en el futuro.

Yo llamo a este recuerdo inconsciente de nuestras respuestas del pasado a situaciones moralmente desafiantes y su efecto en futuras decisiones, *memoria moral*. La memoria moral asegura que, con el tiempo, formamos nuestra propia moralidad. Al final, el modo en que actuamos y respondemos según nuestra brújula moral se convierte en nuestro carácter, fijando así esa memoria moral. Cuando esto sucede, se vuelve mucho más fácil resolver situaciones moralmente difíciles porque nuestras respuestas se vuelven automáticas. Reaccionamos de maneras positivas y significativas o de maneras negativas y egoístas sin pensar, dependiendo de cuáles fueron nuestras decisiones en el pasado. Hemos configurado nuestra moralidad.

Como otros aspectos críticos de nuestra personalidad, nuestra moralidad también se ve muy afectada por nuestro entorno en la niñez temprana. Piensa en las relaciones que tenías cuando eras pequeño con tu mamá o tu papá y otros adultos importantes. ¿Cómo te ayudaron (o no) a integrar fibras morales en tu ser? ¿Practicaban ellos lo que predicaban? ¿Hacían lo correcto cuando nadie estaba mirando? ¿Defendían la igualdad de los seres humanos? ¿Eran compasivos hacia quienes sufrían y los menos afortunados? ¿Decían mentiras para avanzar? ¿Hablaban de otros a sus espaldas?

Uno de los acontecimientos más importantes en la vida de John fue observar la reacción de su mamá ante un grupo de familiares y amigos que decían que ninguno de sus hijos, ni tampoco ningún niño de raza blanca, asistiría a la escuela el primer día de la eliminación de la segregación. Esta pequeña mujer sermoneó apasionadamente a ese grupo ignorante sobre la base de las enseñanzas de Jesús. Les recordó que asistían a la iglesia todos los domingos y los retó a pensar en las cosas crueles e insensibles que estaban diciendo a la luz de la Biblia en la que afirmaban creer. Los instó a pensar en que esos alumnos nuevos eran niños, seres humanos, que temían por sus vidas. John quedó especialmente conmovido cuando su mamá les dijo a esas personas: "Será mejor que crean que mi hijo no solo apoyará a esos muchachos sino que también tomará incluso sus manos si eso les hace sentirse más seguros y más amados".

Aquello fue en 1964. Enseña bien a tus hijos.

RESPONSABILIDAD MORAL

Los filósofos pasan mucho tiempo abordando el asunto del libre albedrío en el contexto de la responsabilidad personal, especialmente en lo que se relaciona con la moralidad. Un tema clave de estas discusiones filosóficas es si es justo hacer rendir cuentas a una persona por una decisión moralmente equivocada si no tuvo ninguna otra opción.

El libre albedrío, o el principio de las posibilidades alternativas, significa que una persona es "moralmente responsable de lo que ha hecho solo si podría haber hecho algo diferente".[3] Como hemos mencionado previamente, los deterministas creen que nadie es responsable de sus actos porque todos los actos resultan de causas físicas antecedentes, que resultan de acciones previas. Este grupo aceptaría frases como "no pude evitarlo" o "no tuve otra opción" como defensas totalmente válidas en cualquier situación moralmente cuestionable.

Yo no creo eso. Como he escrito, los individuos que toman decisiones libres del Sistema 2 en situaciones moralmente desafiantes cambian su ADN, configuran su cerebro de un modo particular, y aseguran que sus respuestas posteriores serán más consistentes con sus decisiones iniciales del Sistema 2. Colectivamente, todas esas decisiones se convierten con el tiempo en hábitos que al final forman su carácter. Ahora bien, como estos individuos eran responsables de sus decisiones iniciales, son finalmente responsables de su carácter.

Por lo tanto, ¿hay algún momento en el que podamos negar legítimamente la responsabilidad por nuestros actos? Una pregunta fundamental que surge con frecuencia entre los psicólogos y dentro de nuestro sistema legal es si se puede pedir a niños que han sufrido una exposición intensa y de largo plazo a entornos tóxicos, que rindan cuentas de sus acciones como adultos. A un muchacho cuyo padre forzó cuando tenía once años a tener sexo con una prostituta y, por consiguiente, aprendió de su papá cómo cosificar y degradar a las mujeres para obtener placer, ¿se le puede hacer responsable por participar en el tráfico sexual cuando es adulto? ¿Y la muchacha que creció con una mamá violenta y alcohólica que también era abusiva en lo emocional y lo físico? ¿Se le puede hacer responsable de acosar a otros en la secundaria? ¿Qué grado de responsabilidad deberían poseer estos individuos cuando sus circuitos cerebrales y sus resultantes disfunciones emocionales destructivas se desarrollaron desde sus entornos tóxicos?

Ciertamente, desde hace mucho tiempo se ha reconocido que la exposición temprana a formas graves de estrés, abuso y abandono es un factor de riesgo significativo para el desarrollo de psicopatías posteriores, incluyendo trastornos graves de ansiedad, trastorno de estrés postraumático, depresión, trastorno bipolar y esquizofrenia.[4] Dicho eso, creo que la respuesta depende de si el grado de la exposición tóxica indujo un daño psicológico y, por lo tanto, si el daño es permanente o modificable.

Esto me hace recordar a Shin Dong-hyuk, cuyo horrible viaje quedó captado en su biografía, *Fuga del Campamento 14*. Shin nació en un campo de trabajos forzados en Corea del Norte en 1982 y se fugó en 2005. Por más de veintitrés años, Shin fue testigo de cómo torturaban a prisioneros, mujeres y niños incluidos, por actos triviales como esconder comida; también fue testigo de la muerte de miles de personas por causa del hambre, y de las ejecuciones públicas de decenas cada año. Parte de un dedo de Shin fue mutilado como castigo por dejar caer accidentalmente una máquina de coser. Desde su nacimiento, Shin aprendió a sobrevivir por cualquier medio, incluido reportar las actividades de otros compañeros inocentes a los guardias del campamento a cambio de una recompensa.

Shin admitió con gran vergüenza que había desempeñado un papel decisivo en la ejecución de su mamá y su hermano. Cuando tenía unos quince años, oyó a los dos planeando una huida y lo reportó a los guardias. Los dos fueron torturados posteriormente, y entonces su mamá fue ahorcada y su hermano fue fusilado. En un blog en la página web de su biógrafo, Blaine Harden, Shin admitía: "Estaba celoso de mi hermano porque a mi mamá lo prefería a él más que a mí. Nunca le caí bien a mi mamá. Me golpeaba mucho más que a mi hermano. Ella nunca prestaba atención en mi cumpleaños".[5]

En ese tiempo, Shin creía que su mamá y su hermano merecían morir, e incluso sintió cierto nivel de satisfacción al ver su ejecución. Claramente, este joven soportó una crianza tan deshumanizante y nociva que su condición moral quedó gravemente distorsionada. En muchos aspectos, Shin nació como víctima. Su arquitectura cerebral se desarrolló en un entorno que recompensaba el mal, alentaba la apatía y la falta de remordimiento, y normalizaba la tortura y la degradación de seres humanos. ¿Era este joven más responsable de su desarrollo cerebral que un sobreviviente de Hiroshima por contraer cáncer como resultado de su exposición a la radiación? No lo creo.

Consideremos un ejemplo hipotético menos extremo. Joe y Jack son dos hermanos que se criaron bajo circunstancias difíciles y estresantes. Su papá abusaba de los medicamentos con receta, y su mamá era verbalmente abusiva. Aunque trágica, su crianza no fue lo suficientemente catastrófica para destruir su capacidad de reconocer las leyes morales de Dios en su interior. Por lo tanto, cuando llegan a la edad adulta, tienen cierta capacidad para experimentar la deliberación del Sistema 2 en situaciones moralmente desafiantes.

Desgraciadamente, debido a su pasado tumultuoso, tanto Joe como Jack participan en conductas malsanas que causan una destrucción considerable en ellos mismos y en otros. A Joe le gusta demasiado el vodka y tiene graves problemas de control, y con frecuencia domina a las mujeres en las relaciones. Jack muestra una conducta narcisista y siempre pone sus propias necesidades y deseos por delante de los de otros, perpetuando un ciclo de relaciones rotas y soledad. Debido a que más o menos sienten con precisión su condición de conocimiento moral, tanto Joe como Jack reconocen que son responsables de sus patrones de conducta equivocados y que el camino por el que van probablemente conducirá a un futuro lúgubre. Saben que necesitan ayuda.

Al llegar a los cuarenta años, los dos hermanos visitan por separado a un terapeuta una vez por semana con la esperanza de sentirse mejor. El consejero hace un trabajo estupendo ayudando a ambos hombres a reconocer el impacto que tuvieron sus entornos negativos en la niñez en sus acciones como adultos, y los motivos de su incapacidad de tomar decisiones consistentes con su condición de conocimiento moral. Los dos hombres aprenden herramientas para utilizar el razonamiento del Sistema 2 para anular sus respuestas del Sistema 1 cuando enfrentan desencadenantes de la niñez.

En este punto, mientras que Joe y Jack, como todos nosotros, pueden ser influenciados hasta cierto grado por su pasado, cada uno de ellos lo ha reconsiderado y es capaz de utilizar su libertad del Sistema 2 para formar respuestas nuevas a situaciones moralmente desafiantes. Dicho eso, Joe puede decidir ignorar su condición de conocimiento moral y continuar aprovechándose de otros. ¿Es ahora responsable de su carácter presente y sus futuras acciones como resultado? Creo que la respuesta es sí. Como ha reconfigurado su mente, al menos de manera parcial, Joe es capaz de usar el razonamiento del Sistema 2, y sus decisiones presentes y futuras ya no están bajo el control de su pasado. Joe tiene la capacidad de hacer otra cosa y, por lo tanto, es responsable de cómo decide actuar.

¿Y qué decir de Shin? Tras una intensa terapia cognitiva conductual, ha llegado lejos emocional y mentalmente. En la actualidad trabaja para Liberty en Corea del Norte (LiNK), una organización sin fines de lucro que crea consciencia de los problemas de derechos humanos y ayuda a refugiados en ese país. El 2 de diciembre de 2012, Shin fue presentado en el programa *60 Minutes*. En esa entrevista, subrayó: "Cuando veo videos del Holocausto, me hacen llorar. Creo que sigo evolucionando: de ser un animal a un ser humano".[6] Claramente, Shin ha recuperado su condición inherente de conocimiento moral y ahora es impactado profundamente por atrocidades morales como el genocidio.

Uno de los aspectos más sorprendentes y poderosos de los humanos en general y del cerebro humano en particular es su increíble resiliencia. A pesar de cómo nos criaron o de los horrores de nuestras vidas como adolescentes o adultos, el cambio es posible. Podemos alterar nuestra capacidad de tomar mejores decisiones morales que se corresponden con la voluntad de Dios para nuestras vidas. Y, sin importar cuáles fueron nuestras influencias y entornos en el pasado, siempre estaremos en situaciones futuras con oportunidades de hacer lo correcto.

RACIONALIZACIÓN: LA PENDIENTE RESBALOSA DE LA MORALIDAD

Cuando enfrentamos situaciones moralmente desafiantes, hacemos una de tres cosas. Primero, respondemos de un modo consistente con las leyes morales de Dios, como hizo John. Segundo, actuamos inconscientemente en contra de la moralidad de Dios. Y, tercero, decidimos hacer lo malo y justificamos esas decisiones con excusas. Me enfocaré en esta última respuesta que es muy popular.

Muchas personas responden a situaciones moralmente desafiantes minimizando su capacidad de actuar o su propia responsabilidad individual. Pensamos en un montón de excusas para no practicar los principios morales de Dios y así poder sentirnos mejor con nuestras decisiones.

Hace unos años atrás, apareció una fotografía en la primera página del *New York Post* que generó un clamor público generalizado. Mostraba a un hombre al que habían empujado en el subterráneo e intentaba escapar desesperadamente segundos antes de que un tren que se acercaba lo aplastara y lo matara. Surgieron preguntas inmediatamente sobre por qué el fotógrafo decidió tomar una fotografía en lugar de ayudar al hombre a salir. El fotógrafo dijo en una entrevista que no era "lo bastante fuerte para levantar físicamente a la víctima"[7] y optó por utilizar su cámara para hacer *flash* continuamente y alertar al conductor del tren. Aunque no puedo estar seguro de las intenciones genuinas de este hombre, creo que cuando estuvo cara a cara con una situación moralmente desafiante, racionalizó la importancia o la necesidad de su papel en el acontecimiento.

Del mismo tipo, hay una respuesta humana conocida como el *efecto testigo* o *apatía del testigo*, que dispersa la responsabilidad moral de un individuo en un grupo. El principio fue popularizado después del asesinato en 1964 de Kitty Genovese en Kew Gardens, Nueva York. Genovese murió apuñalada fuera de su apartamento mientras otros observaban y no intervinieron para ayudar o incluso llamar a la policía. De hecho, es interesante, triste y predecible que la probabilidad de que un individuo consiga ayuda en una situación traumática está inversamente relacionada con el número de testigos que la estén observando. Mientras más personas presentes, menos probabilidad de que alguien intervenga.

En una era de mentalidades cada vez mayores de sentirnos con derechos y de relativismo moral, creo que nuestras excusas pueden plantear una de las mayores amenazas para el tejido de la sociedad moderna. Lo que da mucho miedo es que, mientras más usamos excusas para justificar la inacción moral o la conducta poco ética, más creemos verdaderamente nuestras propias mentiras y, por lo tanto, creamos caminos para rodear nuestra responsabilidad moral.

Ethics Alarms, una popular página web enfocada en la ética, publicó recientemente una lista de veinticuatro justificaciones comunes y poco éticas que la gente usa para no hacer lo correcto. Entre ellas se incluyen:

- Todo el mundo lo hace.

- Si no hace daño, no es malo.

- Son solo negocios.

- Hazlo a ellos antes de que te lo hagan a ti.

- Solo esta vez.

- Lo que hice estuvo bien porque al final fue para bien.

- Si no lo hago yo, alguien más lo hará.[8]

Como la memoria moral, la racionalización poco ética se convertirá en nuestro hábito predominante del Sistema 1 si validamos consistentemente nuestras decisiones con excusas. Por eso es importante hacer hincapié en por qué y cómo escoger el bien antes que el mal. La consciencia de uno mismo acerca de cómo nuestros propios sentimientos y conductas siguen a nuestros pensamientos (y excusas) es fundamental para nuestro desarrollo moral. Cristo subrayó esta filosofía en su enseñanza. En la Escritura, Él parecía más afligido por quienes se enfocaban en juzgar a otros antes de reflexionar en su propia conducta. Tuvo palabras duras para esas personas. *¡Hipócrita!, saca primero la viga de tu propio ojo, entonces verás con claridad para sacar la astilla del ojo de tu hermano* (Mateo 7:5).

Hace unos años atrás me llamó una amiga de la niñez y me preguntó si podíamos tomar un café. Pude oír en su voz cierta sensación de desesperación. Cuando nos encontramos, ella parecía visiblemente preocupada, aunque yo no tenía ni idea del porqué. Mientras esperábamos nuestros cafés, me miró fijamente a los ojos y dijo: "Voy a dejar a mi esposo".

Yo conocía bien a esta pareja, ya que su esposo también era un amigo de la niñez, de modo que me sorprendió. Le pregunté por qué.

Mientras todavía me sentía sacudido por la noticia, escuché mientras mi amiga me dio una lista de razones. Él estaba teniendo una aventura amorosa emocional con una compañera de trabajo; ella llevaba años sin estar sexualmente satisfecha; él actuaba distante hacia ella; ella estaba "casi" viendo a otra persona; su esposo siempre estaba ocupado trabajando; y, lo fundamental, él estaría mejor sin ella. Recuerdo cuán asombrado estaba al oír su lista de justificaciones y dejar caer despreocupadamente el hecho crítico y moralmente relevante de que ella estaba teniendo una aventura. Yo sabía que el esposo de mi amiga era un buen hombre que amaba profundamente a su esposa. Él habría estado dispuesto a visitar a un terapeuta para solucionar cualquiera de los problemas. Yo también sabía que mi amiga tuvo algunos problemas profundos de abuso infantil que nunca abordó, y creía que influían en su modo de pensar de maneras que ella no podía imaginar. Por favor, comprende que yo no estaba juzgando sus acciones. Estaba profundamente preocupado de que fuera a cometer un gravísimo error.

Puse fin a nuestra conversación diciendo: "Siempre te amaré como a una hermana, pero por favor, hazte un gran favor a ti misma antes de tomar esta decisión trágica. Sé sincera contigo misma. Si continúas viendo a ese hombre y decides poner fin a tu matrimonio actual, hazlo con sinceridad. Admite que tu aventura secreta causará un gran daño a ti y a tu familia. Tu vida y tu legado como esposa y madre están en juego. Respétate a ti misma y a tu esposo lo suficiente para hacer lo que sientas que debas hacer al menos con la verdad".

Cualquier excusa que utilices como motivo para hacer cosas incorrectas o para mentir configura tu mente hasta el punto en el que las falsedades se convierten en un hábito del Sistema 1 que impide que comprendas las consecuencias de tus acciones inmorales. Con el tiempo, tu carácter estará basado en tus distorsiones crónicas de la verdad.

Los seres humanos no somos estupendos por naturaleza para juzgar nuestros propios sentimientos y conductas. Sin una profunda introspección, oración, una red de apoyo de amigos y familiares sabios y confiables, y una comunidad espiritual, permanecemos limitados por nuestras propias realidades y así podemos justificar o dar sentido a cualquier acción equivocada. Sin verdad, creamos de modo inconsciente una existencia fabricada que finalmente destruirá nuestra capacidad de sentir nuestra condición de conocimiento moral y nos hará vivir en ausencia de importancia y significado.

LA MORALIDAD ENGENDRA CAMBIOS POSITIVOS

Mientras escribo este capítulo estoy sentado en una habitación de hotel en Myrtle Beach, Carolina del Sur. Creo que el motivo por el que estoy aquí este fin de semana es recordarme a mí mismo cuánto hemos avanzado como nación desde la época de John. Esta mañana di un paseo por el malecón, disfrutando del colorido tapiz de diversidad dondequiera que miraba. Pequeños niños y niñas adorables de muchas etnias reían y jugaban entre ellos. Parejas de diferentes razas iban agarrados de la mano. Aunque nuestra sociedad sin duda no ha resuelto todos los problemas que rodean a la discriminación racial y la igualdad de los seres humanos, hemos hecho avances tremendos hacia un futuro mejor para nuestros hijos y su descendencia.

Le debemos a nuestro *Yo* ser vulnerables y dolorosamente sinceros, dejar de defender y racionalizar nuestros sentimientos y respuestas del Sistema 1 basadas en el egoísmo y el temor en lugar del amor. Debemos aprender a rendir cuentas de nuestras acciones, ya sean buenas o malas. Debemos hacernos responsables de nuestras decisiones y entender el papel que desempeñan en nuestro futuro.

Toma un tiempo antes de leer el capítulo siguiente para evaluar tu brújula moral respondiendo a las preguntas siguientes. Tus respuestas serán esenciales en cómo reaccionas al resto de este libro. Cuando tengas un entendimiento claro de tu moralidad, será más fácil para ti comprender y superar las batallas que enfrentas con respecto a la tragedia, la crianza de los hijos, la relaciones, la intimidad y la sexualidad.

REFLEXIÓN: EL CAMINO HACIA RECONFIGURAR TU MENTE

1. ¿De dónde obtienes tus estándares de moralidad? ¿Con qué leyes naturales o filosofía orientas tu brújula moral?

2. ¿Cuáles crees que son tus mayores puntos ciegos de moralidad? ¿Puedes recordar una ocasión en la que lo hiciste correctamente? ¿Y otra cuando lo hiciste mal?

3.   ¿Cuánto tiempo y energía enfocas hacia tu *Yo* y tu propia familia, contrariamente a mirar hacia afuera y amar y ayudar a otros? ¿Has encontrado un balance saludable?

4.   ¿Cuál crees que es la excusa que más utilizas para no hacer lo correcto? ¿Qué dice eso acerca de ti?

7

CUANDO GOLPEA LA TRAGEDIA

El Dios en el que creo no nos envía el problema;
Él nos da la fortaleza para lidiar con el problema.

Rabino Harold Kushner,
Cuando suceden cosas malas a personas buenas

Hace años atrás, una buena amiga mía quedó embarazada. Como la mayoría de las mamás, estaba entusiasmada. Estaba orgullosa de los cambios en su cuerpo, emocionada por planear el cuarto del bebé y comprar hermosa ropa de bebé, y soñaba despierta con todas las cosas que haría con su bebé. Unos meses después, le hicieron una prueba genética. El resultado fue estremecedor. Diagnosticaron al bebé una grave anormalidad genética.

Unos años después del nacimiento del bebé, mi amiga me hizo una confidencia. Aunque me dijo que su hijo era una bendición y que no podía imaginar su vida de modo diferente, también admitió que se sintió decepcionada cuando le dieron por primera vez la noticia.

Mi amiga ofreció una analogía reveladora basada en algo que había leído.[1] Dijo que, al quedar embarazada, fue como si se dirigiera a París para vivir el resto de su vida en una hermosa villa rodeada de lavanda y campos de olivos. Aprendió a hablar francés con fluidez. Y, tras una doble comprobación de su lista para empacar, se subió a un avión emocionada por experimentar esa nueva aventura y una nueva vida.

Sin embargo, el vuelo parecía tomar mucho más tiempo del planeado. Cuando el avión aterrizó, ella recorrió la pasarela del aeropuerto en un entorno poco familiar. Nadie hablaba francés. Las señales del aeropuerto estaban en un idioma diferente. Incluso las personas se veían diferente. Comprendió rápidamente que había aterrizado en una ciudad extraña que era cualquier cosa menos París. Nadie podía explicar por qué su vuelo no llegó al destino inicialmente programado; y nadie podía corregir el problema. Sin salida, mi amiga estaba en un lugar nuevo, sola y sintiéndose asustada, abandonada y traicionada.

Aunque hasta ahora me he enfocado en gran medida en emociones y reacciones del Sistema 1 en hiperactividad, los instintos y motivaciones de nuestro Sistema 1 también interactúan con el Sistema 2 para crear potentes visiones de nuestro futuro. Los sueños de la niñez con frecuencia se convierten en aspiraciones de adultos. Mi amiga tenía una carrera profesional muy exitosa, pero también quería tener una familia. Como la mayoría de las niñas, siempre había soñado con ser mamá. Hay evidencia científica abrumadora de que los recuerdos tempranos crean circuitos en regiones cerebrales del Sistema 1. Cuando esas visiones con sus finales de cuento de hadas quedan establecidas en nuestra mente, son increíblemente difíciles de alterar. Las experiencias y los sueños en la niñez de mi amiga dieron lugar a una configuración cerebral que moldeó poderosamente una narrativa y un deseo de tener una familia en su futuro.

Al acercarnos a la edad adulta, comenzamos a entender que abundan la incertidumbre y el dolor. Nuestros planes, nuestras esperanzas, nuestros sueños y nuestro mundo pueden cambiar de repente. Esto sucede cuando diagnostican a un cónyuge o un hijo una enfermedad terminal, cuando tenemos que cuidar de un padre anciano diagnosticado de Alzheimer, cuando perdemos nuestro empleo y no podemos llegar a fin de mes, cuando recibimos un diagnóstico de cáncer, cuando el sueño por el que trabajamos tan duro queda destrozado, cuando nuestro cónyuge abandona el matrimonio. La lista continúa.

Es estremecedor ser golpeado por acontecimientos de la vida que causan grave dolor, sufrimiento y estrés. No podemos creer que eso nos esté sucediendo. Nos preguntamos qué hicimos mal. Cuestionamos la bondad de Dios e incluso su existencia. Gran parte de ese dolor surge también de las expectativas que fueron configuradas en las regiones del Sistema 1 de nuestra mente mucho antes en la vida. Es aquí donde muchos de nosotros quedamos atascados con frecuencia; y es aquí donde debemos utilizar el Sistema 2 para rendir esos sueños tempranos, conectar con Dios y con nuestras fortalezas, y remodelar nuestras vidas.

LOS FUNDAMENTOS DE REMODELAR LA TRAGEDIA

Remodelar la pérdida, la enfermedad o la tristeza es un viaje desde el exilio. De modo consciente e inconsciente, sentimos un enojo tremendo, desesperación, depresión y resentimiento. Oleadas de emoción abruman nuestra mente. Remodelar no significa minimizar, pelear o ignorar lo que hemos atravesado; significa regresar de un destino en el que nos sentíamos desplazados, desconectados o deprimidos. Aunque no podemos cambiar lo que sucedió, podemos cambiar nuestros pensamientos, nuestra perspectiva y nuestro enfoque para avanzar en la vida.

Aunque este capítulo no ofrece un plan paso por paso para superar una situación trágica, su enfoque es mostrar cómo puedes liberarte cuando reflexionas en tu experiencia y cómo eliminar algunas barricadas que pueden obstaculizar el proceso de remodelación. Si actualmente tienes dificultades para lidiar con las situaciones, si tienes problemas para dormir, te sientes deprimido y tienes una sensación abrumadora de desesperanza, consumes sustancias como alcohol o drogas, o sufres pesadillas debilitantes o ansiedad, te aliento a que busques ayuda. Encuentra a un consejero con licencia. Acércate a seres queridos. Únete a un grupo de apoyo. No tienes que sufrir a solas.

ESTABLECE LA PAZ CON TUS CREENCIAS ACERCA DE LA(S) CAUSA(S) DE LA TRAGEDIA

Siempre me sorprenden las cosas necias que dicen las personas a alguien que está atravesando sufrimiento o tragedia. Hace algunos años asistí a un funeral de un adolescente que se había suicidado. Mientras estaba en la fila esperando para hablar con sus padres, batallaba con encontrar las palabras que decir. No era fácil encontrar las palabras correctas. Sabía que soltar un monólogo u ofrecer consejos no tendría ningún caso; por lo tanto, solamente le dije a esa pareja que había soportado una pérdida tan impensable que lo sentía mucho, y después les abracé fuerte. ¿Qué más podía decir?

Por desgracia, he escuchado a personas (tal vez bien intencionadas, pero equivocadas) responder en estas circunstancias con frases y clichés que solamente agudizan el dolor del que sufre o muestran una perspectiva teológica inquietante.

Si tu esposo te abandonó por otra mujer, si tu hijo tiene una enfermedad fatal y está en el hospital por décima vez, si estás lidiando con una enfermedad física o mental debilitante, lo último que quieres o necesitas oír es lo siguiente:

"Esto es la voluntad de Dios, y tienes que aceptarla".

"Dios nunca nos da más de lo que podemos soportar".

"Dios te ha elegido para esta carga porque sabe que eres muy fuerte".

Tal vez una de las afirmaciones más horribles que he escuchado fue cuando alguien se acercó a una pareja que recién sufrió la pérdida de su único hijo. Esa persona dijo: "Siento que estén tristes, pero Dios obviamente necesitaba a su bebé como un ángel en el cielo más que ustedes". Puedo decir con toda seguridad que ese no era y nunca será el caso.

En su libro *La voluntad de Dios*, el teólogo inglés Leslie Weatherhead relata la profunda historia de estar en India con un amigo que había perdido a su hijo pequeño en una epidemia de cólera. Weatherhead caminaba al lado de su amigo, quien recorría de un lado a otro el porche de su hogar solamente a pocos metros de su hija que dormía, la única que le quedaba. El hombre afligido se volteó al gran teólogo y dijo: "Bueno, padre, es la voluntad de Dios. Eso es todo lo que hay. Es la voluntad de Dios".[2]

Weatherhead estuvo en desacuerdo amablemente. Amaba a su amigo y lo conocía lo bastante bien para poder responder con las siguientes palabras: "Supongamos que alguien subiera por las escaleras del porche esta noche mientras todos ustedes están dormidos, y pusiera deliberadamente un algodón empapado en un cultivo de gérmenes del cólera sobre la boca de la niña mientras ella está en su cuna en el porche, ¿qué pensarías de eso?".[3] El papá se quedó horrorizado y respondió diciendo que mataría al intruso, y después le preguntó por qué incluso sugería una cosa tan cruel.

Weatherhead explicó tranquilamente a su amigo que eso era lo que él había hecho cuando caracterizó la muerte de su hijo como la voluntad de Dios. "Di que la muerte de tu pequeño fue el resultado de la ignorancia masiva, llámalo necedad masiva, llámalo pecado masivo, lo que tú quieras, llámalo mal alcantarillado o descuido comunitario, pero no digas que es la voluntad de Dios".[4]

Aquello a lo que atribuyamos la tragedia marcará una diferencia inmensa en nuestra capacidad de remodelarla. En cualquier cosa que hayas atravesado o que estés atravesando mientras lees estas palabras, no culpes a Dios de tu sufrimiento. Atribúyelo a la incertidumbre del universo, la naturaleza malvada de la humanidad, o la libertad que Dios dio a los seres humanos para escoger cómo vivir y qué hacer, pero no lo atribuyas a Dios.

La tensión de determinar la fuente o causa del sufrimiento está bien ilustrada en el libro bíblico de Job. Aunque una tesis completa sobre esta historia está más allá del ámbito de este libro, ofreceré un breve resumen.

Job es un hombre increíblemente afortunado, rico y, sobre todo lo demás, piadoso. Un día Satanás se acerca a Dios y propone que la única razón por la que Job es fiel se debe a todas las bendiciones que Dios le ha otorgado en su misericordia. Para parafrasear el texto: "Es una marioneta dirigida", acusa Satanás. "Quítale todas las cosas buenas y entonces veamos quién es en realidad ese hombre de fe tan respetable" (ver Job 1:9-11).

Confiado en el carácter de su siervo, Dios pone a Satanás a prueba y le permite tomar y destruir todo lo que tiene Job. En una serie de eventos trágicos, sin que haya mucha pausa entre ellos, Satanás destruye el ganado del hombre, mata a todos sus hijos y sus sirvientes, y lo aflige con úlceras dolorosas por todo su cuerpo. Comprensiblemente deprimido e incapaz de darle sentido a lo que no lo tiene, Job ofrece oraciones llenas de preguntas y dudas; sin embargo, no maldice a Dios. Se mantiene fiel incluso cuando su esposa gruñona intenta todo lo posible para convencer a su esposo de que el Todopoderoso tiene la culpa y no se merece su lealtad inflexible.

Los tres amigos de Job no son de mucha ayuda. Mantienen suposiciones incorrectas que resultan de una mala teología. Incapaces de vivir con los misterios del sufrimiento, estos tres hombres tienen una conversación tras otra con Job que giran en torno a la misma teoría: suceden cosas malas a las personas malas, de modo que Job debe haber hecho algo malo. El pobre hombre se niega a aceptar sus hipótesis; sin embargo, se mantiene en un estado de tensión, sin estar seguro de cómo comprender al Dios al que sirve. Hacia el final de esta historia, Dios aparece en un torbellino. Aunque no proporciona una respuesta al sufrimiento de Job, deja totalmente claro que entender asuntos tan complejos está mucho más allá de la comprensión humana. Entonces Dios reprende a los amigos de Job por su ignorancia y le da a Job un nuevo futuro.

Aparte de culpar a Dios por orquestar eventos trágicos, algunas personas de fe, ya sean tradicionales o no, también asignan culpabilidad a la parte que sufre, llamándolo justicia, karma o destino. Algunas personas incluso se culpan a sí mismas por incidentes inexplicables. Parece haber una fuerte necesidad en los seres humanos de creer que tenemos lo que merecemos aquí en la tierra, aunque hay evidencia de lo contrario a nuestro alrededor.

Mientras escribía este capítulo hubo un terremoto en Nepal, India, que mató a ocho mil personas y dejó heridas a diecinueve mil. ¿Eran malas esas veintisiete mil personas y por eso merecían morir o resultar heridas? ¿Causaron los once millones de víctimas del Holocausto su fallecimiento por vivir una vida egoísta o avariciosa? ¿Está justificada la angustia y el dolor de los niños que están enfermos en unidades de cuidados intensivos pediátricas en hospitales por todo el mundo?

Como he dicho a lo largo de este libro, Dios parece poner un énfasis extraordinariamente alto en la libertad. Esto queda evidenciado en la naturaleza, mediante la belleza de los atardeceres y la violencia de los huracanes. Queda probado también en la biología, mediante la capacidad del cuerpo de curarse a sí mismo de manera ordenada o crear una inmensa respuesta inflamatoria en la arteria coronaria que conduce a un ataque al corazón y la muerte. Y queda evidenciado en los seres humanos, mediante nuestra libertad para hacer lo correcto y tomar decisiones fundamentales del Sistema 2 durante nuestros momentos más difíciles, o rechazar el amor y la compasión de Dios y vivir la vida a nuestra manera.

ENFRENTA TU TRAGEDIA

La psiquiatra suiza Elisabeth Kübler-Ross introdujo la idea de las cinco etapas del luto en su libro de 1969, *Sobre la muerte y el morir*. Incluyen:

1. Negación y aislamiento

2. Enojo

3. Negociación

4. Depresión

5. Aceptación

Tristemente, no todo el mundo llega a la etapa final de la aceptación. Algunas tragedias son tan repentinas, inesperadas y desastrosas que nunca podemos pasar más allá de las cuatro primeras etapas. Nuestra mente se queda atascada en el Sistema 1, repitiendo los mismos recuerdos del pasado una y otra vez. Cuando estamos encarcelados en la hiperactividad emocional mediante la negación, el aislamiento, el enojo y el resentimiento, repitiendo escenarios "posibles" en nuestra cabeza, no podemos remodelar nuestro trauma y, por consiguiente, reconfigurar nuestra mente.

Recuerdo claramente una sesión de terapia que tuve después de una serie de crisis desgarradoras, y hablaré de una de ellas en las siguientes páginas. Yo estaba en completa negación de cuán difícil era mi situación. Le dije a mi consejero: "Seguro que mi situación apesta, pero hay muchas personas, incluso niños inocentes en todo el mundo que lo pasan mucho peor". Decía eso muchas veces (y lo pensaba), no solo durante mis sesiones de terapia. Como otros podían manejar traumas peores que el mío, yo pensaba que debería ser fuerte y controlar mi propio dolor.

Al haberme oído repetir esa frase numerosas veces, mi terapeuta se inclinó hacia mí en su asiento y miró fijamente a mis ojos privados de sueño. "Ski —comenzó— necesitas entender una cosa: tu vida es horrible en este punto en el tiempo. Has perdido un matrimonio y un negocio, y experimentaste una pérdida devastadora. Quienes te rodean se están desmoronando con un dolor impensable. Cuando puedas comenzar a reconocer esas tragedias y el impacto que han tenido y liberar tus emociones de esa cárcel fortificada que hay en tu mente, podrías tener una oportunidad de sacarte de encima este agujero y salir al otro lado. De otro modo, estás desperdiciando tu propio tiempo y también el mío".

Aunque sus palabras dolieron, agradecí su sinceridad. Más importante todavía, acepté su consejo. Agotado mentalmente, manejé hasta mi casa desde su consulta y finalmente comprendí que tenía que enfrentarlo. Tenía que ser sincero con mi situación, enfocarme en mi *Yo*, y apoyarme en Dios. Entonces, y solamente desde ese lugar de transparencia, sería capaz de comenzar a reconstruir.

Por lo tanto, ¿cómo enfrentamos la realidad y aceptamos el dolor de perder a un ser querido, recibir un diagnóstico terminal, recuperarnos de una adicción, recibir una nota de desahucio o los documentos del divorcio? Yo no soy terapeuta, de modo que solamente puedo hablar por la experiencia personal. Debemos comprender que los pasos hacia remodelar nuestra tragedia o trauma comenzarán cuando busquemos ayuda externa y trabajemos en nuestros problemas profundos con un consejero, un asesor espiritual profesional, mentor o grupo de apoyo. Esto toma trabajo y tiempo.

Lo que puedo decir es lo siguiente: los sentimientos dolorosos relacionados con el trauma y la tragedia no disminuirán ni desaparecerán si no lidiamos con ellos. De hecho, es mi experiencia que solamente son reprimidos, y los sentimientos inconscientes que surgen de las regiones del Sistema 1 de nuestra mente se vuelven más intensos. Eso da como resultado sentimientos abrumadores de parálisis, tristeza, depresión y enojo, que pueden conducir a falta de sueño, cambios en los patrones alimentarios, adicción al trabajo, pensamiento excesivo, consumo de tabaco o de drogas, y enfermedades físicas como dolor de cabeza y problemas de estómago.

Has de saber que todas ellas son reacciones humanas normales a situaciones traumáticas. No somos robots carentes de emociones; sin embargo, llega un momento en el que nuestra calidad de vida, nuestras relaciones y nuestro futuro son afectados hasta un grado tan negativo, que no podemos ver un camino de salida. Es entonces cuando necesitamos ejercer nuestra libertad de decisión. Podemos quedarnos atascados en las circunstancias de nuestra tragedia o tomar una decisión consciente de cambiar nuestro pensamiento al Sistema 2 y crear una vida nueva.

RELATA DE NUEVO TU HISTORIA

La aceptación es la última etapa del luto. En esta etapa, el individuo está preparado para avanzar hacia la siguiente fase de su vida. Ha asimilado lo que ha sucedido y comprende que la vida nunca será igual.

También está preparado para crear una narrativa nueva y significativa para su futuro.

Comencé este capítulo con mi buena amiga que tiene un hijo con una grave anormalidad genética. Aunque al descubrir la desgarradora noticia se sintió sola, traicionada y asustada, no es ahí donde terminó su historia. Metafóricamente hablando, al final ella se aclimató a su nuevo entorno, aprendió un idioma nuevo, y descubrió que esta ciudad nueva y extraña era más hermosa de lo que podía haber esperado. Un aspecto notable de su proceso de reformulación fue su participación en una organización de defensoría sin ánimo de lucro que pelea por los derechos de los discapacitados. La nueva narrativa de esta mujer empoderó a su *Yo* y a su familia con una nueva perspectiva llena de alegría, amor y significado.

Cuando los recuerdos y las expectativas integrados en nuestro cerebro como superautopistas son desafiados por situaciones traumáticas, tenemos que rendir esas visiones a cambio de otras nuevas; y tenemos que dejar de viajar por esas mismas súper autopistas que están atascadas en el pasado. En el capítulo 4 hablé de que es fundamental que tus pensamientos autodirigidos estén en el proceso de reconfiguración. Esto es especialmente cierto por lo que respecta a remodelar una tragedia. Los pensamientos que creas en torno a la nueva visión positiva de tu vida son poderosos. Cuando actúas conforme a ellos repetidamente, comienzas a reconfigurar tu cerebro. Destruyes las superautopistas que transportan la vieja narrativa y construyes otras nuevas que te transportan hacia una nueva historia. Y creas una vida nueva, tal vez incluso una vida mejor.

Me gusta mucho lo que escribió la psicoterapeuta Nira Kfir:

Crisis significa un cambio en el discurrir de la vida. El río discurre implacablemente hacia el mar. Cuando llega a un punto en el que es bloqueado por rocas, batalla por encontrar

maneras de continuar su camino. ¿Sería la alternativa discurrir hacia atrás? Eso es lo que desea una persona en una
crisis: regresar atrás en el tiempo. Pero la vida no nos proporciona una marcha atrás, y la batalla debe continuar hacia
adelante, como el río, con pausas ocasionales para patalear
en el agua y comprobar hacia dónde nos dirigimos.[5]

LA HISTORIA DE JOSH

Mi hijo Josh, de veintinueve años, ha experimentado gran adversidad en su joven vida. Solamente horas antes de jugar el partido de
semifinal de las eliminatorias de fútbol de la secundaria de Carolina
del Norte, mi hija pequeña y yo estábamos viendo una película en el
cine local. Teníamos problemas para concentrarnos ya que nuestras
mentes pensaban con anticipación en el partido. Durante la película
sonó mi teléfono desde diferentes números, algunos de los cuales no
reconocí. Finalmente, tras la décima llamada perdida, llamé a uno de
los números. Quienquiera que estuviera al otro lado de la línea me
dijo que mi hijo había tenido un accidente de tráfico y estaba en la
unidad de cuidados intensivos del hospital, peleando por sobrevivir.
La vida nunca sería igual para la familia Chilton.

Los últimos doce años han sido un viaje parecido a una montaña rusa para todos nosotros, ya que hemos batallado por entender
y adaptarnos al destino estéril en el que aterrizó nuestro avión. Josh
se ha ofrecido voluntario valientemente para relatar su historia en
las siguientes páginas a fin de ofrecer esperanza a muchos para que
puedan comenzar a avanzar en su propio viaje.

Incluso al escribir este capítulo, soy bien consciente de que nuestra familia sigue todavía en el proceso de remodelar esta tragedia.
Sin embargo, como ya sabes, remodelar nuestra mente no significa

perfección; significa hacer progreso. A continuación, la historia de Josh en sus propias palabras.

El día después de Acción de Gracias de 2003 iba manejando para ver a mi novia, cuando perdí el control de mi auto Honda Accord y derrapé hasta una fila de árboles. Ese día en particular se suponía que sería uno de los puntos destacados de mi vida hasta ese momento. La anticipación era tremenda, ya que iba a jugar con el equipo de fútbol americano de mi escuela secundaria, el Mount Tabor Spartans, en las semifinales de las eliminatorias estatales contra los West Charlotte Lions.

El temor que sentí en el momento antes del impacto todavía me persigue hasta la fecha. El accidente se produjo tan rápidamente que ni siquiera tuve tiempo para prepararme para el impacto. Lo que sucedió después del accidente es difícil de explicar, y probablemente nunca lo entenderé a este lado del cielo. Lo único que recuerdo es sentir que entraba en un estado atemporal, un lugar pacífico que nunca había experimentado ni siquiera en mis sueños. Era similar a testimonios de experiencias cercanas a la muerte de las que había oído o leído. De algún modo surrealista, sentí como si mi vida estuviera siendo evaluada. No puedo expresar con palabras ese momento, pero sin duda alguna fue una puerta entre dos mundos, el de los vivos y el de los muertos, al igual que un portal entre dos vidas notoriamente diferentes para mí. Entré como la estrella del fútbol que era popular en la escuela y tenía una hermosa novia y un futuro brillante lleno de metas y aspiraciones, y salí a un mundo aterrador y poco familiar donde la muerte acechaba y el dolor era lo único que tenía sentido para mí.

Cuando recuperé la consciencia, alguien me estaba hablando, pero yo no sabía lo que estaba sucediendo. Estaba aturdido. Comencé a unir las piezas y comprendí que había tenido un accidente. Estaba en mi auto sintiendo la lluvia fría caer por mi cara y un charco de sangre que salpicaba cuando caían las gotas. Estaba aterrado y luchando para respirar. Intenté moverme, pero no pude levantarme. Fue entonces cuando comprendí que no podía sentir ni mover nada más abajo de mi cintura. Peleaba para permanecer consciente, ya que sentía como si me estuviera desmayando. En esa condición fue cuando recuerdo la ráfaga de adrenalina que recorría mi cuerpo mientras acudía a todas las reservas que yo tenía para sobrevivir. Le pregunté a esa persona si yo estaba bien, y él me dijo que no me moviera, que la ayuda estaba en camino.

No recuerdo que me sacaran del auto, pero sí recuerdo estar en la ambulancia. Mi teléfono, que de algún modo se quedó en mi bolsillo, sonaba repetidamente. Yo sabía que era mi novia, y finalmente convencí al enfermero de la ambulancia para que respondiera y le dijera que nos veríamos en el hospital. Nunca olvidaré el dolor que sentí cuando la conmoción se fue calmando. No podía dejar de gritar y de rogar a los médicos que pusieran fin a todo ese dolor. Cuando me estabilizaron, me llevaron a cirugía. El resto está borroso.

Mis compañeros de equipo y entrenadores ganaron el partido aquella noche por 28 a 3, sin saber si yo lograría superar la noche. Todavía tengo el balón del partido firmado por todos en una urna de cristal en mi casa. Durante los días siguientes, la unidad de cuidados intensivos se inundó de cientos de visitantes. Estaba adormecido y recuperaba la consciencia intermitentemente tras la cirugía y la medicación, pero resaltaban los rostros de ciertos familiares y amigos. La muestra de amor y apoyo por parte de familia, amigos y desconocidos fue abrumadora. Los médicos dijeron que mi columna vertebral estaba aplastada y que se había cortado el oxígeno hasta mis nervios en la columna, haciendo que esas células murieran. Estaba paralizado de la cintura para abajo y probablemente así me mantendría por el resto de mi vida.

Yo insistí en asistir al partido del campeonato estatal dos semanas después. Quería mostrar a toda la comunidad cuán agradecido estaba por su amor y su apoyo. Me transportaron hasta el estadio en ambulancia y estuve tumbado en una camilla con un médico de la UCI y un enfermero a mi lado. Solamente después de observar a mis compañeros de equipo salir a la cancha fue cuando comencé a procesar lo que me había ocurrido. Ellos podían jugar y yo no podía moverme. Un reportero de una estación de televisión local me entrevistó durante el descanso del partido. Hice una proclamación valiente a pesar de mi diagnóstico. Le dije al reportero que algún día volvería a caminar.

Desde el accidente, he batallado para encontrar y establecer una nueva identidad. La primera etapa del luto es la negación; y la negación fue el mayor obstáculo para mi recuperación. Yo quería tener otra vez mi vieja vida. Como resultado, me rebelé contra mi situación y me negaba a cuidar de este cuerpo nuevo que tanto aborrecía. A medida que mi negación era más profunda, me convertí en una persona enojada, deprimida y autodestructiva. Alternaba entre aislarme por completo y consumir drogas y alcohol. También batallaba con adicciones emocionales y químicas profundamente arraigadas.

Por años, estuve amargado y resentido. Estaba enojado con Dios por haber causado mi lesión. En ese punto en el tiempo, pensaba que el día del accidente fue el día en que Dios me arrebató la vida que yo merecía. Estaba enojado con mi novia por no permanecer a mi lado. Estaba enojado con mis amigos y con otras personas por vivir vidas normales, jugar y hacer planes para el futuro. Me obsesionaban los porqués y lo que habría sucedido. Y pensaba en el suicidio con frecuencia, pero tenía demasiado miedo a llevarlo a cabo. Mientras continué sin aceptar mi circunstancia, no pude ni siquiera comenzar a pensar en rediseñar una nueva vida.

Muchas veces, incluso, demandaba a Dios un milagro. A medida que fue pasando el tiempo y ese milagro no se produjo, la esperanza y la fe disminuyeron. Mi adicción al alcohol y las drogas se hizo más profunda día a día. Observaba amargado mi vida anterior pasar por delante de mí con los lentes de las redes sociales. Mis amigos se graduaron de la universidad y pasaron a comenzar familias y carreras profesionales. Muchos me contactaron, pero yo no les respondí. Estaba avergonzado porque no podía cumplir mi promesa de volver a caminar.

Mi papá ha descrito el Sistema 1 en hiperactividad a lo largo de este libro. Tragedias como la mía colocan a las personas en una forma suprema del Sistema 1 en hiperactividad total. Debido a mi profundo resentimiento por el modo en que había girado mi vida, podía hacer cualquier cosa para apaciguar mi dolor. Comprometí mi moralidad y mis valores con poca consideración por las consecuencias. Me puse en situaciones peligrosas en un intento por sentir cualquier otra cosa que no fuera lo que salía de mi mente.

El 3 de diciembre de 2014 mi destrucción finalmente me alcanzó. Tenía a mi nombre solamente cien dólares. Había empeñado todos mis aparatos electrónicos. Había pedido prestado a mis padres todo el dinero que podía. Por lo tanto, hice lo que tenía más sentido para mí. Utilicé el último dólar para comprar mi último gramo de drogas. Después de consumirla, quise morir.

Se me estaba pasando el efecto cuando mi mamá llamó a mi puerta. Ella pasaba por mi casa ocasionalmente para comprobar cómo estaba y asegurarse de que seguía con vida. Yo intentaba constantemente convencer a mi familia de que la raíz de mis problemas era la depresión y no la adicción, y ellos no sabían cuán profundamente estaba metido en este submundo de las drogas. Cuando ella me encontró solo en un cuarto oscuro, malnutrido y temblando por miedo a lo desconocido, comenzó a llorar y dijo que yo necesitaba conseguir ayuda. Yo miraba al techo sopesando sus palabras y mis opciones.

Por primera vez en mi vida, no pude pensar en cómo salir de mi situación. Era el momento de rendirme. Finalmente le conté la verdad a mi mamá: que yo era adicto a las drogas y quería ayuda. Nunca olvidaré la sensación de alivio que me inundó cuando admití finalmente la verdad ante mi familia y yo mismo. No me malentiendas, pues estaba asustado y tenía pavor al proceso de desintoxicación, pero mi determinación desesperada y mi deseo de cambio eran fuertes.

Para mí, remodelar la tragedia significó cambiar el modo en que veía mi accidente. A fin de avanzar, necesitaba reconfigurar mi cerebro para crear una nueva historia para mi vida. Necesitaba creer que podía ser una persona nueva. Tenía que ser sincero conmigo mismo y con mi situación. Necesitaba rendir mis expectativas previas de lo que sería mi vida. Soltar nuestra falsa sensación de control y rendir nuestra voluntad es difícil, pero es el único modo en que podemos ser libres. Ahora estoy comenzando a ver mi accidente no como el día en que lo perdí todo, sino como el día en que se me permitió vivir.

Sigo buscando la aceptación completa de mi lesión. Hay ocasiones en las que mi mente me dice que no hay esperanza y que debería darme por vencido o autodestruirme. Batallo con esa pelea cada día mientras intento cambiar mi modo de pensar y continúo trabajando duro para averiguar cómo es mi nueva vida. Sin embargo, tengo la confianza de que mi nuevo enfoque de la vida producirá progreso en mi desarrollo como una persona feliz y productiva.

Como la mayoría de nosotros, yo soy una obra en progreso. Y, aunque no tengo todas las respuestas y estoy en medio del cambio, sí sé que deseo una vida plena, una vida en la que no tenga miedo a ser un participante activo. Se está produciendo la transformación, aunque lentamente. Como decimos en el programa, un día cada vez.

No conozco tu historia, dónde has estado o lo que estás atravesando; sin embargo, si estás entre las oscuras sombras de la desesperanza, como lo estaba Josh, mi deseo más profundo es que su historia te aliente a creer que, a pesar de cuál sea tu situación, hay esperanza. Los milagros normalmente no adoptan la forma que nosotros esperamos o pedimos; sin embargo, están ahí, esperándonos. El Dios en quien yo creo es un Dios que da segundas oportunidades para nuestro quebranto. Sin importar cuál sea la fuente o la clase de tragedia que experimentemos, Él nos da la capacidad de remodelar nuestra tragedia para que así podamos tener una vida magnífica. Es como escribió el apóstol Pablo: *Sabemos que Dios dispone todas las cosas para el bien de quienes lo aman* (Romanos 8:28). Nuestro Padre celestial quiere desesperadamente darnos vida nueva otra vez.

REFLEXIÓN: EL CAMINO HACIA RECONFIGURAR TU MENTE

1.   Nombra un acontecimiento particularmente traumático en la vida que hayas atravesado. ¿Cuál fue tu reacción inicial? ¿Cómo cambió con el tiempo esa emoción o conducta?

2.   ¿Has batallado con la pérdida de un sueño o con expectativas de vida no cumplidas? ¿Has aceptado cómo se ve tu vida en este momento? ¿Por qué sí o por qué no?

3.   ¿Cuán importante es la fe en tu vida? ¿Te ha ayudado a lidiar con la secuela emocional de una situación dolorosa o trágica? En caso negativo, ¿ves alguna manera posible en que la fe pueda ser una fuente de fortaleza?

4.   ¿Qué has aprendido sobre tu *Yo* después de experimentar una pérdida o una situación devastadora?

8

ENFRENTAR EL MAYOR RETO: LA CRIANZA DE LOS HIJOS

Creo que cuando un hombre encuentra bien o mal en sus hijos, está viendo solamente lo que él mismo plantó en ellos tras salir del vientre.

John Steinbeck, *Al este del Edén*

Laura, una mamá soltera de tres hijos, se divorció de su esposo abusivo hace cuatro años atrás. Desde la separación, Brian, su hijo de dieciséis años, ha continuado abusando de Laura según el mismo patrón que observó en su papá. Brian es particularmente bueno en cuanto a manipular y controlar a Laura utilizando para su ventaja la culpabilidad que ella siente y problemas de autoestima que surgen del matrimonio fallido y la familia rota.

Por ejemplo, es común durante la cena que Brian le hable mal a su mamá sin motivo alguno. Cuando Laura lo reprende verbalmente, él inicia una pelea explosiva que termina con palabras como las siguientes: "Eres tan solo una bruja tonta que no sabe hacer nada bien. No es extraño que papá tuviera una aventura". La conducta atroz de Brian conduce inevitablemente a que Laura castigue a su hijo. En un ciclo de abuso predecible, durante los dos días siguientes Brian se disculpa ante su mamá muchas veces, atribuyendo sus modales atroces al estrés del divorcio y la transición a una escuela nueva. Entonces, le dice una y otra vez que la ama mucho. El aparente remordimiento de Brian siempre va envuelto de un modo dramático digno de un premio de la Academia de cine. Como es de esperar, Laura experimenta una culpabilidad tremenda y elimina o rebaja su castigo original. Unas semanas después, el ciclo se repite.

Cuando Laura y Brian se reúnen con el consejero de Brian, Laura se siente todavía más culpable. El terapeuta hace hincapié en el estrés tan profundo bajo el que está Brian y dice que es comprensible e incluso normal que el muchacho se comporte de maneras tan abusivas. Brian utiliza la solidaridad del consejero para continuar con su conducta destructiva y pulsar el botón de la culpabilidad de Laura en la casa.

Yo creo que el motivo principal por el que esta mujer sigue atascada en ese patrón de abuso es porque su Sistema 1 está atascado en hiperactividad, una respuesta al abuso que sufrió en su matrimonio y su culpabilidad relacionada con la ruptura.

Como examinaré ahora, las mujeres son inicialmente las principales cuidadoras y protectoras de sus hijos, cargándolos y sosteniéndolos en el vientre y también después. Aunque los instintos primitivos del Sistema 1 de proteger, alimentar y sostener son características poderosas y positivas, con frecuencia se descontrolan cuando un niño o una niña pasan a la adolescencia. Estos instintos, junto con circunstancias externas difíciles, causan respuestas hiperactivas de temor, culpabilidad y vergüenza que pueden paralizar y perjudicar a los padres y evitar que críen a sus hijos de manera saludable y positiva.

En las páginas siguientes aprenderás la diferencia entre una crianza tóxica alimentada por un Sistema 1 hiperactivo y una crianza saludable activada por el Sistema 2. Este no es un curso rápido de cómo criar a los hijos. Mi meta es inspirarte a reconocer las áreas en las que tal vez necesitas trabajar mediante consejería u otros medios, a fin de liderar bien a tus hijos.

AMOR INCONDICIONAL

Creo que el apoyo de la mayoría de las luchas de la crianza es la confusión por el amor incondicional y la aceptación condicional y los roles que desempeñan en la relación entre padres e hijos. Erich Fromm, en su clásico *El arte de amar*, ofrece mucha percepción sobre el amor incondicional que un papá o una mamá tiene por un hijo.

Antes de continuar, quiero reconocer que en la sociedad moderna, debido al elevado número de divorcios y hogares fragmentados, tanto mamás como papás a menudo se ven forzados a adoptar diversos roles en el desarrollo de sus hijos. Sin embargo, antes de explorar estas dinámicas, quiero ofrecer un mapa de ruta de desarrollo infantil con dos padres en roles tradicionales desde la perspectiva de Fromm. Esto nos ayudará, entonces, a comprender mejor los roles duales que con frecuencia debemos desempeñar en otras situaciones.

Antes de que el niño nazca está vinculado biológicamente a su mamá para obtener su sostén. Tras el nacimiento, el vínculo continúa a nivel emocional y físico. Un bebé está indefenso y vulnerable ante el mundo que le rodea, depende de su mamá para recibir alimento, calor y seguridad. Para todos los propósitos, madre e hijo siguen siendo uno.

A medida que el niño crece y se desarrolla, su perspectiva del mundo que le rodea se amplía. Comienza a entender que es una entidad separada de su mamá y que existen personas, objetos y lugares fuera de su línea de visión inmediata. Con el tiempo, el niño comienza a aprender a manejar su entorno para lograr que las cosas sean más agradables y menos dañinas. La mamá sigue siendo el epicentro de esta experiencia de aprendizaje. Ella sigue alimentando al niño cuando tiene hambre, responde cuando él llora y lo nutre con sus instintos maternales. Tal vez más importante, el niño comienza a entender que es amado. Estos potentes sentimientos y actividades naturales surgen de los instintos de supervivencia de nuestro Sistema 1 para proteger a nuestros hijos. Colectivamente, son muy importantes para el sano desarrollo de un niño, y si no se llevan a cabo adecuadamente pueden conducir a numerosas disfunciones del Sistema 1 (como problemas de apego, de los que hablaremos en el siguiente capítulo) a medida que el niño se convierte en adulto.

El amor de una madre es natural y hermoso, puro e íntegro. No se puede adquirir ni fabricar; simplemente es. Fromm escribe del creciente vínculo entre una madre y sus hijos: "Todas estas experiencias quedan cristalizadas e integradas en la experiencia: soy amado. Soy amado porque soy el hijo de mi mamá. Soy amado porque estoy indefenso. Soy amado porque soy hermoso y admirable. Soy amado porque mi mamá me necesita. Para encuadrarlo en una fórmula más general: soy amado por lo que soy, o tal vez de modo más preciso, soy amado porque soy".[1]

Esto es lo que se conoce como amor incondicional. El niño no hace nada para merecer el amor; simplemente tiene que ser. No necesita corresponder el amor de su mamá, sino solo responder al amor que se le ofrece. Recibir amor incondicional crea en él una sensación sólida de confianza, seguridad y bienestar.

Aunque un buen padre es capaz de dar amor incondicional a su hijo, hasta este punto su experiencia es diferente de la de una madre. Su rol tal como está dictado por la biología está menos conectado con el niño. Le proporciona apoyo y alimento, pero como nunca estuvo vinculado físicamente al niño ni pudo proporcionarle sostén mediante su cuerpo, en los primeros años del desarrollo el niño todavía no ha dependido de él para su supervivencia; sin embargo, el padre no es completamente inútil, desde luego. Sus instintos del Sistema 1 sí facilitan el vínculo inicial con el niño, pero su enfoque principal está en proveer para la unidad familiar y protegerla.

A medida que el niño crece y se vuelve más independiente, comenzando a caminar, hablar, y aprender a encajar en su mundo, el padre tiene la oportunidad de desempeñar un rol más vital. Fromm propone que, en una situación ideal, el padre "representa el otro polo de la existencia humana; el mundo del pensamiento, de las cosas hechas por el hombre, de la ley y el orden, de la disciplina, del viaje y la aventura. El padre es quien enseña al niño, quien le muestra el camino al mundo".[2]

El amor incondicional es una de las necesidades más profundas del espíritu humano. Los niños necesitan desesperadamente sentir que son amados simplemente por ser quienes son, no por lo que hacen. Cuando eso no sucede, su Sistema 1 subconsciente les dice que no son amados y simplemente son usados. Esto produce una gran inseguridad en los niños que se traslada hasta la edad adulta.

Mi amiga Joyce se crio en un hogar estricto de Europa del Este. Su mamá la abrazaba y le decía "te amo" solamente en raras ocasiones, por lo general en vacaciones y cumpleaños. La única ocasión en la que la mamá de Joyce le hacía cumplidos o mostraba una conducta de crianza, por ligera que fuera, era cuando Joyce obtenía calificaciones altas en competencias de violín, cuando lavaba los platos sin que nadie se lo dijera, o cuando otros comentaban en presencia de su mamá cuán delgada o linda lucía Joyce. Cuando sucedía lo contrario, la madre de Joyce regresaba a su forma de ser fría y distante. Esta muestra de amor distante y condicional causó que Joyce creyera por años que era digna de amor solamente si desempeñaba bien, lucía bien, o hacía las cosas correctas todo el tiempo.

Claramente, el amor incondicional es importante para el niño. Con él, los niños comienzan bien en la vida. Un niño o una niña así es más seguro de sí mismo, está mejor equipado para formar relaciones saludables con otras personas, y tiene una perspectiva de la vida generalmente positiva.

ACEPTACIÓN CONDICIONAL

Aunque el amor incondicional de los padres le dice al niño que es amado y siempre lo será, eso no significa que los padres acepten la conducta rebelde, destructiva, desafiante o dañina del niño. Existe una vasta distinción entre amor incondicional y aceptación condicional. Es fundamental que los padres comprendan esta diferencia y cómo fusionar ambas si quieren criar hijos que puedan alcanzar su potencial como adultos. Desde una perspectiva de reconfiguración paternal, el instinto del Sistema 1 de proveer y proteger al niño debe quedar subyugado a la comprensión del Sistema 2 de la importancia de establecer límites, la disciplina y la responsabilidad.

A medida que el niño se acerca a la adolescencia, su cerebro y su cuerpo maduran. Se relaciona con el mundo de maneras significativas. Estudia en la escuela, hace amigos, desarrolla intereses, es expuesto a influencias externas como presiones de la sociedad, culturas diferentes, cosmovisiones contrarias, entretenimiento, educación y medios de comunicación. Es fundamental que se proporcione al niño pautas, normas y un fundamento moral para que pueda allanar un camino significativo en la vida en medio de esas fuerzas externas.

La aceptación condicional le muestra al niño cómo tratar a los demás de manera justa y respetable, y que eso se espera de él o ella. Enseña principios y normas morales por los que debe guiarse. Este amor es paciente y tolerante, pero al mismo tiempo persistente e intransigente. Aplica consecuencias por la conducta inaceptable y es inflexible en la disciplina. Si has dejado claro a tu hija adolescente que se mantenga alejada de las drogas al promulgar una política de no tolerancia, y descubres una bolsita de marihuana en su cuarto, la aceptación condicional llevará a cabo el castigo anunciado previamente. Puedes reforzar que tu amor es firme a pesar de esa conducta, pero también debes imponer las consecuencias apropiadas. En caso contrario, tu hija nunca aprenderá a distinguir lo bueno de lo malo y la responsabilidad general.

Conozco a muchos padres que por diferentes motivos toleran la desobediencia de sus hijos, faltas de respeto o fechorías. Algunos se hacen de la vista gorda; otros se niegan a aplicar disciplina por temor a que el niño haga cosas peores. Sea cual sea el motivo, estos padres actúan según sentimientos inconscientemente exagerados del Sistema 1 que les dicen que su hijo es perfecto, o piensan lo que creen que es una respuesta razonable a la mala conducta de su hijo o hija.

El fundamento de la aceptación condicional es la capacidad de evaluar sinceramente la conducta del niño. Pensemos en la pendiente resbalosa de excusas de las que hablé en el capítulo 6. Las excusas son perjudiciales para el desarrollo general de los niños, y en particular para su desarrollo moral. Es destructivo responder a la mala conducta diciendo cosas como las siguientes:

"Ah, no es culpa suya".

"No era su intención hacerlo".

"Su amigo fulanito es mucho peor".

"Simplemente tenía un mal día".

Estas excusas a la larga no solo ciegan a los padres sino que también hacen daño a los hijos. No pedir responsabilidad ni que rindan cuentas de sus acciones evita que los hijos se vuelvan independientes, responsables y capaces de vivir una vida moralmente significativa. Los niños que son criados de este modo no pueden desarrollarse y convertirse en personas autónomas. Puede que sean inteligentes, pero carecen de cualidades como disciplina, determinación, valentía y fortaleza, que son necesarias para hacerse camino en la vida exitosamente. Cuando se convierten en adultos, muchos se sienten indefensos y dependientes de otros para que hagan cosas por ellos o les hagan sentir de cierto modo. Necesitan recibir constantemente de otros sin dar nada de sí mismos. Peor todavía, muchos desarrollan una personalidad narcisista y se enfocan por completo en sí mismos con poca o ninguna capacidad de expresar empatía por los demás.

FUSIONAR DOS AMORES A MEDIDA QUE EL NIÑO SE DESARROLLA

Aunque es esencial imponer límites iniciales y consecuencias desde temprano en la vida del niño, Fromm dice que la transición desde el amor incondicional hasta la aceptación condicional debería tener lugar cuando el niño tiene entre seis y once años de edad. Esta progresión depende mucho de nuestra capacidad de ejercer el control ejecutivo del Sistema 2 porque sentimos que es natural proteger a nuestros hijos excusando o negando su conducta. Como dijimos antes, la biología dicta que la madre y el hijo tienen la conexión más fuerte en la niñez temprana. Fromm plantea que, en una situación ideal, la transición hacia la aceptación condicional es cuando el padre debería adoptar un papel mucho más destacado en la crianza.

Esto no es lo mismo que decir que antes de este tiempo el padre ha estado ausente o desconectado del desarrollo de su hijo, y ahora debe intervenir para ayudar al niño a entender los límites y a rendir cuentas. De hecho, este es el periodo en el que el padre y la madre deben cambiar su filosofía de la crianza de los hijos, pasando de ser principalmente provisión y protección, a ser un modelo de aceptación condicional. Juntos, son responsables de ayudar al niño a entender que hay expectativas y responsabilidades reales y definibles dentro y fuera del hogar. El niño necesita comprender que aunque siempre será amado, no se tolerarán el desafío y la rebelión.

Reconozco que vivimos en un mundo en el que las familias están en crisis. Las estructuras y expectativas para la vida familiar han cambiado drásticamente a lo largo de los cien últimos años. Con la paternidad y maternidad en soltería[3] y las parejas mezcladas[4] en aumento, ahora es común que los niños sean criados bajo esas dinámicas del hogar. Mientras que las corrientes subterráneas de la estructura familiar están cambiando constantemente, también reconozco que papás y mamás poco saludables están por todas partes, incluso dentro de matrimonios intactos. Seas un papá o una mamá soltera, sea que tengas un cónyuge que apenas está en la casa o está desconectado en la relación, o estés felizmente casado, es necesario y también posible forjar una fusión saludable de amor incondicional y aceptación condicional para tus hijos.

Hablaré desde mi propia experiencia de ser un padre soltero por ocho años. A medida que mis hijos crecían, adopté "la norma del 5 a 1" del investigador John Gottman en su libro éxito de ventas *Los siete principios para hacer que el matrimonio funcione*. Gottman sugiere que las parejas en matrimonios exitosos y duraderos tienen interacciones más positivas que negativas, una ratio aproximada de cinco a uno. En otras palabras, hay cinco veces más acciones positivas (elogios, gratitud, afecto físico, cumplidos) que negativas (crítica, juicio, acusaciones). Yo creo que este principio funciona también en las relaciones entre padres e hijos.

Hice todo lo posible para balancear las conversaciones difíciles con mis hijos (fijar límites estrictos, disciplina, castigo) con interacciones más positivas (expresiones de amor, afirmación, e incluso juego). No mantenía una puntuación en mi cabeza, pero este principio del balance siempre estaba al frente de mis metas en la paternidad.

Por lo tanto, mientras inculcaba en mis hijos disciplina y responsabilidad, y en raras ocasiones les permitía no rendir cuentas por sus acciones, era intencional acerca de construir experiencias positivas. Jugaba con ellos. Inventaba historias en la noche sobre personajes ficticios. Les leía libros. Casi todas las noches jugábamos una ronda del juego de baloncesto HORSE completo con charlas provocadoras. A menudo les decía que los amaba mucho y estaba orgulloso de ellos. Aunque estas prácticas se volvieron más difíciles a medida que pasaban a la adolescencia, creo que mi amor temprano estableció un cimiento que hizo que la disciplina y los límites más adelante fueran mucho más eficaces.

PADRES MODERNOS CON EL SISTEMA 1 EN HIPERACTIVIDAD

Ahora que he hablado de un enfoque balanceado para amar y criar a los hijos de manera saludable, quiero enfocarme en tres áreas de la crianza moderna en las que veo que el Sistema 1 está en hiperactividad. Los padres que no fijan límites fuertes y pautas de disciplina fallan a sus hijos. Esa es la verdadera tragedia; no que sus hijos no fueran aceptados en cierta clase o escuela. Yo estuve en un edificio para "retardados" por dos años, ¡por el amor de Dios!

Aunque los estilos de crianza de los hijos son únicos para cada individuo, y ciertamente no estoy criticando métodos concretos, creo que hay respuestas generales del Sistema 1 en hiperactividad que están dañando a esta generación de jóvenes. He conocido a demasiados niños que parecen tener mentalidades narcisistas y abusivas que a menudo conducen a la adicción y a no avanzar. No criamos intencionalmente a nuestros hijos para que sean de ese modo. Eso sucede cuando los padres no ejecutan control del Sistema 2 sobre sus disfunciones emocionales por el bien de sus hijos.

CRIANZA POR CULPABILIDAD

Pensemos en el inicio de este capítulo, donde presenté a Laura, la mamá soltera paralizada por la culpabilidad. Esta mujer representa a un gran número de padres y madres, particularmente mujeres. La culpabilidad se produce normalmente por el temor del Sistema 1 a no ser una madre o un padre lo suficientemente bueno. Este temor, además de la racionalización, es un enemigo importante para la crianza de hijos saludables, productivos, capaces e independientes en nuestra sociedad moderna.

Nos sentimos culpables por habernos divorciado. Nos sentimos culpables por permanecer casados. Nos sentimos culpables por trabajar muchas horas o por no trabajar lo suficiente. Nos sentimos culpables por comprar a nuestros hijos demasiadas cosas o muy pocas. Nos sentimos culpables por no darles el desinfectante de manos correcto, por no matricularlos en ciertas escuelas, por no proporcionarles una unidad familiar nuclear. Nos sentimos culpables por ser demasiado estrictos, por permitirles o no permitirles ir a dormir a casa de amigos, por vivir en cierto código postal. Esta lista es interminable.

Ya sea que nuestro temor a no ser una mamá o un papá lo bastante bueno provenga de nuestra propia inseguridad o de influencias externas como los padres del vecindario, los supuestos expertos, o los últimos estudios infantiles, la culpabilidad sigue siendo una potente emoción del Sistema 1. Sea cual sea la fuente, evita que los padres tomen las decisiones necesarias para criar hijos maduros e independientes.

Cierta culpabilidad es normal para los padres. La mayoría de las mamás y los papás de vez en cuando sienten cierta cantidad de arrepentimiento o desearían haber hecho las cosas diferente. Somos humanos, después de todo, y cometemos errores; sin embargo, cuando esta emoción está en hiperactividad, lo consume todo. Terminamos haciendo cosas que al final son perjudiciales para el bienestar de nuestros hijos. Les compramos demasiadas cosas y les influimos para que se vuelvan materialistas. Minimizamos los límites y, por consiguiente, no inculcamos en ellos la responsabilidad personal. Cedemos a sus demandas y creamos niños narcisistas y que se sienten con derechos.

La culpabilidad puede que sea la emoción más egoísta del Sistema 1 de un papá o una mamá. Para que los padres se sientan mejor, hacen concesiones increíbles con respecto a lo que es mejor para sus hijos. Aunque pueden sentir un alivio temporal de la culpabilidad, lo que en realidad están haciendo es obstaculizar el desarrollo emocional de sus hijos. Y, a la larga, estas acciones tendrán efectos devastadores en sus hijos al igual que en la relación entre padres e hijos.

EXCESO DE SUPERVISIÓN

Conocida también como "crianza de helicóptero", participar excesivamente en cada aspecto de la vida de nuestros hijos a fin de proteger o garantizar su éxito es un fenómeno de la crianza que fue reconocido inicialmente en los campus universitarios en la primera parte de este siglo. Los padres estaban sobre sus hijos hasta un grado tan elevado, que alumnos de primer año estaban aterrados por lanzarse a la experiencia universitaria sin tener a sus padres a su lado en cada paso del camino. Estos muchachos estaban acostumbrados a que mamá o papá se aseguraran de que la vida fuera fácil para ellos, de modo que nunca experimentaron fracaso o dificultad. Estos padres siempre salían al rescate de sus hijos ante la menor evidencia de un reto. Resolvían las dificultades de los problemas de sus hijos; y muchos de ellos se sobrepasaron en el proceso. A su vez, este tipo de crianza de los hijos produjo jóvenes que carecían de independencia y de habilidades de liderazgo, y eran niños malcriados y perezosos. Aunque esta clase de crianza puede haber recibido su nombre en campus universitarios, aparece mucho más temprano que en los años adultos de esos jóvenes.

Una mamá o un papá helicóptero es el padre exaltado en la Liga Menor que siempre se muestra hostil con el árbitro porque siente que tomó una mala decisión y ahora su hijo está fuera del juego. Es el padre que pasa semanas ayudando a su hijo a llenar aplicaciones para la universidad y redacta ensayos, y entonces les dice a sus amigos que "nosotros" iremos a Columbia. Es el padre que hace el proyecto de ciencia de su hijo por él para que llegue a casa con el premio como ganador. Es el padre que se asegura de que su hijo tenga el maestro perfecto, el entrenador perfecto, los amigos perfectos, la combinación perfecta para una vida perfecta libre de estrés y adversidad de ningún tipo. El exceso de supervisión les dice a los hijos que no tienen que trabajar tan duro ellos solos porque mamá o papá se asegurarán de que al final sean los ganadores.

Si eres una mamá o un papá de niños que participan en deportes, probablemente has sido testigo del equivalente a que cada jugador del equipo consiga un trofeo independientemente de cuánto entrenaron o lo buenos que son. Los entrenadores hacen eso para no herir los sentimientos de nadie. ¡Todos resultan ganadores! Esto me recuerda una historia que contó el historiador griego Heródoto. Un hombre pregunta a un tirano cómo gobernar eficazmente su ciudad. El tirano demuestra su consejo recorriendo sus campos y cortando los tallos más altos de trigo, y descartándolos. Eso destruye la mejor parte de la cosecha. Parece una locura, pero el tirano está comunicando su consejo de que el mejor modo de controlar una ciudad es ejecutar a todo aquel que tenga dones destacados, en especial dones de liderazgo. Recompensar por igual a todos los niños en los deportes, independientemente de su desempeño, tiene este mismo efecto de derribar a los niños destacados y desalentar el trabajo duro y la excelencia.

Si damos a todo el mundo el mismo elogio o la misma recompensa sin considerar cuánto trabajan o practican, entonces el trabajo y la práctica quedan sin significado. Mientras que la atención uniforme está pensada para mostrar a todos que son igualmente especiales, no hace ningún bien a los niños más adelante en la vida cuando estudian en una universidad y son colocados en una clase de química con 150 alumnos con un profesor que no sabe quiénes son ni le importa. En ese momento, estos jóvenes adultos se sentirán solos y no tan especiales. Lo peor de todo es que no habrán desarrollado las habilidades de afrontamiento para manejar esta situación difícil.

Recientemente leí el libro de Jean Twenge y Keith Campbell *La epidemia del narcisismo*. Me asombró la evidencia empírica que señala al daño que estamos haciendo a nuestros hijos mediante la supervisión excesiva. El libro hace hincapié en estudios recientes que muestran con toda claridad aumentos alarmantes en rasgos de personalidad narcisista entre los jóvenes. Twenge afirma: "El narcisismo aumentó con la misma rapidez que la obesidad durante los últimos 25 años, y un estudio nuestra actualmente que ha duplicado esa cifra desde 2002".[5]

En un estudio en 2014 de la UCLA, de alumnos universitarios de primer año en todo el país, solo el 45 por ciento creía que es importante "desarrollar una filosofía de vida significativa". Cuarenta y tres años antes, el porcentaje estaba en el 73 por ciento. Ese mismo año, solamente el 37 por ciento de los alumnos universitarios priorizaba la meta de hacer dinero; en 2014 era el 82 por ciento. Los jóvenes parecen interesarse menos sobre el propósito y el significado y más sobre estar bien económicamente.[6]

La ciencia lo confirma. Supervisar en exceso a nuestros hijos y arrebatarles autonomía y responsabilidad evitará que tengan una vida de propósito y alegría. No es nuestra tarea hacer que la vida sea más fácil para nuestros hijos. De hecho, es precisamente lo contrario.

Nuestra tarea es desafiarlos y equiparlos con las herramientas que necesitan para adaptarse y tener éxito.

Hace años atrás di un discurso académico delante de un prestigioso grupo de científicos de la Universidad Johns Hopkins. Durante la sesión de preguntas y respuestas al final, un científico muy famoso me hizo una pregunta extraña. "Doctor Chilton, sé que usted proviene de una zona rural de Carolina del Norte. ¿Qué lo motivó para pasar de allí hasta una de las academias de más alto nivel aquí en Hopkins?".

Ni siquiera tuve que pensar en la respuesta. "Mis padres", respondí. "Tuve una mamá fuerte y que me amaba lo suficiente para insistir en que trabajara duro en los campos de tabaco que cultivábamos y también en la escuela. Durante los veranos y los fines de semana, mi papá hacía que me levantara a las 5:00 de la mañana para trabajar en los campos. Incluso cuando la temperatura aumentaba mucho, como sucede con frecuencia en el mes de agosto en Carolina del Norte, continuábamos trabajando. Y, aunque mis padres me apoyaban emocionalmente, era mi tarea pelear mis propias batallas, y hubo muchas, en particular en la escuela. Con ese tipo de crianza, llegar hasta Hopkins fue la parte fácil".

DIVISIÓN PARENTAL

El conflicto entre los padres sobre cómo criar a sus hijos puede causar una tensión increíble. Esta división puede surgir de estilos de crianza contrarios, experiencias de la niñez, creencias personales y metas parentales. Una mamá puede que sea más relajada en su enfoque de la disciplina contrariamente a su esposo, que dirige con mano de hierro. Un esposo puede sentirse minado en su papel como protector y maestro por una esposa que insiste en controlar cada aspecto del desarrollo de sus hijos. En casos de divorcio, cada una de las partes puede imponer normas diferentes, dependiendo de quién tenga la custodia esa semana, lo cual deja confusos a los hijos. En casos de familias mezcladas, las pautas del hogar puede que no estén claras, y la culpabilidad por colocar a los hijos en una situación nueva es máxima.

El choque de metas de crianza puede destruir la relación de una pareja y ofrecer la oportunidad a los hijos para manipular la situación en detrimento de todos. Sin embargo, debido a que el niño solamente comprende sus necesidades actuales del Sistema 1, los padres, estén casados o divorciados, deben ser adultos, pasar al razonamiento del Sistema 2, y hacer lo que sea correcto para el niño y la familia en general.

No soy un ingenuo. Comprendo que no hay ningún arreglo fácil. Sin embargo, si es algo con lo que batallas, te recomiendo encarecidamente que visites a un terapeuta con licencia para encontrar una solución. Esto es imperativo. El futuro de tus hijos está en juego.

NO ES CÓMO SE COMIENZA, ¡SINO CÓMO SE TERMINA!

Criar buenos hijos es un proceso largo y arduo. Nunca deberías juzgar tu eficacia como padre o madre demasiado temprano en su crianza. Pienso en mis cuatro hijos adultos que de pequeños eran muy parecidos a su papá, un rebelde de corazón. Por respeto a su privacidad no detallaré todos los retos que atravesamos, pero estoy orgulloso de cada uno de ellos y de las vidas significativas que han desarrollado a lo largo de los años.

Admito que cuando mis hijos estaban en el rango de edades entre los 15 y los 21 años, yo no era capaz de dar sentido a sus acciones o realidades. Como científico que pasa los días proporcionando estructura a los misterios del universo, me inquietaba no poder comprender plenamente a mis hijos. Parecía que algunos días me amaban, y otros días me aborrecían. Algunos días estaban contentos, y otros días estaban molestos. Algunos días estaban motivados, y otros días eran perezosos. Algunos días eran unos ángeles, y otros días eran, bueno, ya entiendes a qué me refiero. El flujo constante de emociones y de drama no era fácil de manejar o ni siquiera de comprender.

Sin embargo, este es un ejemplo estupendo de cómo mi comprensión de la plasticidad del cerebro resultó ser una ventaja muy grande. Mi frustración ante su conducta cambió cuando comencé a considerar que el cerebro humano no alcanza la madurez plena hasta los veintitantos años. Sabiendo que el desarrollo cerebral de un niño y adolescente atraviesa una configuración y reconfiguración considerables en un periodo de tiempo muy breve y entonces poda las mismas conexiones nerviosas solamente para comenzar de nuevo, me ayudó a ver sus emociones y acciones impredecibles bajo una luz diferente. Me ayudó a dar sentido a su conducta errática. A medida que seguían cumpliendo años, yo sabía que gran parte de su actividad cerebral se estaba moviendo de regiones traseras y medias (Sistema 1) hasta regiones frontales (Sistema 2), de modo que las cosas iban a mejorar y a ser mucho más lógicas. También comprendía que mi firme enfoque de amor incondicional y de aceptación condicional de sus acciones desempeñaba un papel fundamental en el modo en que sus cerebros estaban siendo configurados como adultos.

Incluso bajo las mejores circunstancias, los adolescentes tendrán dificultades para comprender expectativas y riesgos, manejar emociones, y ocuparse de las relaciones. La biología y la psicología de la crianza de los hijos es una actividad caótica, y debemos verla como tal o nos volveremos locos preguntándonos qué estamos haciendo mal y cómo podríamos mejorar.

En este punto de mi vida tengo cuatro hijos adultos y un nieto de ocho años. No es necesario decir que he participado en el tema de la crianza. Si eres una mamá o un papá de hijos pequeños, te aliento a no subir en la montaña rusa de las emociones y acciones de tus hijos porque sus cerebros y emociones cambian y se desarrollan tan rápidamente, que no saben quiénes son en ningún momento dado. Si fusionas tus propias emociones con las de ellos, vivirás en un mundo de caos y ansiedad constantes. Créeme que es mucho más fácil ser un entrenador interesado y objetivo desde las bandas que un participante conjunto en la locura de un adolescente.

Hace unos meses atrás estuve en una conferencia para escritores cristianos. Resultó que estaba conversando de este capítulo con algunos de los participantes. Una pareja maravillosa me apartó a un lado y en voz baja y sin ninguna indicación de vergüenza, dijeron: "Nos preocupa increíblemente nuestro hijo de 16 años. Acaba de revelarnos que es ateo. ¿Qué deberíamos hacer?".

Les dije que en algún momento u otro mis cuatro hijos decidieron que eran ateos. Hoy día, sin embargo, han abrazado la vida espiritual y viven arraigados en el amor de Dios. Puse suavemente mis manos sobre los hombros de esta pareja y dije: "¡Felicidades! Su hijo es un pensador, y ha decidido que su fe es lo suficientemente importante para pensar en ella. Miren, cuando C. S. Lewis tenía quince años, decidió que era ateo. Y miren lo que le sucedió. Relájense, Dios tiene esto en sus manos".

Mi punto es que a medida que los niños aprenden, crecen, se desarrollan y comienzan a pensar por sí mismos, lo cual es fundamental para que se hagan camino en la vida de modo eficaz, no deberíamos permanecer en modo aterrador. Si tu *Yo* del Sistema 2 puede reducir tus temores e instintos exagerados del Sistema 1 relacionados con la crianza de los hijos, serás capaz de dar a tus hijos los mejores regalos posibles durante este periodo tumultuoso: estabilidad emocional y alegría. Aunque sin duda es desafiante la mayor parte del tiempo, la crianza de los hijos puede ser realmente una gran diversión. Criar a los hijos de modo balanceado crea más risas y menos tensión. Esto, a su vez, proporciona a los hijos la seguridad de que, aunque pueden estar confusos y ocasionalmente fallar y tener que pagar un precio por ello, al final todo estará bien. Y, lo más importante, seguirán siendo amados.

REFLEXIÓN: EL CAMINO HACIA RECONFIGURAR TU MENTE

1. Enumera tres valores que esperas transmitir a tus hijos. ¿Cómo lo estás logrando?

2. Cuando eras pequeño, ¿cuál fue la lección más sagrada que te enseñaron tus padres? ¿La has transmitido a tus propios hijos?

3. ¿Cuáles son algunas áreas en las que necesitas trabajar cuando se trata de amor incondicional o aceptación condicional?

4. Evalúa sinceramente tu actual estilo de crianza de los hijos. Ahora, compara tus estrategias de crianza con el carácter que ves que se está formando en tu hijo. ¿Cuáles son algunos puntos positivos? ¿Cuáles son algunas de las áreas de reto que puedes volver a visitar?

9

NO ERES TÚ, SOY YO

La verdad es que todo el mundo te hará daño; tan solo tienes
que encontrar a aquellos por los que vale la pena sufrir.

Atribuido a Bob Marley

Las relaciones son complicadas. Todos sabemos que eso es verdad.
Mientras que la telerrealidad es un espejo preciso, aunque inquietante
de las relaciones poco saludables, no necesitamos que ese famoso clan
familiar, esa ama de casa de la gran ciudad, o un divorcio muy público
de un deportista famoso nos diga que las relaciones hoy día son un
caos total.

Según Jennifer Baker del Instituto Forest de Psicología
Profesional en Springfield, Missouri, casi el 50 por ciento de primeros matrimonios, el 67 por ciento de segundos matrimonios, y el 74
por ciento de terceros matrimonios terminan en divorcio.[1] Estamos
destruyéndonos los unos a los otros, un matrimonio cada vez. Sin
embargo, el matrimonio es el único crisol en el que las relaciones

son puestas a prueba y finalmente salen fortalecidas o destrozadas. Nuestros padres pueden volvernos locos. Algunos de nosotros no podemos soportar a nuestros compañeros de trabajo. Otros tienen graves problemas de rivalidad entre hermanos o dificultades para llevarse bien con su familia política.

Yo sostengo que una parte importante de este desacuerdo se debe a los temores, ansiedades y expectativas del Sistema 1 que llevamos a una relación. Las relaciones, con su multitud de respuestas de supervivencia, son campos de batalla fértiles cuando sentimientos y reacciones del Sistema 1 de cada individuo involucrado difieren y chocan.

Cuando entramos en relaciones de cualquier tipo, ya sean íntimas, de amistad o de familia, llevamos con nosotros una diversidad de respuestas instintivas y también por defecto del Sistema 1 que surgen de relaciones anteriores y de experiencias del pasado. A primera vista, parece un milagro que cualquier relación perdure. Y hasta cierto punto es imposible que ninguna se desarrolle cuando ambas partes están abrumadas por el Sistema 1 en hiperactividad.

LA DIFERENCIA DIFERENCIAL

En el capítulo 5 aprendiste que, en lo más profundo, los seres humanos nos sentimos solos y anhelamos tener una relación. Como lo expresa Erich Fromm:

Este deseo de fusión interpersonal es el esfuerzo más potente del hombre. Es la pasión más fundamental; es la fuerza, que mantiene junta a la raza humana, el clan, la familia y la sociedad. No lograrlo significa locura o destrucción: autodestrucción o destrucción de otros. Sin amor, la humanidad no podría existir ni un solo día.[2]

El grado de diferenciación de un individuo jugará un papel crítico en su capacidad de tener relaciones saludables. En el capítulo 2 introduje el concepto de la diferenciación y los problemas de salud que surgen cuando las células no maduran adecuadamente. La diferenciación a un nivel humano individual también se refiere a la madurez, en especial con respecto al balance del Sistema 1 y el Sistema 2. Por ejemplo, si batallas con soledad intensa, ansiedad o pensamientos obsesivos, es probable que mantengas incluso una relación poco sana o tóxica para evitar estar solo. Mientras más indispensable consideres una relación, más te esforzarás por tolerarla y preservarla.

Las personas no diferenciadas están motivadas por temores, preocupaciones, sentimientos de aislamiento, y duda de uno mismo del Sistema 1. Como las células cancerígenas no diferenciadas en el cuerpo humano, las personas no diferenciadas tienen características que las convierten en potencialmente dañinas para sí mismas y para otros. Con frecuencia son personas demandantes, egoístas e inseguras. En muchos casos, tienen importantes problemas de confianza y personalidades muy controladoras. Formar relaciones con tales personas es probable que cree un nivel elevado de drama y toxicidad general.

Sin embargo, antes de que comiences a acusar a otra persona significativa, a tus padres, tu mejor amigo o tu hermana de no ser diferenciado y envenenar el pozo de las relaciones, es mejor reconocer que, igual que el pasado, tú no puedes cambiar a otras personas. La reconfiguración comienza cuando cambias tu enfoque para explorar *tu propio* nivel de diferenciación.

¿Cuán adecuadamente utilizas el razonamiento del Sistema 2 sobre los sentimientos y conductas de tu Sistema 1? ¿Has transigido en tus valores, tu vida social o tu vida familiar para trabajar sesenta horas por semana solo para sentirte exitoso o para ganar más dinero del que necesitas? ¿Sientes que debes ejercer control sobre todo y sobre todos, especialmente tu familia y amigos, pues en caso contrario las cosas no irán bien? ¿Impide tu cuidado excesivo de otros (incluyendo a tus hijos) su desarrollo, compromete tus límites sanos, o hace que digas sí cuando deberías decir no? Si respondiste afirmativamente a cualquiera de esas preguntas, podrías tener un problema del Sistema 1.

Recuerda: no se trata de otros; se trata de nosotros. Si te resulta difícil encontrar y mantener relaciones saludables, es el momento de la autorreflexión. Como dice la psicóloga clínica Lisa Firestone: "El aspecto más valioso de reconocer una falta de diferenciación es que, cuando somos conscientes de ello, podemos comenzar a cuestionar actitudes cínicas u hostiles hacia nosotros mismos o hacia otros. Podemos reconocer estos ataques desde el punto de vista de otro y desarrollar una comprensión más profunda de nosotros mismos al identificar de dónde vienen esos pensamientos".[3]

MARCADORES DE DIFERENCIACIÓN

Creo que hay por lo menos tres componentes primarios que determinan el nivel de diferenciación de un individuo en el contexto de las relaciones. Incluyen cuán adecuadamente alguien:

1. conoce y expresa un *Yo* verdadero;

2. comprende y maneja las disfunciones emocionales del Sistema 1;

3. ama.

Pensemos otra vez en la ilustración de la autopista utilizada en el capítulo 4. Observarás que cuando el Sistema 1 y el Sistema 2 están en balance, estos tres componentes primarios son las rampas de salida desde el Sistema 1 al Sistema 2. Son fundamentales para podar el Sistema 1 y fortalecer el Sistema 2.

Al final de este capítulo te ofrezco una oportunidad de evaluar tu *Yo* en estas tres áreas para verificar tu nivel general de diferenciación, pero por ahora exploraremos lo que significan estos marcadores.

CONOCE Y EXPRESA TU YO VERDADERO

Una clave para mantener relaciones sanas y significativas es ser capaz de seguir siendo tu *Yo*, un individuo distinto y separado con fortalezas únicas, cuando conectas con otra persona. No cambias quién eres para agradar al otro. Comunicas tus pensamientos, sentimientos y opiniones de manera positiva y sin hostilidad. No te apoyas en la aprobación de otras personas para tomar decisiones sencillas como qué ponerte o las palabras correctas que decir. Eres libre para compartir tus opiniones, ideas y creencias. Participas en pasatiempos que conectan con tus intereses y pasiones, no solo actividades que prefiere un amigo, compañero de trabajo o un amante. Reconoces y celebras tus talentos y fortalezas únicas, lo que te diferencia. Mantienes una dependencia sana.

En una relación en la cual ambas partes están diferenciadas, cada individuo aporta una identidad y personalidad únicas, pasiones, talentos, fortalezas y valores para formar una entidad potente y distintiva que es mucho más fuerte que cualquiera de los individuos por sí solo. Esto no puede suceder si los dos están en una batalla constante por el control de la relación. La fricción tóxica moverá la unión hacia una dirección poco sana en lugar de añadir significado y propósito.

Cuando no existe una independencia sana, dos personas se juntan para convertirse en una unión más débil y menos eficaz, y pueden desarrollar las formas de la codependencia, una disfunción emocional común en las relaciones. Prevenir esta fusión es uno de los retos más difíciles de conectar con otro. En las relaciones diferenciadas, sin embargo, cada *Yo* alienta y alimenta al otro.

COMPRENDE Y MANEJA LAS DISFUNCIONES EMOCIONALES DEL SISTEMA 1

El segundo componente de la diferenciación necesario para tener relaciones sanas es cuán adecuadamente entiende y maneja el indivi-duo las disfunciones emocionales de su Sistema 1 formadas por expe-riencias negativas o poco sanas en el pasado. Hay dos en particular que atormentan y destruyen una gran proporción de las relaciones: transferencia y apego.

Comencemos con la transferencia. Sigmund Freud, el fundador del psicoanálisis, fue el primero en describir cómo todas las personas transfieren inconscientemente sentimientos de relaciones pasadas a las relaciones nuevas. Los psicólogos modernos definen la transferen-cia como "una tendencia en la que aspectos representativos de rela-ciones importantes y formativas… pueden experimentarse conscien-temente y/o atribuirse inconscientemente a otras relaciones".[4] Esto viene del primitivo Sistema 1, que está diseñado para protegernos de potenciales amenazas y puede explicar por qué seguimos repitiendo ciertos patrones relacionales.

Por ejemplo, una mujer con un papá o exesposo dominante puede creer que todos los hombres son iguales; en su mente, todos son controladores e incluso abusivos. Al pensar eso, puede responder de modo inconsciente a conflictos menores en su relación actual con conductas y sentimientos familiares (instigando argumentos defensi-vos, teniendo miedo). La frecuencia e intensidad de sus respuestas al final puede sabotear lo que podría haber sido una relación hermosa. De igual modo, un hombre que fue traicionado por su mejor amigo cuando era adolescente puede mirar a nuevos conocidos o incluso a viejos amigos con un recelo profundo y falta de confianza. La transfe-rencia es dañina porque, debido a los pensamientos negativos, temores y conductas exagerados, un individuo no puede ser su *Yo* verdadero.

El mecanismo clave que está por debajo de la transferencia es que las características de las personas más importantes en nuestro pasado quedan guardadas en los recuerdos de nuestro Sistema 1 en varias regiones del cerebro. De modo inconsciente, revivimos los aspectos más relevantes (dolorosos o agradables) de nuestras primeras relaciones. Influyen en nuestras vidas de modo encubierto, y en particular en nuestras interacciones con los demás. Como los recuerdos se desencadenan de modo inconsciente, tendemos automáticamente a relacionarnos con personas basándonos en nuestras experiencias del pasado. Suponemos que otros tendrán rasgos similares, aunque no tengan ninguna relación ni vínculo con nuestro pasado.

Piensa en una ocasión en la que conociste a una persona nueva y pensaste algo sobre esa persona que te recordó a un individuo significativo de tu pasado. ¿Pensaste y dijiste algo como lo siguiente: "Me recuerda a mi tío" o "es igual que mi mejor amiga de la universidad"? Ahora, piensa cuán prematura pudo haber sido tu suposición. De hecho, ni siquiera se acercó a la verdad.

La transferencia establece una profecía autocumplida en la cual todo el mundo encaja en el patrón del pasado que se convierte naturalmente en el molde para el futuro. De este modo creamos, sin darnos cuenta, en el presente y el futuro resultados derivados del pasado. Al repasar mi propia vida, creo que la transferencia ha sido mi tendencia más destructiva del Sistema 1 en las relaciones.

El apego se define como "un vínculo emocional profundo y duradero que conecta a una persona con otra en el tiempo y el espacio".[5] Con mayor frecuencia se asocia a nuestras relaciones con nuestros padres. Los estilos de apego entre padres e hijos se internalizan tan profundamente que los llevamos a nuestras relaciones más significativas, en particular a las íntimas. Afirmaciones como "ella tiene problemas con su papá" o "él es un niño de mamá" parecen sinceras. Si un hombre fue un consentido de su mamá cuando era niño, puede buscar la misma clase de conducta en las mujeres cuando busca una compañera. Por eso, una mujer que comienza una relación potencialmente de largo plazo debería ser consciente de las interacciones que tuvo su pareja con su mamá cuando era niño. De igual modo, el hombre debería comprender la relación entre una mujer y su papá. En el libro *Triunfos de la experiencia*, George Vaillant, autor y psiquiatra de la Universidad de Harvard, resumió muchos de los resultados más importantes del estudio más extenso sobre el desarrollo de adultos. Comenzando en 1938, el estudio de Harvard siguió a 268 estudiantes varones no egresados de Harvard y su salud emocional y física, sus relaciones, estrategias de afrontamiento, religiones, posturas políticas, y carreras profesionales durante más de seis décadas. El estudio entrevistó no solo a los participantes sino también a sus familias y amigos.

Con respecto a las experiencias de la niñez, dos características predecían resultados generales durante la vida y la edad adulta: "amado" y "sin amor". Los hombres en el grupo de los amados tuvieron una niñez positiva y se sintieron amados y aceptados por sus padres, particularmente por sus mamás. Como contraste, los hombres sin amor tuvieron padres distantes, así como poco cuidado, amabilidad y amor por parte de sus mamás. Su niñez careció de calidez y apoyo emocional.[6]

Los hombres amados que tuvieron interacciones sanas con sus mamás tenían ventajas relacionales inmensas que duraron toda la vida. Con setenta años de edad tenían cuatro veces más probabilidad de tener muchos amigos y redes sociales de apoyo.[7] Por otro lado, los hombres que no tuvieron amor tenían mayor dificultad en las relaciones y una capacidad para la intimidad perjudicada. Comparados con los hombres que se sintieron amados, fumaban más y tenían mayores incidencias de abuso de sustancias, tenían ocho veces más probabilidad de haber sufrido depresión, y ganaban un 50 por ciento menos de dinero.[8] Estas estadísticas revelan el impacto tan tremendo de las relaciones entre padres e hijos.

Dicho eso, algunos varones en el estudio que no tuvieron la mejor niñez eran capaces de experimentar éxito, alegría y significado en las relaciones y en la vida. Como me dijo en una ocasión un sabio vaquero: "Ski, puedes escoger casi todo, pero no puedes escoger a tus familiares. Estás atado a ellos". Si tus padres fueron irresponsables, demasiado indulgentes o abusivos, puedes recuperarte de esos problemas. Busca consejo, únete a grupos de apoyo, lee libros de ayuda, y haz lo que tengas que hacer para encontrar y mantener relaciones con personas que te apoyen y te nutran.

AMA

El tercer rasgo de un individuo diferenciado en una relación es que sabe cómo amar. Según Erich Fromm en *El arte de amar*, hay como mínimo cinco tipos de amor: amor de hermanos, amor maternal, amor a uno mismo, amor a Dios y amor erótico.[9] El amor de hermanos es amar y cuidar de la mayoría de otras personas. El amor maternal es el amor incondicional de una madre por su hijo. El amor a uno mismo es la capacidad de amar al *Yo* verdadero. El amor a Dios surge de nuestro deseo de estar en una unión con nuestro Creador y Sustentador. El amor erótico es el deseo de tener una conexión completa con otra persona, y es donde dos individuos separados se convierten en uno.

Es fundamental entender que estas cinco clases de amor son distintas, no pueden ser sustituidas unas por otras, y requieren distintos tipos de enfoques del amor. Aunque puede que tengan características que se superponen, el amor por un hermano es diferente al amor por uno mismo. El amor por Dios es diferente al amor maternal.

Un problema particularmente confuso en muchos matrimonios es la comparación del amor maternal y el amor erótico. Recientemente una amiga me dijo que después de dar a luz a su primer hijo sabía que nunca más volvería a experimentar un amor como ese. Entonces añadió que el amor que sentía por su hijo era mucho más fuerte que el amor por su esposo. Yo no estaba de acuerdo. Medir el amor por un hijo comparado con el amor por un cónyuge no es ni útil ni apropiado. Aunque el término *amor* puede atribuirse a diferentes relaciones, hay una diferencia. En una familia amamos a nuestro cónyuge y a nuestros hijos de maneras muy diferentes, y no a unos más que a otros. No reconocer este hecho puede tener consecuencias perjudiciales para un matrimonio. Este es uno de los motivos por los que las parejas experimentan un estancamiento tremendo cuando comienzan una familia. Entender las distintas clases de amor ayuda a los individuos diferenciados a formar y mantener relaciones saludables.

Creo que el mayor obstáculo para amar bien es entender qué es el amor verdadero y sostenible, en particular en las relaciones íntimas. Muchos creen que es un sentimiento que viene y va. Otros creen que significa sacrificarse uno mismo hasta el punto de perder la identidad propia. Otra importante idea errónea es considerar el amor como un estado del ser en lugar de una decisión y una serie de acciones.

Cuando dos personas comienzan a tener citas, normalmente es la mujer quien en cierto momento le pregunta al hombre: "¿Me amas?" o "¿Estás enamorado de mí?". La pregunta normalmente se recibe con un silencio inicial, y el hombre parece un conejo deslumbrado por los faros de un auto. Ahora estoy comenzando a entender por qué esa pregunta significa tanto para la mayoría de las mujeres. Mi maravillosa novia me ha enseñado que las niñas ven el amor como un estado de ser idílico, un mundo místico en el cual dos personas perfectas residen en un estado de dicha permanente. Es el cumplimiento del cuento de *Cenicienta*, que se va con el Príncipe Azul y viven felices y "enamorados" para siempre. Conozco por experiencia personal que lo que sucede en las mentes de los niños o de los hombres ni se acerca al nivel de sofisticación de esta imagen de cuento de hadas, y por eso los varones quedan confundidos por la pregunta.

La visión inmaculada del amor que tienen muchas mujeres, y también hombres a su propia manera, se hace pedazos rápidamente cuando el Príncipe Azul se convierte en el Príncipe "por qué dejaste tu ropa interior en el piso por milésima vez". Te insto a leer 1 Corintios 13:1-8 al menos una vez por semana como recordatorio de las características del amor verdadero:

> *Si hablo en lenguas humanas y angelicales, pero no tengo amor, no soy más que un metal que resuena o un platillo que hace ruido. Si tengo el don de profecía y entiendo todos los misterios; si poseo todo conocimiento, si tengo una fe que logra trasladar montañas, pero me falta el amor, no soy nada. Si reparto entre los pobres todo lo que poseo, si entrego mi cuerpo para tener de qué presumir, pero no tengo amor, nada gano con eso.*
>
> *El amor es paciente, es bondadoso. El amor no es envidioso ni presumido ni orgulloso. No se comporta con rudeza, no es egoísta, no se enoja fácilmente, no guarda rencor. El amor no se deleita en la maldad, sino que se regocija con la verdad. Todo lo disculpa, todo lo cree, todo lo espera, todo lo soporta. El amor jamás se extingue.*

Como dije en el capítulo 5, otro obstáculo para amar bien es la creencia de que el amor debería ser correspondido. ¿Cuántas veces has pensado que dar amor, hacer algo o sacrificarte por otro significa renunciar a algo y esperar algo a cambio?

> Si cuido del perro de mi vecina mientras ella está de vacaciones, tendré que sacar tiempo de mi ajetreado horario. Ella me lo deberá.
>
> Espero que mi mamá realmente agradezca que la lleve otra vez al médico. Me estoy perdiendo otro almuerzo con mis amigas. Tal vez ella pagará la gasolina esta vez.

Mi esposo quiere que su departamento celebre en la casa la fiesta de vacaciones. Tal vez así pueda lograr que me compre ese reloj que realmente quiero.

Cuando vemos el amor de ese modo, consciente o inconscientemente creemos que se secará el pozo si seguimos dando. Nuestros sacrificios, nuestras obras, nuestro amor causará que nos agotemos. Este modelo de amor no es sostenible porque esperamos un retorno de nuestra inversión.

El amor verdadero implica una economía muy diferente. Cuando damos sin esperar recibir nada a cambio, Dios nos devuelve amor en abundancia de distintas maneras. Como sabes, aprendí la naturaleza paradójica del amor que se autosostiene al conectar con hermosos niños huérfanos en África. Admito que a menudo es mucho más fácil amar a personas desconocidas, especialmente niños, comparadas con las personas más cercanas. Eso se debe a que conocemos las partes positiva y negativa de nuestro cónyuge, nuestros amigos y familiares, y ellos conocen las nuestras.

Aun así, siempre es posible amar. Cuando utilizamos impulsos y reacciones del Sistema 2 y moderamos el Sistema 1 hiperactivo, entendemos cómo fijar y mantener límites y seguir siendo nuestro *Yo* verdadero en cualquier relación. Y sabemos cómo amar y dar de un modo que dejará nuestra copa rebosando, no en la reserva.

Finalmente, debo destacar la diferencia entre este amor y la codependencia, de la que hablé ligeramente en este capítulo. Cuando dos personas conectan a cualquier precio en un intento desesperado por eliminar la soledad, se pierde el individualismo. Ambas partes desempeñan un papel en este tipo de relación malsana.

La codependencia se presenta de diversas maneras: un novio sobreprotector y celoso (dominador) que se niega a permitir que su novia (dominada) haga cualquier cosa o vaya a ningún lugar sin su permiso; una mamá (facilitadora) que da dinero constantemente a su hija adicta a las drogas (dependiente); un gerente (aprovechador) que no respeta los límites de su compañero de trabajo (dador) y le da constantemente más trabajo que hacer sin una compensación adecuada. Ya sea que la relación de codependencia se produzca entre un padre y un hijo, entre dos amigos o entre esposo y esposa, los hombres y las mujeres por igual participan en actividades destructivas, algunas más que otras.

La necesidad de controlar a otro es un instinto primitivo del Sistema 1 que se manifiesta como dominio y manipulación de otra persona para mantener el poder sobre el entorno y las relaciones propias. Cuando esta respuesta está en hiperactividad, las relaciones sufren muchísimo. En el peor de los casos, una persona que domina una relación explota, hiere y humilla a la otra a la vez que se mantiene totalmente insensible al daño que causa.

Hablemos del otro lado de la codependencia. Los individuos en una relación que son el dominado, el dependiente o el dador, responden instintivamente a la soledad y el temor a la separación ofreciéndose a sí mismos de maneras muy poco saludables. Melody Beattie, autora de *Ya no seas codependiente*, escribió: "Las personas codependientes son reaccionarias. Reaccionan excesivamente o reaccionan poco, pero en raras ocasiones actúan. Reaccionan a los problemas, dolores, vidas y conductas de otros. Reaccionan a sus propios problemas, dolores y conductas".[10]

Los individuos diferenciados enfocarán una relación con amor verdadero y bondad, no de manera codependiente. Esto significa ser sensible a las necesidades de otros, establecer límites saludables, y cultivar la unión con sus fortalezas.

EL SISTEMA 2 EN ACCIÓN

Creo que debemos amar a todos, y en ocasiones esto significa hacerlo de manera saludable desde una distancia sana. En la práctica, amar a otros puede ser extraordinariamente difícil en ciertas situaciones.

Amar a otros no significa que aceptamos siempre e incondicionalmente las acciones de otros que son destructivas, dañinas o malsanas. Las personas diferenciadas utilizan su capacidad de comprender a los demás para determinar las amenazas potenciales de una relación para su bienestar. Su Sistema 2 monitoriza, analiza y predice un resultado observando el carácter de otro, sus acciones, conductas y respuestas. En una relación íntima, esta supervisión puede tener lugar en medio de intensos sentimientos del Sistema 1 de atracción, lujuria, amor romántico, y la necesidad de llenar el vacío de la soledad. Esto hace que todo sea más difícil, pero es posible.

El razonamiento del Sistema 2 en los individuos diferenciados puede balancear de manera hermosa todas las emociones del Sistema 1 que están detrás del cliché que dice "el amor es ciego". Las personas que pueden dar sentido a sus propias emociones y al mismo tiempo ver la conducta de otra tal como es, no serán movidas por las excusas del Sistema 1 ("pero él puede cambiar"), los deseos ("las cosas mejorarán"), las inseguridades ("tal vez necesito intentarlo con más fuerza"), o el miedo a estar solo.

Me sorprende que las personas sabias que aman y quieren lo mejor para nosotros tienen por lo general la capacidad de analizar nuestras relaciones mucho mejor que nosotros. Mi vida habría sido mucho más fácil si hubiera prestado atención a los consejos de mi mamá sobre asuntos relacionales. Y, también, probablemente no estaría escribiendo este libro y compartiendo mis coloridas historias.

En 1997 Oprah Winfrey y la poetisa ganadora del premio Pulitzer Maya Angelou, mantenían una conversación sincera acerca de la relación poco sana que tenía la afamada presentadora del programa en ese momento. Oprah abrió su corazón y dijo que se sentía decepcionada constantemente por el hombre con el que salía. Angelou respondió: "¿Por qué culpas a la otra persona? Él te mostró quién era… ¿por qué te lo tiene que mostrar veintinueve veces antes de que puedas ver quién es en realidad? ¿Por qué no puedes comprenderlo la primera vez?".[11] Las palabras de la poetisa son trascendentales para mí. Se grabaron en la mente de Oprah, quien, a lo largo de los años, modificó este sabio consejo para decir: "Cuando las personas te muestren quiénes son, créeles la primera vez".[12]

Cuando tu Sistema 2 supera la atracción y la soledad del Sistema 1, creerás a un hombre la primera vez que te diga que no quiere tener una relación seria. Creerás a una mujer la primera vez que te trate como si no le importaras.

Hace unos años atrás mantuve una conversación provocadora con una conocida. Ella me dijo que, después de la tercera aventura amorosa de su esposo, estaba tan exasperada que le gritó: "¿Quién eres?". Él la miró fríamente a los ojos y por primera vez dijo la verdad. Respondió: "Soy quien siempre he sido".

En otras relaciones que no son íntimas creerás al familiar, al colega o al amigo cuando sus acciones hablen más alto que las palabras. Verás la verdadera cara de un hermano que siempre intenta pedir dinero prestado sin tener ninguna intención de devolverlo. Verás la verdadera cara de un compañero de trabajo que constantemente intenta pasarte a ti más trabajo. Verás la verdadera cara de un amigo que siempre está demasiado ocupado cuando necesitas un oído que escuche.

Nuestro Sistema 2 comprende que no podemos cambiar el pasado o el carácter de otra persona. Las personas cambian y se reconfiguran solamente cuando quieren o necesitan hacerlo desesperadamente.

Cuando otros te muestran quiénes son en realidad y sus características no son compatibles con la clase de vida y el futuro que quieres crear para tu *Yo*, ¡sal corriendo! Si decides quedarte y ser sacudido por las consecuencias destructivas, no hay nadie a quien culpar excepto a tu *Yo*.

CUÁNDO ALEJARSE

Me gusta la música *reggae* y particularmente Bob Marley, de modo que estaba destinado a comenzar uno de mis capítulos con una cita que se atribuye la mayoría de las veces a este músico tan talentoso: "La verdad es que todos te harán daño; solamente tienes que encontrar a aquellos por los que vale la pena sufrir". Debido a la naturaleza imperfecta de la humanidad, incluso los mejores de nosotros haremos daño y decepcionaremos a otras personas; es tan inevitable como que el sol salga en la mañana. Ya sea en el contexto del matrimonio, la amistad o la familia, alguien a quien amas te causará dolor. Lo contrario es también verdad, desde luego.

Esto implica con frecuencia cosas pequeñas pero molestas, como que tu cónyuge te inquiete incesantemente por olvidar hacer una tarea. El dolor es más profundo cuando son asuntos más serios, como incumplir una promesa, menospreciar o faltar al respeto a otro, abuso verbal, emocional o físico, adulterio o adicciones dañinas. En las situaciones más destructivas, como la adicción o el abuso, ¿cómo juzga un individuo diferenciado si cortar vínculos o no? ¿Cómo sabemos "por quién vale la pena sufrir"?

En el caso de las relaciones íntimas, incluido el matrimonio, una de las mayores expectativas que tienen las personas es que su cónyuge cambiará. En cierto modo dejarán de hacer daño, dejarán de engañar, de mentir, dejarán de beber, o de algún modo enmendarán su camino. Desgraciadamente la mayoría de las veces solamente continúan los ciclos de ese tipo de conductas. Como hemos hablado a lo largo de este libro, los temores, emociones y conductas del Sistema 1 están muy profundamente arraigados porque están integrados en el ADN y los circuitos cerebrales, y son difíciles de cambiar. A menos que una persona toque fondo como resultado del estrés intenso y el dolor, o desarrolle un profundo deseo de cambiar, no puede hacerlo y no lo hará.

Comprende que yo no fomento el divorcio. Creo que Dios nos dio el regalo de matrimonio, y su intención es que los cónyuges se amen y se apoyen mutuamente hasta el día que mueran. También creo firmemente que Él puede salvar matrimonios milagrosamente de maneras que ni siquiera puedo comenzar a explicar o entender. Si embargo, si tienes una relación que se vuelve particularmente destructiva, es imperativo que busques seguridad para así poder ocuparte de sanar tu *Yo*. Busca consejo profesional, experto y espiritual. Quizá sea necesario separarte para tener tiempo para sanar. Puede que tengas que apartarte del camino para comenzar a trabajar en problemas por tu parte y darle tiempo y espacio a tu pareja para que haga lo mismo.

Yo no soy un consejero con licencia, ni tampoco tengo todas las respuestas. Si lo necesitas, te recomiendo encarecidamente que busques ayuda para tu relación fuera de este libro. Lo que puedo decirte es que divorciarte o incluso separarte no te da derecho a alejarte y encontrar otra pareja solamente para permitir que los mismos problemas del Sistema 1 destruyan otra relación. Hay un motivo por el que el índice de divorcios aumenta marcadamente con cada matrimonio posterior. Como hablaremos en el capítulo 12, hasta que entreguemos a Dios nuestros temores e inseguridades y permitamos que su poder nos cambie, no será posible que podamos encontrar amor y contentamiento fuera de nuestro *Yo* en *ninguna* relación, y mucho menos en un matrimonio.

Y ¿qué de las amistades o las relaciones con familiares, incluidos los padres? ¿Qué enfoque adoptamos si nuestro mejor amigo hace demandas irrazonables constantemente o no respeta nuestros límites? ¿Y si tu mamá o tu papá critica constantemente tu modo de vestir, tus habilidades en la crianza de los hijos, o incluye la negatividad en cada conversación que tienes? Aunque es más fácil reconocer conductas malsanas en una amistad y "romper" con un amigo tóxico, ¿cómo podemos ser personas diferenciadas con un familiar difícil?

Creo que la supervivencia de una relación en uniones familiares cercanas depende de tomar la decisión de si podemos vivir con las cosas del Sistema 1 de la otra persona sin demandar o esperar que cambie. Esto es más difícil si tienes hijos que son directamente afectados por ese individuo poco saludable. Por ejemplo, si tienes un padre o una madre que es verbalmente abusivo y ocasionalmente tiene arrebatos inapropiados delante de tus hijos, la solución de establecer límites claros para el bienestar de tus hijos es obvia.

En relaciones familiares menos volátiles, los individuos diferenciados pueden observar las reacciones del Sistema 1 de familiares, sin permitirse a sí mismos involucrarse emocionalmente o ser manipulados. En este entorno, debemos comprender que no hay posibilidad de que otros cambien a menos que lo deseen profundamente. Las mentes configuradas durante largos periodos de tiempo tienen circuitos que, por definición, pueden producir solamente un resultado. Cuando entendemos que los individuos poco saludables cercanos a nosotros no tienen poder de decisión y reaccionan del único modo que tienen a su disposición, se vuelve mucho más fácil simplemente observar y no involucrarnos en sus actividades.

REFLEXIÓN: EL CAMINO HACIA RECONFIGURAR TU MENTE

1. ¿Has mantenido alguna vez una relación continuada con alguien, aunque era una persona poco saludable o tóxica por la mera razón de no querer estar solo? ¿Cómo terminó la relación? Si tú la rompiste, ¿cuál fue tu punto de quiebre?

2. ¿Tienes (o tuviste) problemas de codependencia en alguna de tus relaciones (ya fuera con amigos, familiares o incluso tu cónyuge)? ¿Cómo afectó ese elemento a la relación en general y a ti como persona?

3. Anota tus relaciones más significativas en este momento. Enumera tres obstáculos que evitan que seas una persona diferenciada en esa relación. ¿Cómo podrías enfocar y finalmente remediar esos retos?

4. Echa un vistazo al "Índice de diferenciación" a continuación. Evalúa tu *Yo* en los tres componentes de la diferenciación en lo que se refiere a las relaciones. ¿En qué lugar estás? ¿Cuál es tu puntuación general? ¿Qué áreas podrían mejorar?

Figura 9.1

ÍNDICE DE DIFERENCIACIÓN

Cuán adecuadamente:

¿Conoces/expresas tu *Yo* verdadero?

Puntuación: _____

+

¿Comprendes /manejas disfunciones emocionales del Sistema 1?

Puntuación: _____

+

¿Amas a otros?

Puntuación: _____

Nivel de diferenciación

=

Puntuación general: _____

0-10 – Poco diferenciado
10-20 – Algo diferenciación
20-30 – Muy diferenciado

10

EL REGALO DE LA INTIMIDAD Y EL SEXO

El deseo sexual humano es la forma más compleja de
motivación sexual entre todas las cosas vivas.
Es una combinación de programación genética y variables de
experiencia de vida, produciendo los matices más sofisticados y
variedad de sexo sobre la faz del planeta.

David Schnarch, *El matrimonio apasionado*

En la película de 2012 *Hope Springs* [Si de verdad quieres], Kay
(Meryl Streep) y Arnold (Tommy Lee Jones) han estado casados por
treinta y un años. Viven una vida segura, monótona y rutinaria. Cada
mañana, Kay le cocina responsablemente a Arnold el mismo desayuno que ha tenido durante las tres últimas décadas (un huevo con la
yema hacia arriba y un pedazo de tocino) mientras él lee el periódico.
Después de comérselo, Arnold se va al trabajo y Kay hace lo mismo.
Día tras día, este matrimonio gira en torno al trabajo, el sueño, las
comidas, y mirar el canal de golf en televisión. Espontaneidad, intimidad, pasión y sexo no existen en su mundo. Aunque Arnold ama

a su esposa, claramente es ajeno a este hecho, hipnotizado y bastante contento con su vida tranquila, pero insípida. Como contraste, Kay desea un cambio desesperadamente. En lo profundo de su ser, es una mujer apasionada que desea un matrimonio que rebose intimidad y sexo acalorado.

En una de las primeras escenas, Kay queda decepcionada cuando Arnold se va al trabajo sin reconocer su treinta y cinco aniversario de boda. Ella expresa ese sentimiento a una compañera de trabajo esa mañana, preguntando si es incluso posible el cambio en un matrimonio carente de intimidad, afecto y pasión.

Su compañera de trabajo no le ofrece mucha esperanza. "¿Cambiar tu matrimonio? ¿A qué te refieres? Comer fuera los viernes en lugar de en casa, o ser Cenicienta y el Príncipe Azul en lugar de atacarse... No, te casas con quien te casas, tú eres quien eres... ¿Por qué iba a cambiar eso?... Para que eso suceda, las cosas tendrían que estar tan mal que alguien estuviera dispuesto a arriesgarlo todo solo para sacudir las cosas, pero entonces quizás no saldría bien... No, los matrimonios no cambian".[1]

Decidida a crear un mejor matrimonio, Kay ignora esas palabras cínicas. Saca dinero de su cuenta de ahorro y contrata una semana de consejería matrimonial intensa con un renombrado terapeuta, el doctor Bernie Feld (Steve Carell), en el tranquilo pueblo de Great Hope Springs, en Nueva Inglaterra.

Tras una primera sesión muy difícil y con frecuencia hostil, el doctor Feld le dice a la pareja: "Ustedes dos han venido hasta aquí para intentar devolverle la intimidad a su matrimonio... para encontrar maneras de comunicar mutuamente sus necesidades... para cultivar la intimidad y desarrollar las herramientas para sostener esa intimidad. El primer paso para reconstruir un matrimonio es eliminar parte del tejido blando que se ha acumulado con los años... Puede ser muy doloroso, pero vale la pena. Me gusta pensar en... la metáfora de cuando se tiene el tabique nasal desviado y no puedes respirar bien... hay que romper el tabique para poder arreglarlo".

Me encanta esta película y creo que todas las parejas, en especial las que experimentan dificultades, deberían verla. Es inspirador ver a Kay, quien por años ha desempeñado el papel de una violeta que se marchita, llegar al punto en el que ya no está dispuesta a vivir el resto de su vida sacrificando la intimidad y el sexo a cambio de un matrimonio cómodo y seguro.

LO QUE ES POSIBLE

Creo que el sexo y la intimidad dentro de una relación de pacto comprometida y monógama son dos de los grandes regalos de Dios a la humanidad. Todos sabemos lo que es el sexo: ofrecernos físicamente el uno al otro. La intimidad es un poco más compleja. Es estar emocionalmente cerca de tu cónyuge, poder compartir por completo con esa persona tu mundo interior, quién eres realmente. Significa ser vulnerable y conectar sinceramente y en profundidad en todas las áreas de tu vida. La intimidad puede incluir expresión sensual; compartir pensamientos, sentimientos e ideas; y ser consciente de quiénes son tu cónyuge y tú como individuos. Es posible tener sexo sin intimidad, pero una premisa fundamental de este capítulo es que sexo sin intimidad es problemático. Cuando dos personas están unidas en una relación de compromiso, crean un encuentro profundamente apasionado y transformador que tiene la capacidad de producir cercanía y diferenciación en una relación como ninguna otra experiencia humana.

En el mejor de los casos, sexo e intimidad combinan las mejores partes de las emociones y conductas del Sistema 1 y el Sistema 2 de un modo místico, lo que hace que nuestras relaciones íntimas pasen de ser rutinarias a ser extraordinarias. Cuando los instintos del Sistema 1 como el deseo sexual, la espontaneidad, la creatividad, y el deseo de conexión se mezclan de modo dinámico con cualidades del Sistema 2 como imaginación, fantasía y diversidad, dos individuos diferenciados tienen la potente capacidad de trascender el espacio y el tiempo y avanzar mucho más hacia un ámbito de gran espiritualidad.

En la Biblia existe evidencia para este tipo de intimidad, en particular en el libro de Cantar de los Cantares. Siendo un bautismo de fuego erótico, el texto rebosa de un sentimiento íntimo desde la primera línea:

Ah, si me besaras con los besos de tu boca…
   ¡Mejor es tu amor que el vino!   (1:2)

Otras líneas incluyen:

Yo soy de mi amado
   y él me desea con pasión.
Ven, amado mío;
   vayamos a los campos,
   pasemos la noche en las aldeas.   (7:10-11)

Estos versículos increíblemente hermosos, sensuales y provocativos expresan el nivel apasionado de comunión que Dios tenía en mente cuando diseñó las relaciones de compromiso.

Además de nuestra capacidad de conectar con Dios, este tipo de intimidad con otra persona es lo que nos hace verdaderamente únicos y humanos. En actos de apego profundamente espirituales, tu compromiso con tu cónyuge se comunica mediante acciones, no solo palabras. Entras en una cápsula de espacio sexual, y el tiempo se detiene. En ese lugar, tu cónyuge y tú pueden experimentar una conexión profunda, así como alegría y amor transformadores. Cobras vida mediante cada sensación intensificada, no solo en tu cuerpo sino también en tu mente. El clímax del orgasmo es casi secundario porque la conexión es muy profunda. Y, con la intimidad creciente a lo largo del tiempo, esta comunión se fortalece incluso fuera del cuarto cuando comienzan a relacionarse el uno con el otro de maneras nuevas. Experimentan aventuras nuevas y emocionantes, a la vez que ríen y juegan juntos como si fueran niños despreocupados que corren por una hermosa pradera.

Algunos de los que leen estas palabras puede que estén frustrados en este punto, poniendo los ojos en blanco y diciendo: "Bien, bien, doctor Ski. Este mundo de sexo de película romántica o de novela puede ser el objetivo, pero mi matrimonio no se parece en nada a lo que está describiendo. Estoy atrapado en la planta baja con Kay y Arnold".

¡Te escucho! Y quiero alentarte a que sepas que, dondequiera que pueda estar tu vida sexual en este momento, sea sin vida o sin pasión, puede ser reavivada. Puedes experimentar intimidad y deseo sexual potentes y transformadores. Tengamos en mente que no hay un plan o una fórmula que vale para todos, o un mapa de ruta de diez pasos para alcanzar este pináculo de conexión. El proceso de diferenciación se ve distinto para cada pareja.

También reconozco que las parejas casadas soportan diferentes temporadas y condiciones médicas en las que la intimidad y la función sexual cambian. No espero que ninguna pareja esté plenamente activa una semana después de que la esposa dé a luz o si uno de los cónyuges tiene una lesión o ha enfermado.

Si tienes un cónyuge que es abusivo física, mental o emocionalmente, te aliento a que busques de inmediato seguridad y consejería. Intentar forjar una vida sexual saludable y apasionada en medio de una relación que tiene unas dinámicas graves e incluso que amenazan la vida, simplemente no es posible ni recomendable. Consigue ayuda de un consejero confiable, un asesor espiritual profesional, un mentor o un grupo de apoyo. Además, si tu cónyuge o tú sufren alguna enfermedad médica que impida la función sexual, consulta con un médico para que los guíe.

Por último, debes saber que es imposible abordar completamente algo tan complejo como el sexo y la intimidad en unos miles de palabras. Me siento honrado si la lectura de este libro te coloca en un viaje y tu cónyuge y tú tienen el deseo de avanzar más allá del ámbito de este libro. Mi autor favorito sobre este tema es el terapeuta de sexo y matrimonio, de renombre mundial, David Schnarch. Recomiendo encarecidamente sus libros *Passionate Marriage* [El matrimonio apasionado] e *Intimacy & Desire* [Intimidad y deseo] para seguir adelante.

LAS FLUCTUACIONES DEL AMOR

Varios estudios recientes se enfocan en la química y las regiones cerebrales involucradas en el deseo sexual y la intimidad. Según la antropóloga biológica y autora Helen Fisher, cuando comenzamos una relación romántica, nuestro cerebro bulle de actividad. En este punto, nuestra atracción es más que un sentimiento. Experimentamos un potente conjunto de impulsos instintivos del Sistema 1. Fisher escribe: "Como el deseo de comida y agua y el instinto maternal, es una necesidad fisiológica, un impulso profundo, es un instinto cortejar y ganar un compañero en particular".[2]

Esta etapa inicial de lo que llamamos "enamorarse" es el proceso biológico en acción cuando leemos una historia de amor, vemos una comedia romántica o escuchamos una canción de amor. Es la forma de "amor" que la mayoría de nosotros identificamos como amor verdadero y perdurable. Y es eso lo que causa un mundo de problemas en las relaciones de largo plazo y los matrimonios cuando se disipa la neblina rosa y nos vemos el uno al otro tal como somos, con lo bueno y lo malo por igual.

Según Fisher, enamorarse implica normalmente tres impulsos básicos del Sistema 1. Con frecuencia comienza con lujuria, el deseo de gratificación sexual, y entonces progresa hacia el romance, una fuerte motivación por la nueva pareja. Finalmente, a medida que la relación progresa se desarrolla el apego, la unión entre dos personas en una relación monógama de largo plazo que incluye tener hijos y criarlos.[3] Muchos científicos asemejan la etapa de uno o dos años de amor romántico a la locura temporal. Estudios biológicos muestran que durante este tiempo, nuestra función cognitiva (la capacidad de sentir emociones negativas, evaluar claramente situaciones y evaluar la confiabilidad) queda marcadamente reducida a medida que nuestro cerebro es bañado de un cóctel eufórico de neuroquímicos y hormonas, incluidas la dopamina, la vasopresina y la oxitocina.

La mayoría de nosotros cuestionamos si las emociones y conductas del Sistema 1 del amor romántico inicial pueden sostenerse. El hecho es que la biología dicta que probablemente (aunque no en todos los casos) se desvanecerán con el tiempo. Puede que tu corazón no siga dando un vuelco cuando ella llama. Tal vez ella no siempre luzca perfecta cada vez que la ves. Puede que él deje de regalarte flores y llevarte a escapadas románticas.

En el inicio de las relaciones, los instintos persuasivos del Sistema 1 centrados en el deseo, la atracción y la reproducción simplemente nos empujan a encontrar, perseguir y captar a un compañero y después concebir juntos un hijo. La reproducción es vital para apoyar la transferencia de nuestros genes de generación a generación. Por sí solo, el deseo de reproducción del Sistema 1 tiene poco que ver con nuestra capacidad, y de hecho puede limitarla, de tener relaciones íntimas, monógamas y de largo plazo.

A medida que las personas avanzan en la etapa de enamoramiento, comienzan a conocer muy bien a su cónyuge: las partes buenas, malas y feas, incluyendo el aliento en la mañana, funciones corporales impropias, hábitos molestos, rasgos de personalidad irritantes, y cosas similares. También aprenden los hábitos y límites sexuales de su cónyuge. Según Schnarch, el sexo entre dos personas consiste en el "sobrante" que cada uno aporta a la relación.[4] El sobrante es el repertorio de prácticas sexuales aceptables que cada una de las partes ha decidido que está dispuesta a hacer según su propio desarrollo sexual. Este sobrante puede crear potencialmente una barrera para la variedad sexual dentro de una relación. Todo el espectro de conocimiento que tienen el uno sobre el otro engendra familiaridad, la cual puede desmitificar o cambiar la atracción inicial de deseo y el amor romántico al igual que crear estancamiento y aburrimiento sexual.

La lujuria y el romance fluctuarán en una relación, ya que el cambio es la única garantía en la vida. Los individuos no diferenciados esperan que el amor romántico, el sexo y la pasión duren para siempre sin esfuerzo, y quedan decepcionados cuando estas cosas se desgastan. Para estas personas, la solución es obvia: poner fin a la relación y encontrar una pareja nueva de la que enamorarse. Tristemente, este ciclo breve está condenado a repetirse. Un individuo que no comprende esto y no está comprometido a definir y diferenciar su *Yo* poseerá una esperanza equivocada y destructiva en que algún día encontrará a la "persona adecuada" que será lo bastante interesante y atractiva para sostener para siempre el amor romántico. Tristemente, este individuo seguirá quedando decepcionado.

Como subrayé en el capítulo anterior, el amor no es un estado de ser o meramente un fuerte sentimiento, sino una serie de decisiones y acciones determinadas. Mantener la intimidad para continuar en un viaje de desarrollo sexual después de la etapa inicial de amor romántico y el sobrante, requiere valentía y trabajo. Cuando intercambiamos los votos y decimos sí a un matrimonio para siempre, parte de ese compromiso incluye decir sí a desarrollarse y crecer en cada faceta de la vida, incluyendo la intimidad y el deseo sexual. Si quieres tener una potente intimidad y sexo con tu cónyuge, debes descartar tus perspectivas y expectativas según las películas de Hollywood de romance y amor, y desarrollar un nuevo modelo centrado en un *Yo* más diferenciado.

PRINCIPALES MITOS

Antes de ofrecer componentes clave del desarrollo de tu *Yo* y tu relación para poder experimentar un nivel intensificado de sexo e intimidad, debo abordar tres ideas erróneas que son obstáculos para muchos.

El sexo es natural y, por consiguiente, el sexo estupendo debería producirse sin mucho esfuerzo. Simplemente sucede, ¿no es cierto? ¡Error! El deseo sexual es extraordinariamente complejo, en especial a medida que las parejas pasan de las citas a una relación de largo plazo. Según el antropólogo biológico Agustín Fuentes:

> Todo ser humano lleva con él o ella un conjunto de experiencias incorporadas a cada encuentro sexual e incluso a cada pensamiento, consideración o fantasía sobre los encuentros sexuales. A un nivel mínimo, eso incluye el género de la persona, las actuales expectativas de género de su sociedad y las subdivisiones en esa sociedad a la que pertenece, la historia de vida personal y experiencias del pasado y exposición a la actividad sexual, la orientación sexual y la edad, salud, imagen corporal, religión, política, economía, acceso a computadoras, etc.[5]

Yo añadiría a estas experiencias los factores de diferenciación clave de los que hablamos en el capítulo anterior (cuán adecuadamente conocemos nuestro verdadero *Yo* y lo expresamos; nuestra comprensión y manejo de las disfunciones emocionales del Sistema 1 que surgen de nuestro pasado; y cómo amamos). El sexo estupendo, especialmente en una relación de largo plazo, está lejos de ser fácil. De hecho, puede que sea más fácil coordinar todos los sistemas en un cohete espacial. Sin embargo, añadiría rápidamente: ¡vale la pena!

Las mujeres están menos interesadas en el sexo que los varones. Este es un mito común que simplemente no está apoyado por los datos. Helen Fisher examinó noventa y tres sociedades y descubrió que varones y mujeres tenían impulsos sexuales prácticamente iguales en setenta y dos de ellas.[6] En su libro *Intimidad y deseo*, David Schnarch propone que si el sexo es bueno, las mujeres con frecuencia están más interesadas en él que los hombres. También destaca que las esposas normalmente son más expertas sexualmente que sus esposos.[7]

Si eres mujer y te sientes insegura por no tener un fuerte impulso sexual, has de saber que probablemente está en ti. Creo que Dios quiso que la sexualidad fuera una expresión natural y significativa de tu *Yo*. Las influencias intencionales y no intencionales religiosas, familiares o culturales del Sistema 1 envían mensajes mezclados que pueden suprimir el deseo sexual en las mujeres solamente para crear batallas de intimidad en sus relaciones más adelante en la vida. La libido de una mujer también puede disminuir debido a experiencias del pasado. Recientemente tuve una conversación con una mujer que cuando era niña estaba explorando su cuerpo cuando su mamá la sorprendió. La mamá castigó a la niña y le dijo que era una niña "mala" y que no debía volver a hacer eso otra vez o iría al infierno. Con los años, esta niña cargó con una culpabilidad en torno al sexo que, como adulta, afectó negativamente su matrimonio. Si estás batallando con algunos de estos problemas, has de saber que Dios te creó con un impulso sexual, y no es nada de lo que avergonzarse. Es normal. Es saludable. Es un regalo dado por Dios. ¡Y es hermoso!

El sexo está reservado para los jóvenes. No puedo enumerar la cantidad de artículos deprimentes que he leído que me decían que mi plenitud sexual como varón estaba en los dieciocho años de edad. Si eso es cierto, entonces para mí a la madura edad de cincuenta y ocho años la fiesta terminó hace tiempo.

Esta falacia surgió de estudios llevados a cabo y publicados a finales de la década de 1950 y fue perpetuada desde entonces por revistas para mujeres. Los datos originales que establecieron la plenitud sexual fueron determinados por medidas de niveles de hormonas sexuales.[8] En los varones, los niveles de testosterona están al máximo en torno a los dieciocho años de edad, y los niveles de estrógenos en las mujeres llegaban a su cumbre cuando las mujeres llegaban a mitad o final de los veinte años. Estos puntos hormonales se han denominado "plenitud genital", porque se producen cuando nuestros genitales responden con más urgencia a la excitación. No dejes que eso te desaliente. La plenitud genital tiene poco que ver con la plenitud sexual. Está bien documentado que el órgano sexual más importante, más placentero y más eficaz es la mente humana.

¿No me crees? Veamos algunas estadísticas. Más del 50 por ciento de los adultos de más edad dicen que el sexo mejora con la edad.[9] Los varones entre cincuenta y sesenta y nueve años son quienes tienen más seguridad en sí mismos y en su capacidad de tener éxito sexualmente.[10] Un artículo sobre sexualidad en adultos de más edad en la prestigiosa *New England Journal of Medicine* mostraba que el 54 por ciento de las personas sexualmente activas (de edades entre setenta y cinco y ochenta y cinco años) reportaban tener sexo al menos dos o tres veces al mes; el 23 por ciento reportaba tener sexo una vez por semana o más.[11]

Estas estadísticas me asombran. Tomadas en conjunto, revelan que los años dorados, sexualmente hablando, bien pueden estar por delante de ti.

SE TRATA DE TI, DE TU YO

Creo que hay un impulsor significativo detrás de tener mejor sexo a medida que envejecemos que es diferente a la plenitud genital. La clave es desarrollar un *Yo* diferenciado, tolerante y seguro de sí mismo. Igual que yo, Schnarch cree que el apoyo de la intimidad apasionada y el deseo sexual es el desarrollo, o la diferenciación, del *Yo*. Debemos enfrentar nuestros temores del Sistema 1, apegos, problemas de control, historias complejas de experiencias sexuales del pasado, y expectativas de amor romántico. Forjar una relación apasionada e íntima comienza cuando nos hacemos responsables de nuestro desarrollo sexual y nuestra intimidad.

A lo largo de este libro he hablado acerca de la importancia de reconocer y confrontar las disfunciones emocionales del Sistema 1 como resultado de apegos de la niñez y posteriores, abuso, abandono, y otras experiencias dolorosas. Nuestra capacidad de tener relaciones íntimas depende en gran parte del grado hasta el cual hayamos lidiado con esos problemas. También he hecho hincapié en que nuestra capacidad de amar sin esperar nada a cambio desempeñará un papel clave en las relaciones exitosas. Aunque estos dos marcadores son esenciales, el factor más vital es el desarrollo de un *Yo* fuerte, positivo e independiente que aprovecha y edifica sobre nuestras fortalezas y no se apoya en la aceptación de otros, incluido un cónyuge.

Schnarch dice que este tipo de *Yo* es:

Estable y flexible al mismo tiempo... Se puede estirar y mostrar nuevas facetas, y se pueden podar viejos aspectos que ya no encajan contigo. Puedes cambiar una sensación sólida del yo cuando quieras, pero retener tu forma cuando otros intentan hacer que seas lo que ellos quieren que seas. Flexibilidad y resiliencia son las dos características básicas e importantes de una sensación de yo sólida.[12]

Un *Yo* diferenciado es un *Yo* seguro de sí mismo. Te sientes cómodo con quién eres, eres libre para compartir opiniones y deseos sexuales con tu cónyuge. Tienes la valentía de enfrentar la incomodidad que acompaña a menudo al desarrollo sexual. Puedes comunicarte con tu cónyuge sin estar a la defensiva ni ser crítico. Eres lo bastante adaptable para hacer compromisos. Eres abierto. Eres sincero.

El viaje hacia experimentar una relación salvaje y apasionada con tu cónyuge no significa aprender los trucos sexuales más fuertes o posiciones descritas en las revistas. Se trata de la intimidad obtenida por las dos personas que están aprendiendo a explorar y dialogar de asuntos fundamentales en torno al sexo. Comienza cuando conversas con tu cónyuge acerca de asuntos íntimos, batallas o preguntas que tengas. Incluye compartir deseos sexuales ocultos o experiencias del pasado que pueden obstaculizarte para que no te liberes en la habitación. Ya que no ofreceré consejos o soluciones paso por paso para tus problemas particulares, te invito a que leas los libros mencionados antes, *Matrimonio apasionado* y también *Intimidad y deseo* para obtener información específica.

Soy muy consciente de que la apertura de esta magnitud puede asustar a algunos lectores. Tal vez estés pensando: "¿Y si mi esposo piensa que soy rara o una pervertida? ¿Y si mi esposa me rechaza o le desagrada lo que tengo que decir?". Tal vez tu temor tiene que ver con expectativas culturales, religiosas, un historial de abuso sexual, ser rechazado o perder a un cónyuge, o simplemente estar paralizado por el ciclo de la rutina con el que te has familiarizado durante los últimos años. En este punto en el libro no tengo que recordarte que todas esas cosas son sentimientos y pensamientos del Sistema 1 que llegan con un conjunto de conductas predecible. En el pasado tal vez fueron importantes para tu protección. Ahora, si estás en una relación de pacto con un cónyuge de carácter sólido en quien confías que no te hará daño física o emocionalmente de ningún modo, estos temores del Sistema 1 no tienen ningún propósito y son obstáculos para el placer.

Dicho eso, siempre existe un riesgo en ser vulnerable. La película *Shadowlands* hace una crónica de la historia de C. S. Lewis y su primer y único amor, Joy, una poetisa de renombre. La pareja se casó en 1956, cuando Lewis tenía cincuenta y ocho años. Tristemente, tan solo cuatro años después Joy murió de cáncer de huesos. En la película, Lewis hace una afirmación profunda: "¿Por qué amar, si la pérdida duele tanto? Ya no tengo respuestas: solamente la vida que he vivido. Dos veces en esa vida se me ha dado la opción: como niño y como hombre. El niño escogió la seguridad, el hombre escoge el sufrimiento. El dolor es ahora parte de la felicidad de entonces. Ese es el trato".[13]

El amor, al igual que el desarrollo sexual, no puede existir sin vulnerabilidad. El amor no puede mantenerse en toda su plenitud sin la posibilidad de dolor o rechazo. Aunque la ausencia de autoexpresión y apertura garantizará un viaje seguro, probablemente será un viaje poco satisfactorio y aburrido. "Ese es el trato".

DESARROLLO CONJUNTO CON TU CÓNYUGE

A medida que desarrollas tu *Yo*, siendo cada vez más consciente y remediando tus inseguridades y otros problemas con el sexo y la intimidad, estás preparado para desarrollarte juntamente con tu cónyuge. El sexo entre dos *Yo* diferenciados combina las características carnales de la mente primitiva y las regiones del cerebro reptiliano con las facetas amorosas, inspiradoras e imaginativas del neocórtex. El sexo produce experiencias que reconfiguran de modo poderoso nuestro cerebro, renuevan nuestro espíritu, y dan un nuevo vigor a nuestras relaciones. El sexo de este modo es amoroso, adorable, erótico e incluso carnal, todo ello al mismo tiempo. Esto *mantendrá* alejado el aburrimiento.

Reconozco que los lectores de este libro estarán en diferentes fases de la vida y del desarrollo sexual. Como Arnold en *Hope Springs*, puede que tu cónyuge no tenga ningún interés o no esté preparado para emprender este viaje contigo. O tal vez tu cónyuge necesita trabajar primero en batallas o retos personales para estar preparado para la aventura.

Para quienes están comprometidos con un compañero dispuesto y aventurero que desea escalar esta montaña contigo, es fundamental establecer un nuevo equilibrio. Forma una alianza con tu compañero. Comprométete a embarcarte en la aventura emocionante del desarrollo sexual en conjunto. Observa que no dije que cada individuo en la relación se fusiona con el otro en codependencia; más bien, cada uno de ellos participa en la diferenciación del *Yo* del otro.

Comienza a avivar las llamas de la intimidad obteniendo una mejor comprensión de quién es tu cónyuge (sus esperanzas, sueños, temores, deseos). Tomen un tiempo para conversar con el otro sin los niños y sin hablar de pagar facturas, sacar la basura, o el calendario de fútbol del pequeño Juanito. Ya sea durante una única conversación o a lo largo de un periodo de charlas, dirige la conversación hacia temas de sexo e intimidad (deseos, fantasías, lo que te obstaculiza). Es importante hacerlo sin juzgar al otro. Agárrense de las manos durante este proceso para iniciar un entorno de amor y seguridad. Cuando cada persona haya sentido la seguridad del abrazo del otro, el deseo sexual comenzará a surgir de modo natural.

Las parejas pueden avanzar poco a poco a lo largo de todo el espectro de actividades sexuales que van desde el simple toque y el amor tierno hasta el sexo erótico, y comenzar de nuevo. Recuerda hacer este viaje un paso cada vez. Si llevas un año o incluso más en una sequía sexual en tu matrimonio, dale misericordia a tu *Yo*. No se espera de ti que esta noche enciendas llamas debajo de las sábanas. Esto tomará tiempo y paciencia.

Es importante subrayar que como ambos aportan equipaje de Sistema 1 al proceso, *alcanzarán* puntos muertos. Puede que tengas el ánimo de compartir una fantasía y sentirte rechazado cuando tu cónyuge no se emociona por oírla. O tal vez tienes ciertas expectativas de explorar un nuevo deseo sexual, pero la actividad no cumple con las expectativas cuando se produce realmente. Tal vez, en el proceso de explicar tus sentimientos o deseos, dices algo que parece condescendiente o incluso hiere a tu cónyuge sin ser esa la intención. Con frecuencia, dejar atrás el aburrimiento sexual requiere la creación de novedad sexual. Alguien tiene que iniciar la conversación, lo cual requiere una gran valentía. La nueva propuesta puede que no se reciba con una validación instantánea y esté fuera de la zona de comodidad del otro porque, por definición, se sitúa fuera de la categoría de "sobrante".

Ya sea que el conflicto surja cuando simplemente estés siendo vulnerable y diciendo a tu cónyuge tu deseo de reavivar su vida sexual, o cuando estés expresando tus fantasías sexuales, es normal y ha de esperarse. Es entonces cuando debes mantener una alianza fuerte. Los dos deben ser conscientes de que la intimidad y el desarrollo sexual son fundamentales y necesarios si quieren alejarse del sobrante sexual aburrido y volver a aportar pasión y emoción a su matrimonio.

Cuando se produce un estancamiento, debes mantener un *Yo* estable y flexible. No permitas que los reveses te desalienten.

Solucionen juntos el problema respetuosamente, ya sea por sí mismos como pareja o guiados por recursos como un consejero, libros o un taller. Es importante mantener vivo el ímpetu, ya que la incapacidad de atravesar conflictos en torno a la intimidad y el sexo puede ser una importante causa de divorcio y de aventuras amorosas.

Una de las herramientas más importantes a desarrollar es la capacidad de mantener la calma y aliviar tus propias heridas y deseos en lugar de emprenderla contra tu cónyuge. Mantén la calma, no reacciones en exceso, y al mismo tiempo no castigues a tu cónyuge alejándote o creando una distancia que daña la relación.

Ten en mente que, cuando el conflicto se maneja con gracia, sin enojo y sabiamente, puede fortalecer relaciones y reconfigurar nuestra mente más rápidamente que otra actividad. Manejar bien el estrés induce cambios genéticos que alteran el modo en que se expresan nuestros genes cerebrales, y esto a su vez altera la configuración cerebral que coordina de modo hermoso pensamientos, sentimientos, hábitos, sensaciones, conductas y emociones del Sistema 1 y el Sistema 2.

Reconfigurar tu mente en las áreas de la intimidad y el sexo probablemente será el viaje más difícil, más aterrador, y al mismo tiempo más emocionante que compartirás con otra persona en la vida. El modo en que tu cónyuge y tú se hagan camino a medida que la relación y las necesidades cambian, tiene muchas implicaciones para tu vida. Si manejas mal el viaje, permites que una niñez horrible gobierne tus emociones, o participas en ello de modo deshonesto y pensado para controlar o manipular, tendrás una vida sin intimidad y pasión sexual, y te perderás muchos de los mayores regalos de Dios para un matrimonio.

Desde la perspectiva de este capítulo, has de saber quién eres, ser fiel a tu *Yo*, y al mismo tiempo permitir que tu *Yo* sea vulnerable y flexible. Mediante este proceso, tu cónyuge y tú pueden encontrar amor, conexión, intimidad y deseo sexual de maneras inimaginables.

REFLEXIÓN: EL CAMINO HACIA RECONFIGURAR TU MENTE

1. ¿Estás presente emocionalmente durante el sexo? En caso contrario, ¿qué evita que eso suceda?

2. ¿Puedes ser vulnerable con tu cónyuge y expresar tus deseos sexuales? Si eso es difícil, ¿por qué?

3. ¿Experimentan conflicto tu cónyuge y tú cuando se trata de asuntos de intimidad y sexo? ¿Cuál consideras que es tu mayor obstáculo para experimentar más pasión?

4. ¿Cómo te gustaría que mejoraran tu intimidad y tu vida sexual? ¿Cuáles son algunos pasos que puedes dar por ti mismo y con tu cónyuge para que eso suceda?

PARTE 3

RECONFIGURA

Esta sección habla sobre recuperación. Encontrarás ejercicios intensos y transformadores autodirigidos y autoexploratorios, pensados para reconfigurar tu mente, de modo que puedas encontrar un cambio verdadero y duradero más allá de la lectura de este libro. Por favor, entiende que estos tres capítulos ofrecen un mapa de ruta preliminar para el viaje. Aunque se enfocan en un fondo emocional, entrega y perdón, esto es solamente un inicio. Como mencionamos en la parte 2, busca ayuda externa en tus áreas de lucha.

Una última cosa: debido a la intensidad de los ejercicios que se ofrecen en estos capítulos finales, no encontrarás preguntas de reflexión como en los capítulos previos.

11

¿QUIÉN SOY YO?

Eres un esclavo, Neo. Como todos los demás, naciste en
esclavitud, naciste dentro de una cárcel que no puedes oler,
gustar o tocar. Una cárcel para tu mente... Esta es tu última
oportunidad. Después de esto, no hay vuelta atrás.
Si te tomas la píldora azul, la historia termina. Despiertas en
tu cama y crees cualquier cosa que quieras creer. Si tomas la
píldora roja permaneces en Wonderland, y yo te muestro cuán
profundamente llega el pozo sin fondo. Recuerda:
lo único que te ofrezco es la verdad, nada más.

Morfeo, *Matrix*

Una de mis películas favoritas es el thriller de ciencia-ficción de
1999 *Matrix*. Me fascina la escena en la que Morfeo, el líder inspi-
racional y maestro de lo último de la raza humana verdaderamente
libre, ofrece a su pupilo Neo una elección entre una píldora roja y
una píldora azul. Con la píldora azul, Neo vivirá con el resto de la
humanidad en ignorancia de una realidad fabricada y controlada por

Matrix, un mundo virtual generado por computadora y dirigido por máquinas. Con la píldora roja puede vivir en el "mundo real", una vida basada en la verdad y llena de muchas incertidumbres y poco control.

A estas alturas eres consciente de que vives en matrix, un sistema no generado por computadora pero muy influenciado por tu mente inconsciente del Sistema 1. Mediante los ejercicios de autodescubrimiento que ofrecemos en este capítulo y los dos siguientes, yo mismo, al igual que Morfeo, te ofrezco una opción en cuanto al modo en que quieres vivir tu vida: paralizado o libre. Espero que este libro te haya convencido de que tu único camino hacia la verdad, el amor y la libertad es la "píldora roja". Solamente entonces puedes descubrir tu verdadero *Yo* y comprobar hasta dónde llega el pozo sin fondo.

La Biblia contiene 18 versículos que se enfocan en caminar en la oscuridad. Mi favorito es Isaías 42:16: *Conduciré a los ciegos por caminos desconocidos, los guiaré por senderos inexplorados; ante ellos convertiré en luz las tinieblas, y allanaré los lugares escabrosos. Esto haré y no los abandonaré.* Este versículo, y particularmente la palabra *tinieblas*, tiene sentido divino a la luz del dominio de nuestra mente inconsciente del Sistema 1.

Mediante las palabras del antiguo profeta Isaías, Dios deja claro que no tenemos que vivir encarcelados por las disfunciones emocionales del Sistema 1. Si así lo decidimos, Él puede convertir en luz la oscuridad que hay delante y dentro de nosotros. Él puede darnos el poder y la claridad para comprender y expresar nuestro verdadero *Yo*. Podemos dejar de vivir como robots y reaccionar de maneras predecibles y destructivas. Podemos tener la vida que deseamos.

AUTODESCUBRIMIENTO

En su libro *De qué te arrepentirás antes de morir*, Bronnie Ware documenta de modo hermoso los principales arrepentimientos y decepciones de pacientes moribundos que pasaron en sus casas sus últimas semanas de vida. Cuando les preguntaban qué habrían hecho diferente, casi todos decían que desearían haber tenido la valentía de vivir fieles a sí mismos, y no a lo que otros esperaban de ellos.[1] Tristemente, cuando estos pacientes reflexionaban en sus vidas, comprendían cuánto tiempo habían malgastado haciendo lo que no les gustaba o lo que no era más significativo.

No puedo evitar preguntarme si puedes identificarte con eso. Incluso en ausencia de los pasos de la muerte que se aproximan rápidamente, ¿puedes decir sinceramente que estás viviendo fiel a tu *Yo* (quién eres en lo más íntimo), tejiendo tus fortalezas y pasiones en el tapiz de una vida significativa?

Para mí, surgen tres preguntas fundamentales de la lectura de los arrepentimientos antes de morir:

1. ¿Es la muerte inminente el único evento lo bastante grave para impulsarnos a reflexionar en nuestra vida y descubrir nuestro verdadero *Yo*?

2. ¿Cómo comenzamos incluso a descubrir nuestro verdadero *Yo*?

3. Una vez descubierto, ¿cómo encontramos la valentía para expresar nuestro *Yo*?

Responderé primero a la pregunta inicial. No tienes que esperar a recibir una sentencia de muerte para comenzar a descubrir quién eres. Puedes comenzar en este momento. Los ejercicios en este capítulo son un mapa de ruta para ayudarte a comenzar el viaje de autodescubrimiento. Con respecto a la tercera pregunta, los dos capítulos siguientes, que desentierran los cimientos de rendición, perdón y libertad, te alentarán y te fortalecerán para expresar tu *Yo* verdadero.

Este proceso de autodescubrimiento requiere sinceridad y profundidad, y la activación del Sistema 2 para pensar y examinar preguntas difíciles. Parte de ello significa conectar con Dios mediante la oración sincera y contemplativa. Esto "no es otra cosa sino un compartir cercano entre amigos; significa tomar tiempo frecuentemente para estar a solas con Él (Dios), quien sabemos que nos ama".[2] Si verdaderamente quieres conocer tu *Yo*, incluyendo los motivos que hay detrás de tus acciones y sentimientos y el significado más profundo de tu vida, creo que necesitas perspectiva de parte de Dios. ¿Quién más te conoce mejor?

Si te preguntara quién eres, ¿cómo responderías? He descubierto que la respuesta por defecto casi siempre se centra en la carrera profesional o la paternidad. "Soy contador". "Soy mamá". "Soy actriz". "Soy médico". "Soy escritor". Puede que eso sea cierto, pero incluso si tienes el trabajo más importante del mundo, como el de ocuparte de tus hijos, no es eso quien tú eres. Acéptalo de un padre que ama profundamente a sus cuatro hijos adultos. Si defines tu identidad por tus hijos, cuando ellos abandonen el nido estarás perdido. Quiénes somos es mucho más que lo que hacemos. Se trata de lo que nos motiva, nos impulsa, nos da fuerzas para despertar cada día con alegría, significado y propósito.

En *Strangers to ourselves* [Extraños para nosotros mismos], Timothy Wilson dice: "Muchas de las disposiciones crónicas de las personas, sus rasgos y temperamentos son parte del inconsciente flexible, al cual no tienen acceso directo. Por consiguiente, las personas son forzadas a construir teorías acerca de sus propias personalidades de otras fuentes, como lo que aprenden de sus padres, su cultura y sí, ideas acerca de quién prefieren ser".[3]

En otras palabras, la percepción que tienes de tu *Yo* se basa en gran parte en una narrativa que creas a partir de todas las indicaciones que te rodean (cultural, familiar, círculos sociales) y en tu interior (sentimientos y conductas inconscientes). Puede que estés tan influenciado por las expectativas de tus iguales que formes una narrativa que encaje en lo que otros perciben como bueno o único. Sin embargo, hay un problema importante al hacer eso. Cuando la historia que cuentas acerca de tu *Yo* no es auténtica y no es consistente con quién eres realmente, quedas atascado entre dos mundos en conflicto, tu propia matrix generada por el *Yo*. Por lo tanto, el truco está en encontrar la narrativa *real*, la que está en tu interior y representa quién eres realmente, cómo te sientes en realidad, y lo que verdaderamente da significado a tu vida.

EL INCREÍBLE PODER DE LAS AUTONARRATIVAS

El *Yo* oculto y verdadero en tu interior quiere desesperadamente ser revelado y entendido para que así puedas poner tu vida en contexto. El camino para comenzar a darle sentido a tu vida y descubrir quién eres es relatar tu historia. Por casi veinte años, James Pennebaker, estimado profesor de psicología en la Universidad de Texas en Austin y autor de varios libros, incluyendo *Writing to Heal* [Escribir para sanar], estudió el impacto de escribir autonarrativas sobre la salud mental y física de los individuos. Descubrió que el sencillo acto de escribir acerca de nuestras vidas, incluyendo nuestros pensamientos sinceros y experiencias desafiantes, es un camino hacia la sanidad, el autodesarrollo y el bienestar general.

Miles de personas que representan todos los ámbitos, desde alumnos universitarios hasta prisioneros en cárceles de máxima seguridad o mamás primerizas, participaron en esos estudios. Estas personas escribieron acerca de los eventos más significativos en sus vidas, sus pasiones, y sus pensamientos y sentimientos más profundos. Eso les ayudó a crear un marco comprensible desde el cual verse a sí mismos, tal vez por primera vez en sus vidas. Muchos fueron conscientes de los roles destructivos que desempeñaron sus emociones y conductas en sus experiencias más dolorosas. Otros comenzaron a entender que sus acciones no siempre representaban de modo preciso quiénes eran en realidad o quiénes querían ser. Tal vez lo más importante es que esos participantes comenzaron a juntar cuánto y por qué comenzaron las disfunciones emocionales del Sistema 1 y cómo esos patrones tóxicos aplastaron con el tiempo lo que ellos deseaban más para sus vidas.

Yo hice esta misma tarea hace unos diez años atrás después de la recomendación de un terapeuta. Al principio me resistí. Parecía una tontería psicológica, una pérdida de mi precioso tiempo. Al final, sin embargo, me rendí y comencé a escribir. Al principio, el proceso fue parecido a cuando Forrest Gump comenzó a correr y terminó corriendo por tres años. Yo escribí durante semanas. La narrativa comenzó con mis sentimientos profundamente arraigados acerca de estar en el edificio para "retardados", las incidencias de acoso infantil, y las experiencias dolorosas del abuso sexual. Las palabras se derramaban en la hoja casi incontrolablemente. Esta actividad ayudó a liberar mis sentimientos reprimidos que necesitaban desesperadamente ser expresados para así poder comenzar a ser libre de su poder.

En el lado contrario, me sorprendió cuán difícil fue escribir acerca de lo que me hacía feliz y me daba placer y alegría. Claro que podía escribir acerca de mis "grandes" logros y premios, los nacimientos de mis cuatro hijos y otros acontecimientos importantes en mi vida, pero parecían ser solamente una lista de recuerdos positivos. Me decían poco acerca de mi *Yo*. Finalmente, descubrí un hilo común de ayudar a quienes eran menos afortunados que yo. Sin embargo, aunque tenía una indicación de que hacer eso era una fuente de alegría, propósito y significado, no estaba totalmente seguro.

Escribir mi historia avivó en mi interior emociones intensas. Por una parte, sentí deleite al celebrar mi vida hasta ese punto. Por otro lado, me abrumó una profunda tristeza ante el dolor que había experimentado y había causado en otros. Sin embargo, mediante esas emociones, escribir mi historia me proporcionó una gran perspectiva acerca de mí mismo como persona. Aprendí lo que más quería en este mundo y por qué con frecuencia sentía una desconexión entre mis deseos más profundos y mis conductas. Creo que el resultado más importante de este ejercicio fue que sacó a la luz mi depresión y mi falta de alegría a pesar de mis increíbles esfuerzos por ser un buen esposo, un buen padre, un buen científico, un buen cristiano, y definitivamente un buen hombre.

Ese fue un momento crucial en mi vida. Comencé a comprender cómo mis experiencias del pasado me hicieron sentir inferior, indigno y despreciable, y por qué durante ciertos periodos en mi vida había actuado de modo muy impropio en un esfuerzo desesperado por demostrar mi valor ante mí *Yo* y ante otros. Escribir mi historia me ayudó a identificar y nombrar el problema principal que evitaba que yo fuera la persona que quería ser.

TU TURNO: EJERCICIO 1A

Este primer ejercicio de autoexploración forma la base para los ejercicios restantes en este capítulo y en el resto de este libro. Escribe la historia de tu vida en un diario o en una computadora. Enfócate en tus acontecimientos positivos y negativos más significativos, experiencias y relaciones.

A continuación, tienes algunas preguntas para ayudarte a dar forma a tus ideas. ¿Qué experiencias te han producido la mayor alegría, agrado o significado? ¿Qué te ha causado tu mayor dolor? ¿Cuáles son tus mayores logros y errores? Reflexiona sobre tus relaciones más importantes (con tus padres, cónyuge, personas importantes, amigos, familiares) y cómo han afectado tu vida positiva y negativamente. Además, considera tu presente y tu futuro. ¿Qué está sucediendo ahora? ¿Te diriges en una dirección positiva, o te sientes atascado? ¿Es tu vida hasta este momento un reflejo de las pasiones y las metas que tenías cuando eras más joven? ¿Qué quieres conseguir con el resto de tu vida? ¿Cuál crees que es tu mayor obstáculo para lograr que eso suceda?

Estos son algunos consejos útiles al comenzar.

+ Encuentra un tiempo y un espacio que sean seguros y cómodos para que puedas escribir libre de distracciones. Podría significar en la mañana temprano, antes de que tu cónyuge o tus hijos se despierten, o bien avanzada la noche.

+ Comienza con un tiempo de oración contemplativa. Pide al Espíritu Santo que te revele la verdad de quién eres. La Biblia nos dice: *Ningún ojo ha visto, ningún oído ha escuchado, ningún corazón ha concebido lo que Dios ha preparado para quienes lo aman. Ahora bien, Dios nos ha revelado esto por medio de su Espíritu, pues el Espíritu lo examina todo, hasta las profundidades de Dios* (1 Corintios 2:9-10). Es un testamento al poder de examen del alma por medio del Espíritu Santo.

+ El único requisito o regla es que seas totalmente sincero. Esto es importante porque el ejercicio es una herramienta para ayudarte a descubrir tu *Yo* verdadero.

+ No hay límite de tiempo para este ejercicio. Puedes escribir por quince a veinte minutos cada día durante una semana o más, o apartar un periodo de tiempo más extenso y terminar tu narrativa en un par de días.

+ No pienses demasiado este ejercicio ni te preocupes por la puntuación o la gramática. No es un trabajo académico.

+ Si te quedas atascado, simplemente escribe lo que llegue a tu mente. Permite a tu mente ser libre para expresar tu *Yo*.

♦ Esta puede ser una experiencia emotiva para ti. Eso está bien. De hecho, es bueno. Siente tus emociones y escríbelas, por intensas que puedan parecer. Si sientes que estás comenzando a sentirte demasiado emotivo o deprimido durante este proceso, busca ayuda externa con un consejero o un asesor espiritual profesional.

Tras escribir tu historia, déjala a un lado durante uno o dos días y después vuelve a leerla. Reflexiona en si la narrativa que creaste refleja o no el *Yo* verdadero. La falsificación del *Yo* no tiene ningún propósito y solamente te confundirá y evitará que descubras quién eres y te muevas en una dirección que mejorará tu vida. Puedes seguir escribiendo y revisando esta narrativa si así lo deseas.

TÚ MISMO CON OTRAS LENTES

A menudo me meto en problemas en el trabajo. Soy un rebelde por naturaleza, un luchador, apasionado y expresivo, especialmente cuando se trata de causas que me interesan profundamente. Otros perciben a menudo esta característica como contracultural, políticamente incorrecta o incluso arrogante. Aunque ahora aprecio esta parte de mi *Yo*, no siempre la comprendía. Llegó a su punto crítico hace varios años atrás cuando conversaba con un buen amigo que estudia la conducta humana. Yo me quejaba con él acerca de estar siempre en medio de la controversia y de ser la diana de gran parte de las críticas de mis colegas.

Exasperado, dije: "Aborrezco las discusiones. Aborrezco estar en medio de esos debates científicos y de política de salud. Y aborrezco tener que enfrentar todos esos problemas. Las personas me odian. Me gustaría ser un profesor normal, como todos los demás". Lo dije sinceramente; al menos eso pensaba.

Mi amigo simplemente se rio y dijo: "Ski, yo estudio la conducta humana cada día, y puedo decirte que nunca he visto a nadie a quien le guste enfrentarse a causas importantes más que a ti. Te encanta ser un rebelde. Simplemente no disfrutas del costo de serlo".

Dio en el clavo. Si quería que la historia que le cuento a mi *Yo* acerca de quién soy fuera más consistente, necesitaba incorporar esta perspectiva. Él, como las personas que nos conocen perfectamente, vio como una fortaleza de carácter lo que yo percibía como una narrativa de autoimagen negativa. Y tal vez lo más importante es que me ayudó a comprender que tengo una potente respuesta inconsciente que hace que defienda lo que creo que es correcto. En la actualidad acepto los aspectos no conformistas de mi *Yo*. Me gusta conscientemente la idea de liderar rebeliones con un propósito. Esta comprensión me ayuda a soportar mejor e incluso anticipar las críticas y la presión que conllevan desafiar el *statu quo*.

TU TURNO: EJERCICIO 1B

Como acabo de mostrar, la percepción que tienen otras personas de nosotros puede ser drásticamente diferente a nuestra propia perspectiva. Muchas veces, ¡ellos son incluso más positivos! Por eso es importante obtener una segunda opinión sobre tu narrativa. Es bastante posible que lo que escribiste inicialmente pueda estar totalmente o en cierto modo alejado de quién eres en realidad. Si ese es el caso, el ejercicio anterior no será útil.

De ahí que tu próxima tarea es sentarte con un amigo de confianza, familiar, consejero o asesor espiritual profesional y compartir tu historia con esa persona. A menudo resulta útil si esa persona conoce al menos parte de tu viaje. También es imperativo que te sientas seguro al compartir tus sentimientos y experiencias más profundas con esa persona. Pide a esa persona que lea tu historia y haga comentarios. También puedes comunicar verbalmente tu historia si no te sientes cómodo al proporcionar la narrativa escrita.

Pide a esa persona que te diga cómo tu narrativa está en consonancia con el modo en que él o ella te percibe a ti y tu viaje. Comparar cómo ves tu propio *Yo* con cómo te ven quienes te conocen, a menudo revelará inconsistencias positivas y negativas, incluyendo puntos ciegos, fortalezas de carácter ocultas y pasiones no descubiertas. Añade cualquier perspectiva nueva obtenida de esta segunda opinión a tu narrativa original.

Toma tu tiempo con este proceso. La precisión de tu narrativa será fundamental a medida que explores todavía más tu *Yo* en los dos siguientes capítulos.

LA CONEXIÓN DE LA PASIÓN

Como profesor en dos programas importantes en la facultad de medicina de Wake Forest, entrevisté a decenas de solicitantes para el programa de doctorado. Mi primera pregunta es siempre la misma: "¿Qué es lo que te apasiona?". Aunque ocasionalmente recibo respuestas como "Convertirme en un gran educador", "Ayudar a otros", o "Comprender los misterios de la ciencia", por lo general recibo una mirada perdida. Me resulta fascinante que esos alumnos que trabajaron tan duro para llegar hasta ese punto en sus carreras académicas no se comprenden a sí mismos lo bastante bien para conocer sus pasiones y lo que da significado a sus vidas. En el capítulo 5 hice hincapié en que, para que nuestras vidas tengan significado, debemos amar a otros. Amar a otros puede ser tan sencillo como comprobar cómo está un vecino anciano o educar a una sala llena de alumnos de secundaria en matemáticas. Sin embargo, este es el truco: hacemos un mejor trabajo a la hora de amar al mundo en nuestras áreas de pasión. Por eso es importante que descubramos cuáles son.

Hasta los últimos años, siempre que me preguntaban qué hacía para ganarme la vida, yo decía: "Soy científico" o "Soy profesor en un centro médico". Sin embargo, esa respuesta normalmente hacía que la conversación se dirigiera hacia cierta dirección, y yo pasaba la hora siguiente hablando sobre lo que estuviera investigando en ese momento. Ahora bien, no me malentiendas. Amo la ciencia y la investigación. Tengo una inclinación natural hacia estos dos campos que he desarrollado meticulosamente. Sin embargo, no siento pasión por ellos por causa de la ciencia y la investigación. Si no estuvieran en consonancia con mi pasión real en la vida, me matarían de aburrimiento.

Me tomó gran parte de mi vida, incluyendo escribir mi autonarrativa y un viaje a África muy influyente, averiguar lo que me apasiona. Durante ese tiempo descubrí que Dios me ha dado el don de la compasión. Por consiguiente, me apasiona emplear mi tiempo en la tierra ofreciendo soluciones para mejorar las vidas de las personas y hacer que sean más fáciles y alegres.

Mi conocimiento científico y mi investigación son simplemente herramientas eficaces que me permiten llevar a cabo mi pasión y dar un significado más profundo a mi vida. Paso horas en un laboratorio no porque me encanta estar encerrado entre cuatro paredes y rodeado de tubos de ensayo, instrumentos sofisticados y computadoras muy potentes, sino porque me apasiona diseñar alimentos terapéuticos para el desarrollo del cerebro y el sistema inmune para niños gravemente malnutridos en África e India. He pasado años investigando la plasticidad del cerebro no solo para aumentar mi base de conocimiento sino también para utilizar esa comprensión para ayudar a otros a reconocer lo que no está funcionando en sus vidas y guiarlos hacia un camino mejor.

La mayoría de las personas no pueden responder preguntas como las siguientes: ¿Quién eres? ¿Qué es lo que te apasiona? ¿Qué da significado a tu vida? porque a menudo están demasiado ocupadas y son inconsistentes con sus autonarrativas para desarrollar una filosofía de vida significativa. En esta era moderna en la cual las carreras profesionales a menudo ocupan el centro, es fácil menospreciar o incluso olvidar por completo nuestras verdaderas pasiones. Muchas personas trabajan incansablemente ya sea para satisfacer necesidades básicas o para comprar esa casa que vale un millón de dólares. La investigación social de la que hablamos en el capítulo 8 indica que el dinero y la riqueza se han convertido en pasiones para muchos jóvenes profesionales. No puedo enumerar el número de veces que he sido testigo de cómo personas que emplearon sus vidas y cientos de miles de dólares para obtener una maestría y un doctorado batallan con sus vidas a diario simplemente porque ser doctor no era su verdadera pasión.

Parte de descubrir quién eres es desatar tus primeros principios y determinar las verdaderas pasiones que dan significado a tu vida.

TU TURNO: EJERCICIO 2

El objetivo de este ejercicio es descubrir qué es lo que te apasiona y cómo puedes combinar eso con tus fortalezas para vivir de un modo que dé significado a tu vida.

Repasa de nuevo tu narrativa. Lee las experiencias que te causaron la mayor alegría, placer y significado. Piensa en lo que te motiva, lo que te da propósito, lo que te impulsa. ¿Cuándo te has sentido más vivo, más en sintonía con tu *Yo* verdadero? Si aceptas que amar a los demás es lo que da significado a tu vida, ¿cómo has amado al mundo hasta ahora? Tus respuestas a esas preguntas ayudarán a conducirte hacia las pasiones que dan significado a tu vida. A medida que escribas, encontrarás temas comunes que desatarán tus pasiones. Anótalos.

Ahora, considera tus fortalezas. ¿Qué te resulta natural y te gusta hacer? ¿Qué puedes hacer que ninguna otra persona puede hacer o que tú haces de modo diferente y mejor? ¿Qué actividades te dan energía y te ayudan a desempeñarte al máximo? Ahora, enumera las que crees que son tus tres mayores fortalezas. Si te resulta difícil responder a estas preguntas, conversa con la persona de confianza con la que compartiste tu narrativa para que te ayude a determinar cuáles son. Anótalas.

Finalmente, escribe cómo crees que puedes combinar más eficazmente tus fortalezas con tus pasiones. A continuación, tenemos un ejemplo. Una amiga mía es contadora pública cuya pasión es enseñar a otros acerca de administración de las finanzas para que puedan mejorar sus vidas. En su tiempo libre y de modo gratuito, aconseja a individuos con bajos ingresos sobre la base de presupuestar y ahorrar. A su vez, esto ayuda a dar significado a su vida.

No espero que tú lo averigües en un día o dos. Toma tu tiempo con este ejercicio. Cuando unas tus pasiones y tus fortalezas, puedes comenzar a desarrollar un mapa de ruta específico que proporcionará propósito a tu vida.

Me gusta mucho esta cita que a menudo se atribuye a Oscar Wilde: "Sé tú mismo. Todos los demás ya están ocupados". No es fácil comenzar el proceso de descubrimiento de encontrar tu *Yo*. Requiere mucho trabajo y probablemente algunas lágrimas derramadas. Sin embargo, aquí estás, es de esperar que más arraigado en tu identidad como nunca antes lo habías estado. Estoy muy orgulloso de que estés comenzando a desatar una nueva visión de tu vida. Ahora que tienes una mejor idea de quién eres y dónde deseas ir, es el momento de detectar y llamar la atención a los obstáculos que evitan que hagas ese viaje.

12

RENDICIÓN

Muchas veces me he sentido impulsado a arrodillarme
por la abrumadora convicción de que no tengo
ningún otro lugar donde ir. Mi propia sabiduría y la de quienes
me rodean parecía insuficiente para ese día.

Abraham Lincoln

"Un día —mi entonces esposa amenazó— te abandonaré". Sus palabras resonaron en mis oídos. Sin importar con cuánta fuerza intentara convencerme a mí mismo de lo contrario, en lo profundo de mi corazón sabía que ella decía la verdad. Se iría. Sencillamente yo no sabía cuándo.

Tres meses después, mientras manejaba hasta la casa después de un día difícil en el trabajo, sentía mi mente pesada, abrumada por un presentimiento que me carcomía. Cuando atravesé la puerta de entrada de la casa que habíamos compartido por tres años, mis peores temores se cumplieron. Fotografías y dibujos habían sido eliminados de las paredes, y había solamente clavos en esos lugares. Me quedé asombrado mientras la bolsa de mi computadora caía de mis dedos y aterrizaba en el piso de un golpe. Corrí hasta el cuarto y fui testigo de más pruebas de la partida abrupta de mi esposa. Sus armarios estaban vacíos, y los cajones también. Objetos personales en el cuarto de baño ya no estaban. Mi corazón latía con fuerza en mi pecho mientras pensaba en mi querida hijastra. *Una última esperanza.* Con presión en el pecho, fui apresuradamente al piso de arriba hasta su cuarto, solamente para derrumbarme todavía más. Ropa, baratijas, libros, fotografías: no había nada.

Mi mente daba vueltas. Bajé lentamente las escaleras hasta un rincón en el pasillo. En posición fetal, lloré con tanta fuerza que mis hombros temblaban y apenas si podía respirar. Estaba solo. Me sentía perdido, vacío, apenado por un matrimonio que finalmente había terminado de modo tan terrible.

Antes de que sientas lástima por mí, has de saber que me merecía mi destino. Mi exesposa no era únicamente a quien había que culpar de nuestra relación fallida. Ambos teníamos culpa. Ella y yo éramos personas maravillosas y profundamente defectuosas que debido a los temores e inseguridades de nuestro Sistema 1 en hiperactividad, se habían destruido el uno al otro metódicamente a lo largo del curso de nuestra relación. Para ser justos, el matrimonio probablemente estaba abocado al fracaso desde el inicio. No solo los dos habíamos soportado experiencias difíciles y muy influyentes en la niñez con las que no habíamos lidiado, sino que también habíamos conectado no mucho tiempo después del final de matrimonios destructivos de largo plazo (mi primer matrimonio acababa de terminar como resultado de conductas, sentimientos y reacciones similares y devastadoras del Sistema 1 en hiperactividad debido a pasados difíciles que ninguno de nosotros había abordado). La combinación de estos factores proporcionó la receta perfecta para un segundo desastre matrimonial.

Cuando sufrimos por emociones y conductas del Sistema 1 en hiperactividad, es probable que nos veamos atraídos a otras personas que sufren por problemas similares. Esto da como resultado una fusión malsana que finalmente destruye la relación o nos envenena mediante el acoso continuo de la guerra civil. Estas mismas dificultades relacionales se extienden a la siguiente relación y a la siguiente, incluso de generación en generación, hasta que alguien tenga la valentía de detener el ciclo.

Tanto mi segunda exesposa como yo nos transferimos el uno al otro sin darnos cuenta gran parte de nuestras experiencias devastadoras del pasado. Había veces en el fragor de horribles peleas en las que nos llamábamos el uno al otro con el nombre de personas significativas de nuestro pasado. No sabíamos por qué nos peleábamos, pero individualmente estábamos en medio de batallas con los fantasmas del ayer.

Para ser totalmente justo, ella no fue la primera en alejarse. Incapaz de lidiar con mis propias emociones y mi *Yo* profundamente quebrado e indiferenciado, yo me había ido furioso en varias ocasiones durante discusiones especialmente hostiles, sin regresar durante días y algunas veces incluso semanas. Me negaba a ser vulnerable al rechazo de nuevo. A veces sentía que preferiría morir antes de experimentar esa fuerte reacción de la niñez de ser despreciable, una emoción con la que estaba demasiado familiarizado. Desparecí en mi trabajo. Pensaba que si empleaba muchas horas, dirigía suficiente investigación transformadora, publicaba suficientes trabajos científicos, conseguía suficientes subvenciones, comenzaba suficientes empresas y escribía los libros suficientes, de algún modo podría ser digno de amor y todas las cosas malas desaparecerían por arte de magia.

En caso de que te lo preguntes, antes de su partida mi esposa y yo empleamos un año visitando a tres consejeros cristianos (uno para mí, otro para ella, y otro para los dos) con la esperanza de salvar nuestro matrimonio. Muchas de nuestras sesiones de consejería se enfocaban en nuestros sentimientos y en la anatomía de nuestras peleas. En retrospectiva, con todo el respeto a esos terapeutas, esas cosas no importaban, y remediarlas no podía salvar nuestro matrimonio. El problema estaba en nuestros pasados individuales. Teníamos que reconocer que nuestros sentimientos el uno hacia el otro eran simplemente emociones, ilusiones, ecos y repercusiones del Sistema 1 de experiencias previas que estaban siendo redirigidas el uno hacia el otro. Desgraciadamente, no nos ofrecieron ese mensaje.

Observemos en la siguiente ilustración (Figura 12.1) que, en una relación malsana, las dos personas intentan lanzar flechas a sus problemas, pero debido al temor, la transferencia, los apegos paternales y otras experiencias que se interponen entre ellos, terminan lanzándose flechas mutuamente. Como contraste, en una relación sana las dos personas son aliadas en lanzar flechas a sus problemas, no el uno al otro. De manera trágica, mi exesposa y yo éramos como la primera pareja.

Figura 12.1

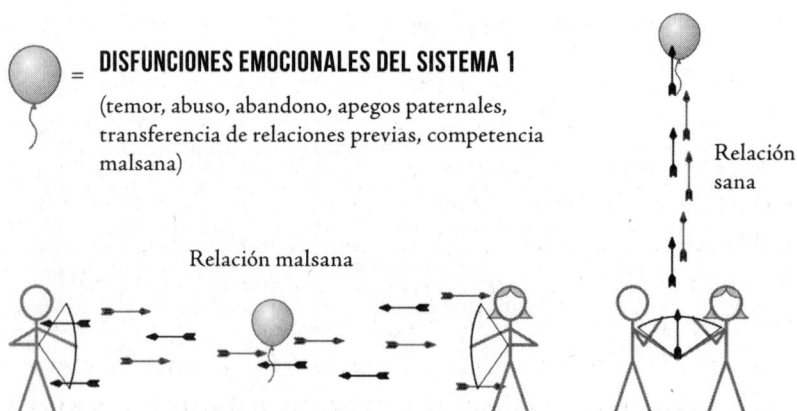

DISFUNCIONES EMOCIONALES DEL SISTEMA 1
(temor, abuso, abandono, apegos paternales, transferencia de relaciones previas, competencia malsana)

Relación sana

Relación malsana

TOCAR FONDO: EL CIMIENTO DEL CAMBIO

Gran parte de los dos últimos años de mi matrimonio fue difícil, para decirlo suavemente. Mi salud se deterioró de modo drástico. Tomaba antidepresivos y medicamentos para la presión arterial alta. También lidiaba con las primeras etapas de la misma forma agresiva de cáncer de próstata que había matado a mi papá.

Yo era un desastre emocional, devastado por sentimientos abrumadores de culpa, vergüenza y bochorno por la creciente desconexión y lucha entre mi entonces esposa y yo. Aunque siempre había soñado con tener un buen matrimonio que perduraría para siempre, estaba ayudando a arruinar lo único que más me importaba e hiriendo profundamente a nuestros hijos en el proceso. No solo le estaba fallando a mi familia, sino que también estaba decepcionando a mi comunidad espiritual. Aunque había ocupado lugares de liderazgo en las iglesias presbiteriana y metodista, y conocía y estudiaba constantemente la Biblia y obras de grandes autores como C. S. Lewis, la Madre Teresa y Dietrich Bonhoeffer, no podía mantener unida a mi familia. Lo que más daño me hacía, sin embargo, era pensar que había decepcionado a Dios. Aunque lo amaba con todo mi corazón, con toda mi alma y con toda mi mente, temía que había caído de su gracia.

Por ilógico que eso me parezca ahora, unos meses antes de que mi exesposa me abandonara comencé a creer también que mis fracasos y mis pecados habían causado todas las tragedias en mi vida, incluyendo el accidente de tráfico y la posterior parálisis de mi hijo Josh. Este pensamiento era particularmente aterrador porque tenía el potencial de destruirme por completo. Podía manejar la culpabilidad por las malas decisiones que habían conducido al fracaso de mi primer matrimonio y lo que parecía un segundo divorcio inevitable. También podía aceptar razonablemente que en cierto modo, en un universo balanceado, mis errores habían conducido a mi diagnóstico de cáncer. Sin embargo, no podía manejar ser responsable de la calamidad de mi hijo. ¿Habían recaído sobre mi hijo las consecuencias de mis pecados? Si eso era cierto, no podría soportar vivir.

Ahí toqué fondo.

Tocar fondo con respecto al alcoholismo es "el lugar al que debe llegar un alcohólico antes de que finalmente esté preparado para admitir que tiene un problema y pida ayuda".[1] Puede ser la quinta vez que maneja bajo los efectos del alcohol, despertarse tirado en el suelo en una ciudad que no conoce sin tener ni idea de cómo llegó hasta allí, perder la custodia de sus hijos, o simplemente estar harto de estar harto. Aunque tocar fondo en una adicción se ve diferente para cada persona, a menudo es visible y definible. Y, por lo general, es el catalizador del cambio.

Desgraciadamente, como tenemos poca comprensión y pocos sistemas de apoyo para personas que sufren disfunciones emocionales como resultado del Sistema 1 en hiperactividad, tocar fondo y salir del agujero es más difícil de expresar. Esta es una razón importante por la cual he escrito este libro y en particular este capítulo: para ayudar a otros a sentir dónde están en sus batallas emocionales y cómo puede verse el tocar fondo para alguien con disfunciones del Sistema 1. Esta comprensión finalmente allana el camino hacia la transformación.

Cuando puedes nombrarlo, puedes admitirlo y estás preparado y comprometido a remediar tus disfunciones emocionales del Sistema 1, estás en la base de la colina del cambio. Ahora que este libro se acerca a su fin, confío en que estás cerca. Has llegado lejos. Has comenzado a mirar al interior de tu *Yo* y a reconocer tus puntos problemáticos. Puede que seas consciente de las disfunciones emocionales particulares del Sistema 1 en hiperactividad que te inundan y abortan el movimiento positivo hacia delante. O tal vez necesitas más ayuda. Si es tu caso, el ejercicio siguiente te ayudará a poner nombre a tu disfunción emocional.

TU TURNO

En el capítulo anterior, los ejercicios exploratorios se enfocaban en descubrir quién eres, la historia de tu vida, lo que más te apasiona, y lo que da significado y alegría a tu vida. Ahora es el momento de abordar el difícil viaje de descubrir las disfunciones del Sistema 1 que han evitado que expreses tu *Yo* verdadero.

Vuelve a leer la historia que escribiste en el capítulo anterior. Puede que hayas tenido una gran dificultad para vivir tus pasiones y encontrar significado en tu vida. Gran parte de esa incapacidad se debe probablemente a eventos y relaciones del pasado que han conducido a temores aumentados, problemas de transferencia y apego, y otras disfunciones. Tras la lectura de este libro, al responder a las preguntas al final de cada capítulo y escribir tu autonarrativa, probablemente tienes una idea de cómo se ve en tu vida el Sistema 1 en hiperactividad. En este ejercicio, tu Sistema 2 está en la búsqueda de destapar la megasuperautopista del Sistema 1 en tu mente.

1. Comienza con oración. Pide a Dios que te ayude a revelar patrones y conductas negativos que son perjudiciales para tu bienestar y tu autoexpresión.

2. Pon nombre a tu disfunción emocional (pueden ser más de una). Probablemente experimentaste de niño, o incluso como adulto, eventos difíciles, estresantes o incluso traumáticos que influyeron de modo significativo y particularmente negativo en ti. ¿Cuáles son las relaciones más críticas que tuviste y que han afectado más tu vida y produjeron conflicto interno y externo? ¿Cómo han afectado esas experiencias tus relaciones con otros y tu calidad de vida en general? Por ejemplo, tal vez soportaste abuso emocional, físico, u otra forma de abuso o abandono por parte de un padre o una madre, y ahora transfieres de modo

inconsciente esas emociones a otra persona importante. Quizá tú o alguien a quien querías sufrió por un trauma que produjo en ti una necesidad de control o un temor excesivo que ha arrebatado la alegría a tu vida. Puede que tengas dificultad para perdonar a otros, o te frustras fácilmente por pequeñas cosas que obstaculizan tus metas; quizás la tristeza inunda tu vida, o tal vez tienes tendencia a juzgar a otros de forma negativa, o eres autocrítico hasta un grado excesivo; tal vez evitas personas y situaciones que podrían sacar a la luz tu rechazo. Estas son solamente algunas de las muchas disfunciones emocionales posibles.

3.   Basándote en lo que has escrito antes, ¿has tocado algún fondo emocional o te diriges hacia uno? O, ¿simplemente existes, viviendo en un mundo soñado difícil pero sin llegar a despertar realmente, haciendo un viaje lento pero tortuoso por un camino muy transitado que probablemente terminará con lamentos? ¿Estás dispuesto a hacer algo al respecto para cambiar la trayectoria de tu vida?

4.   Comparte esta parte de tu historia con la misma persona que leyó la primera parte en el capítulo anterior. Pide comentarios a esa persona. ¿Es consistente tu perspectiva de tus disfunciones emocionales con el modo en que esa persona interpreta tu experiencia y tu vida?

5.   Este ejercicio puede ser particularmente emotivo para ti, y puede desenterrar ansiedad, tristeza o enojo. Si es necesario, reúnete con un consejero o asesor espiritual profesional para explorar estos problemas y trabajar en ellos.

Ahora que tienes un nuevo marco conceptual para tus disfunciones emocionales, es momento de cambiar. El trabajo de autoexploración es esencialmente inútil a menos que utilices esa información para comenzar el proceso de transformación.

LA NEUROCIENCIA SUBYACENTE DETRÁS DEL CAMBIO

El cambio no es un evento; es un proceso. En el capítulo 4 comparé la ciencia cerebral de las emociones y conductas de nuestro Sistema 1 con la autopista más concurrida en los Estados Unidos: la I-405 de catorce carriles, y la plasticidad del cerebro con la empresa ficticia de construcción de autopistas Neurogénesis. Como resultado de los eventos negativos en mi niñez, desarrollé una autopista de circuitos cerebrales que rodeaba mis temores del Sistema 1 de no ser digno o merecedor de amor. A medida que experimenté rechazo y otros eventos similares más adelante en la vida, la autopista se hizo más grande y más fuerte. Durante el curso de mi vida, específicamente al repetir conductas de lucha o huida del Sistema 1 en mis relaciones, no era consciente de que estaba construyendo megasuperautopistas incluso mayores, relacionadas con el abandono, el rechazo y el temor. Cuando comencé el proceso de rendir mis disfunciones emocionales, de lo cual hablaré enseguida, fue el momento de deconstruir viejas megasuperautopistas y crear otras nuevas.

Creo que rendir a Dios (o a un poder superior, para usar el lenguaje de Alcohólicos Anónimos) tus disfunciones del Sistema 1, tu vieja manera de vivir y de pensar, proporciona el mecanismo fundamental que hace posible la reconfiguración del cerebro. Este proceso permite a tu inconsciente prestar menos atención a sentimientos y conductas estresantes porque "sabe" que las entregaste a Dios. Esto reduce el número de impulsos nerviosos que se mueven por las megasuperautopistas establecidas del Sistema 1 en tu mente. Recuerda que la regla de oro de la plasticidad del cerebro es que los circuitos o autopistas que más se usan se hacen más fuertes, y los que no se usan se debilitan y finalmente se deterioran. La rendición abre a tu

Yo, tu mente, a la posibilidad de construir nuevos circuitos hacia el bienestar. En la ilustración del capítulo 4 "Un Sistema 1 balanceado / Respuesta del Sistema 2", recuerda que la rendición se muestra como el operador de martillo neumático que rompe los carriles extra del Sistema 1.

Al principio, el cambio es muy difícil. Tu mente sigue queriendo utilizar las megasuperautopistas que le resultan familiares, sin importar cuán emocionalmente destructivas sean. Sin embargo, cuando entregas a Dios esas autopistas y escoges con el razonamiento de tu Sistema 2 utilizar carreteras nuevas mediante prácticas diarias (mencionaré algunas de ellas), carreteras recién formadas comienzan a ampliarse rápidamente y convertirse en autopistas de dos carriles. Con el uso continuado, finalmente se transforman en megasuperautopistas que si se transitan continuamente, conducirán hacia un destino de paz, alegría, contentamiento y sanidad.

Puedes ver cómo la rendición se sitúa en el epicentro de cualquier transformación. No puedes simplemente desear que tu *Yo* deje hábitos y tendencias dañinos que surgen en tu inconsciente. ¡El control es tu enemigo! ¿No me crees? Tan solo mira lo que sucede cuando intentas cambiar al continuar controlando tus pensamientos, acciones y conductas con tu propia voluntad. Simplemente estás usando las mismas megasuperautopistas que te metieron en problemas en un principio.

Tal vez has dicho algo parecido a lo siguiente: "Mañana comenzaré a ser más paciente con mis hijos y nunca volveré a gritarles". "Esta es la última vez que estoy con otra mujer en un viaje de trabajo". "Esta vez sí que dejaré de fumar". Al decir esas palabras y desear con fuerza que se produzca el proceso, estás plenamente seguro de que tu deseo de cambiar es lo bastante fuerte para hacer que suceda. El control no puede coexistir con la rendición; por el contrario, es un sabotaje. Bien podrías estar de pie en medio de la ajetreada I-405 moviendo tus brazos y gritando a todo vehículo que se mueve que se detenga, y esperar que eso suceda. Recuerda que millones de señales nerviosas por día viajan por las superautopistas del Sistema 1 de tu cerebro. Solamente tu voluntad consciente no puede detener ese tránsito rápido de pensamientos inconscientes, recuerdos, emociones y sensaciones. Todas las veces te atropellarán.

UNA TRANSFORMACIÓN DIRIGIDA POR EL SISTEMA 2

La transformación requiere una decisión consciente del Sistema 2 y un compromiso firme a que tu vida sea diferente y mejor. He dividido este proceso en cinco pasos sencillos. Tengo confianza en que al llegar hasta este punto en el libro habrás conquistado los tres primeros.

Paso 1. Admite que el modo en que has vivido en muchas de las áreas más importantes de tu vida no funcionó para ti, concretamente al ser motivado por disfunciones emocionales del Sistema 1.

Paso 2. Toma una decisión firme del Sistema 2, donde ya no estás dispuesto a continuar enfocando la vida utilizando las mismas conductas y emociones del Sistema 1 de las que has dependido en el pasado. También debes comprender que este viaje de cambio es difícil y tomará un tiempo considerable.

Paso 3. Rinde a Dios tus disfunciones emocionales: tus viejos patrones, pensamientos y conductas. ¿Qué significa eso? Inicialmente es tan sencillo como expresar este compromiso en voz alta en oración con tus propias palabras. Pide ayuda a Dios durante este proceso. Si la oración no te resulta fácil, usa el modelo siguiente tomado de San Ignacio:

Toma, Señor, y recibe mi libertad,
mi memoria, mi entendimiento
y toda mi voluntad,
todo lo que tengo y llamo mío.
A ti, Señor, lo entrego.
Todo es tuyo; haz con ello lo que desees.
Dame solamente tu amor y tu gracia.
Eso es suficiente para mí.[2]

Recuerda: solamente porque hagas una oración de rendición no significa que no serás tentado a recuperar el control. El cambio toma tiempo. La rendición en este contexto es hacer oficial tu compromiso de soltar lo que te ha estado reteniendo. Necesitarás seguir rindiendo tus disfunciones emocionales cada día, en ocasiones incluso varias veces al día, a medida que trabajas en tus problemas.

Paso 4. Cuando digas sí al proceso de rendición, es momento de construir una vida nueva, comenzando con la construcción de nuevas megasuperautopistas que darán significado y alegría a tu vida. Este rumbo incluirá mucha oración y meditación contemplativa a medida que profundizas tu perspectiva en tu Yo y tu viaje. Este no es un viaje para hacerlo a solas. Eres un cocreador con Dios de una vida nueva. Tú debes hacer tu parte. En el capítulo 4 te recordé que tus propios pensamientos son tus armas más poderosas para la transformación. Con la guía de Dios, ahora debes construir nuevas megasuperautopistas contándole a tu Yo una nueva historia sobre cómo será tu vida. *Pues como piensa dentro de sí* [un hombre o una mujer], *así es* (Proverbios 23:7, LBLA).

Paso 5. Encuentra a un consejero, asesor espiritual profesional, mentor o grupo de apoyo para guiarte en este difícil viaje de cambio. Esto es fundamental. Quiero ser claro en que algunas de las disfunciones emocionales que sufres no pueden ser reconfiguradas simplemente por la lectura de este libro. Consigue la ayuda que necesites para avanzar.

MI RENDICIÓN

Tras tocar fondo y negarme a seguir viviendo con inconsistencias, clamé a Dios en oración. Simplemente le dije: "¡Me doy por vencido! ¡Por favor, ayúdame!". Esta fue mi génesis de la rendición. También comencé una serie de sesiones de consejería intensas con Frank Seekings, un erudito bíblico hebreo de reconocimiento internacional y consejero matrimonial. Como Class Clarence, el ángel de la guarda en la película *Qué bello es vivir*, mi terapeuta era un personaje muy peculiar. Nunca me había reunido con él, y como vivía al otro lado del país, nuestras sesiones las realizábamos por teléfono. Ni siquiera recuerdo cómo lo encontré. Creo que fue mediante la recomendación de un amigo, pero no estoy seguro.

Frank fue mi mentor varias veces por semana durante seis meses, comenzando tres meses antes de mi llegada a un hogar vacío aquella noche. A diferencia de Clarence, Frank no me mostró todas las cosas maravillosas que yo había hecho en mi vida; en cambio, me ayudó a comprender cuán quebrantado estaba. Su primera tarea fue revelar las maneras en que la configuración de mi cerebro y los patrones de pensamientos resultantes eran erróneos cuando se trataba de cómo enfocaba yo las relaciones. Dejó claro que yo estaba destinado a repetir los mismos errores una y otra vez si no entregaba mis fortalezas emocionales, en particular mi necesidad desesperada de tener el control y mi temor abrumador a ser rechazado y abandonado. Frank también señaló desde el inicio de nuestro tiempo juntos que mi matrimonio estaba tan profundamente desfigurado, que la reconciliación era improbable. Sin embargo, tenía confianza en que Dios podía utilizar incluso ese caos y mi dolor inconsolable para transformar mi *Yo*.

Él tenía razón.

Frank me enseñó que rendirse es dar la espalda a lo que ha tomado el control sobre ti y obtener algo de mayor valor. En hebreo, la palabra rendirse significa "doblar la rodilla". Para mí, esto significa tener confianza absoluta en las palabras de Jesús: *Vengan a mí todos los que están cansados y llevan cargas pesadas, y yo les daré descanso. Pónganse mi yugo. Déjenme enseñarles, porque yo soy humilde y tierno de corazón, y encontrarán descanso para el alma* (Mateo 11:28-29, NTV).

Observemos el requisito de Cristo en este versículo: "Pónganse mi yugo". Un yugo es "un travesaño de madera que se ata a los cuellos de dos animales y se une al arado o carro que ellos deben jalar".[3] Cuando yo era pequeño en el campo, nuestra familia usaba un tractor Massey Ferguson de 1957 para arar nuestros campos, pero algunos de mis vecinos seguían empleando bueyes. Recuerdo la teatralidad que mostraban los animales más jóvenes cuando los granjeros les ataban el yugo por primera vez. Si alguno era particularmente vivaz e independiente, era una locura intentar ajustarle el travesaño de madera y colocar cerca al otro buey o cualquier otra cosa. Al final, sin embargo, el animal se calmaba y se rendía al yugo. De otro modo, se habría convertido en carne para hamburguesas.

Cuando comencé a conversar con Frank, una parte de mí era como un buey al que le gustaba pelear, sin estar completamente listo o dispuesto a ceder el control. Por consiguiente, el yugo de la rendición todavía tenía mucho dolor preparado para mí, pero ese es el precio de ser reconfigurado; y por eso no es fácil y toma tiempo. Mi meta en el proceso de rendición era vivir algún día en paz y libertad, y ser capaz de manejar bien mis sentimientos de temor, ansiedad, culpabilidad y vergüenza para mantener relaciones saludables. He mencionado que se aconseja a los alcohólicos en las primeras etapas de la recuperación que encaren el proceso un día (y algunas veces un minuto) cada vez. Así es como yo enfoqué el camino de la rendición.

PRÁCTICAS QUE CONDUCEN A LA RECONFIGURACIÓN

Ya he ofrecido cinco pasos que alimentan el proceso de transformación. Me gustaría añadir cuatro prácticas que Frank sugirió y que me ayudaron a ser libre de la atadura de las disfunciones emocionales (trabajan en conjunto con los pasos mencionados antes). Puedo decir con confianza que este consejo me ayudó no solo a reconocer y aprender cómo manejar mis fortalezas emocionales, sino también a descubrir mi Yo, definirlo y amarlo.

Ora: todo el tiempo. La oración se convirtió en una disciplina no como un canal para pedir a Dios que me ayudara a salvar mi matrimonio sino como un medio para desarrollar una relación personal con Él. Tan solo conversar con Dios regularmente como lo haría con un amigo de confianza me ayudó diariamente a rendir mi dolor, mi confusión y mi voluntad. Me sorprendió que a medida que pasaba el tiempo, mis oraciones pasaron de ser monólogos egoístas a ser tiempos tranquilos de meditación, en tanto que simplemente pedía a Dios que me guiara en este proceso y revelara mi Yo verdadero. Sea cual sea tu trasfondo espiritual, la oración es importante. Es un componente fundamental para el proceso de rendición: admitir que necesitas ayuda desesperadamente fuera de tu Yo.

Hazte responsable de tu parte. Sin importar con cuánta fuerza creía yo que estaba sobre terreno moral elevado en mi matrimonio, el hecho era que no lo estaba. Yo era un factor que contribuía de modo importante a los problemas. No había actuado bien, liderado bien, ni modelado cómo amar bien, y por eso yo era el responsable en última instancia. Por lo tanto, necesitaba disculparme por el estado del matrimonio y, en el proceso, rendir mi necesidad de tener la razón. No importaba si mi esposa aceptaba mis disculpas o correspondía mis palabras con hostilidad. Yo simplemente tenía que decir que lo sentía. Cuando admitimos que estamos equivocados y nos hacemos responsables de nuestras acciones, abrimos la puerta a la sanidad. Es otro modo de decirle al universo que estamos preparados para abrazar el cambio.

Sé vulnerable. Yo tuve que hacer lo que más temía: hacer vulnerable mi *Yo*. Irónicamente, hacerlo abrió la puerta a mi liberación definitiva. Después de mucha oración y contemplación, sentí que Dios me guiaba a decirle "te amo" a mi esposa tres veces cada día hasta que el matrimonio quedara reparado o terminado. Comencé tres meses antes de que ella se fuera y lo hacía desde lo profundo de mi corazón, carente de expectativa. Dios me estaba enseñando sobre el amor verdadero: entregar mi *Yo* sin esperar nada a cambio. Si quería amar de esa manera, tenía que confiar en que Él me daría mucho más amor a cambio, y que su amor era más que suficiente. Cuando confías en Dios, en su provisión, en su plan y en su momento oportuno, eres más capaz de abrir tu *Yo* a otros con humildad. Tiendes a hacer lo correcto sin tener en cuenta cuál sea el resultado.

Pasa tiempo en soledad para la autorreflexión. Frank me pidió que aparte del trabajo y de pasar tiempo con mis cuatro hijos y mi nueva nieta, me quedara en casa durante cinco meses, incluso los fines de semana. No estaba siendo un aguafiestas; tan solo quería que por primera vez en mi vida enfrentara mi *Yo*. Sin distracciones. Sin oportunidades para escapar o adormecer mi *Yo* en cócteles o reuniones.

Utilizaba ese tiempo para orar, meditar, y para la autorreflexión. Estar solo fue difícil al inicio, pero mientras más tiempo pasaba así, más aprendí a amar mi *Yo* y cuidarlo. Admitiré que Frank pagó un alto precio por este consejo. Al principio, sufrí ataques de pánico y estaba convencido de que me volvería loco sin alguna forma de estimulación social. No puedo contar cuántas llamadas telefónicas a las 3:00 de la mañana compartimos por mi temor a que no sería capaz de continuar con esta práctica de contemplación en soledad.

Vivimos en una sociedad en la que nadie quiere estar solo. Estamos pegados a nuestros aparatos tecnológicos y somos adictos a las redes sociales, las cuales, como dijimos en el capítulo 5, sirven para reprimir el dolor de la soledad que define la condición humana. Sin embargo, estar en contacto con tu *Yo* de modo intencionado es fundamental. Aprendes a apaciguar tu *Yo*. Te enfrentas cara a cara con ciertas realidades que las distracciones han nublado. Llegas a estar más sintonizado con tu estructura emocional y mental a medida que avanzas en el proceso del cambio. Alimentas tu ímpetu para seguir adelante.

CAMBIO, FINALMENTE

Para que no pienses que yo puse en acción estas prácticas de inmediato, con facilidad y sin resbalar, has de saber que no lo hice así. Durante mi tiempo con Frank, seguí cometiendo algunos errores críticos. Por ejemplo, tuve algunos arrebatos emocionales destructivos dirigidos a mi esposa de los que no me siento orgulloso. Cada vez que sentía que había fracasado, Frank me recordaba que no era posible que yo pudiera cambiar en unas pocas semanas. Reconfigurar nuestra mente toma meses, incluso años. Cuando regresas de nuevo a tus viejos patrones o conductas, has de saber que no has fracasado. Mira esos reveses como oportunidades para pausar, reconocer tu error, y hacer las cosas mejor la próxima vez. Los seres humanos no somos perfectos, y nuestras emociones son reales. A medida que avanzamos por las transiciones dolorosas, se producen profundas cicatrices. Toma tiempo aprender, crecer y progresar hacia un *Yo* estable, fuerte y flexible.

La parte más asombrosa de mi viaje es que intercalar diariamente las cuatro prácticas me ayudó finalmente a reconfigurar mi mente en medio de un dolor y una ansiedad increíbles. Fue en ese punto cuando comencé a leer y estudiar todo lo que pude encontrar en revistas y libros de texto de biología, psicología y filosofía con respecto a los apoyos del Razonamiento de Proceso Dual. El libro que tienes en tus manos en este momento es el resultado de ese tremendo viaje de aprendizaje. ¿Quién conocía el camino que yo transitaría después de batallar tras la repercusión de tal destrucción? ¡Los milagros existen, sin duda!

RELÁJATE, DIOS LO TIENE EN SUS MANOS

A. W. Tozer escribió: "El motivo por el que muchos siguen afligidos, siguen buscando, siguen haciendo poco progreso, se debe a que todavía no han llegado a su límite. Seguimos intentando dar órdenes e interfiriendo en la obra de Dios en nuestro interior".[4]

Como un loco del control autoproclamado en recuperación, sigo aprendiendo a participar de la vida con amor tal como llega y no como yo lo organicé. En lugar de intentar desesperadamente controlar mi situación o la de otros, he rendido este control y he decidido dejarme llevar. Ahora, cada día intento responder al universo con amor, y he renunciado a mi insistencia en que el universo me respondiera. Esto no significa que tan solo soy un observador en la vida, que paso mis días encerrado en meditación y canturreando el mantra: "Qué será, qué será". Por el contrario, participo en la vida y en las relaciones, y apunto a marcar una diferencia en cualquier cosa que hago. La diferencia en mi vida hoy desde que toqué fondo es mi confianza inquebrantable en Dios, estar establecido en mi espíritu por el hecho de que Él me dirige y me guía, incluso en las circunstancias en las que yo no tengo ningún control. Comprendo que yo no puedo cambiar a otros ni dictar cómo se relacionan conmigo o me responden. Reconozco la tentación ocasional de querer ayudar a Dios a manejar su papel y su voluntad en mi vida, pero en lo más profundo de mí sé que su camino es siempre mejor. Como digo siempre: "Dios lo tiene en sus manos". ¡Eso sí que quita la presión!

La vida no es fácil. Sufrimos heridas, cicatrices y cortes profundos que nos llaman a darnos por vencido y vivir desde un segundo plano, encarcelados por nuestros temores. Si eso se aplica a ti, mira en tu interior y encontrarás un destello de un alma valiente. Entiende que la vida está forjada por lo impredecible. Riesgos, confusión y dolor abundan; sin embargo, atravesarlos de modo consciente y abierto conducirá a una vida llena de significado, pasión y bienestar. No estás solo. Dios está contigo a medida que haces el viaje del cambio paso a paso. Y aunque el camino es largo, a medida que tu cerebro se reconfigura, resucita la esperanza. La vida es mejor y más brillante, y comienzas a ver la huella de amor de Dios por todas partes. Créeme cuando te digo: Dios lo tiene en sus manos.

13

PERDÓN Y LIBERTAD

Debemos desarrollar y mantener la capacidad de perdonar.
Aquel que carece de la capacidad de perdonar, carece del poder
de amar. Hay cierta bondad en los peores de nosotros y cierta
maldad en los mejores de nosotros. Cuando descubrimos eso,
somos menos propensos a aborrecer a nuestros enemigos.

Martin Luther King Jr.

Al escribir este capítulo, hace tan solo tres días atrás un joven de
veintiún años profundamente afligido entró en una iglesia histórica
afroamericana en Charleston, Carolina del Sur. Llevaba oculto un
revolver de calibre 45 en su bolsillo trasero. Por una hora, este joven
estuvo sentado en un banco durante un estudio de la Biblia. Entonces
abrió fuego, pronunciando palabras de odio racial y matando a nueve
personas en ese santuario. La muerte de estos santos, seis mujeres y
tres hombres, dejó a miles de familias, amigos, y a una nación haciendo
luto. Y aunque esta matanza trágica ocurrió durante un periodo de
agitación racial continuada y división en la que la retribución de la

injusticia demandaba más sangre derramada, más violencia, más caos y más ira, sucedió algo peculiar en Charleston.

Familiares de las víctimas llegaron hasta el tirador no con conferencias de prensa o con odio, sino con una gran tristeza y, sorprendentemente, con perdón. Durante una audiencia que tuvo lugar días después de los asesinatos, se permitió a estos familiares dirigirse al acusado en el tribunal mediante video.

Una mujer cuya madre resultó muerta dijo: "Tú me arrebataste algo muy precioso. Nunca volveré a conversar con ella. Nunca podré volver a darle un abrazo. Pero te perdono. Y tengo misericordia de tu alma".[1]

La hermana de otra víctima dijo: "Reconozco que estoy muy enojada, pero ella [su hermana] me enseñó que somos la familia que el amor construyó. No tenemos espacio para el odio".[2] La capacidad de perdón de estas almas hermosas solamente días después de sus pérdidas nos recuerda que hay un modo de enfrentar la maldad que no involucra odio o retribución: el poderoso acto del perdón.

Esto nos hace recordar otra balacera trágica que tuvo lugar en una escuela amish en 2006. Un camionero atacó a una comunidad pacífica en Pennsylvania, matando a cinco niñas e hiriendo a otras cinco personas antes de utilizar su arma contra sí mismo. Con una gracia y compasión inmensas, el pueblo amish se acercó a la esposa y la familia del asesino. Un abuelo de una de las víctimas hizo esta declaración tan asombrosa: "No debemos pensar de forma malvada de este hombre".[3] Otro miembro de la comunidad dijo: "No creo que haya nadie aquí que quiera hacer otra cosa sino perdonar, y no solo acercarse a quienes han sufrido una pérdida de ese modo, sino también acercarse a la familia del hombre que cometió estos actos".[4] Varios de los padres de las víctimas incluso asistieron al funeral del tirador, abrazando a la afligida viuda que dejó.

El perdón es una fuerza poderosa. Para nuestra naturaleza animal del Sistema 1 es ilógico, irracional, y simplemente no tiene sentido. El Sistema 1 es un sistema de advertencia de peligro que insiste en que recordemos y —siempre que sea posible— hagamos algo para eliminar una amenaza o a cualquier persona asociada con ella. Tal vez por eso el perdón es verdaderamente un impulso de transformación que lleva luz a la oscuridad, libertad de las atrocidades de nuestro pasado, y un potencial interminable para la paz en cada momento y en el futuro.

PERDONAR A OTROS

A lo largo de este libro he hecho hincapié en la importancia de ser sincero con tu *Yo*. Hacerlo te permite ser responsable de tus acciones y rendir tu voluntad a Dios. Aunque este es un proceso importante para reconfigurar tu cerebro, el siguiente paso es el perdón, perdonar a otros (y a tu *Yo*) que te causaron dolor.

El perdón es esencial para un alma, mente y cuerpo sanos. El psicólogo Robert Enright, autor de varios libros entre los que se incluyen *The Forgiving Life* [La vida de perdón], dijo en una entrevista reciente que mediante el acto del perdón "las personas pueden esperar menos ansiedad, menos enojo, menos depresión, si es que la hay, una mayor sensación de autoestima y esperanza, y relaciones más sanas porque no llevamos esas heridas a nuestras relaciones con otros".[5]

Incluso al escribir estas palabras, admito que no puedo imaginar el horror que tal vez tú has soportado. Aunque he relatado mi historia, quizá tú experimentaste una maldad absoluta. Durante mis sesiones de consejería, Frank me enseñó la diferencia entre pecado y maldad. Dijo que la palabra *pecado*, como se usa en la Biblia, tiene varias raíces hebreas y significados, pero la que yo debía aplicar a mi situación y mi vida era "no dar en el blanco o en la diana". Como ya sabes, por mucho tiempo me sentí culpable por ser una persona terrible que cometió una catástrofe relacional, incluso hasta el punto de atribuir las horribles tragedias en mi vida a mis acciones. Frank me indicó que el uso bíblico de la palabra *maldad* era tomar la decisión de llevar a cabo una acción que intencionalmente haría daño a otros. Ese no era el caso en mis relaciones. Dios conocía mi corazón, y aunque yo había cometido errores perjudiciales y caminaba por una senda incorrecta, nunca hice daño a otros intencionadamente. Comprender ese concepto fundamental me ayudó a perdonar a mi *Yo*.

Es más fácil perdonar a una persona por no dar en el blanco que por cometer un acto de maldad; aun así, incluso a la luz de atrocidades sin sentido, el perdón es necesario para el bienestar de la persona. Por lo tanto, ¿cómo se perdona la maldad? ¿Y qué significa eso? Quiero dejar claro que perdonar a otros no minimiza o niega lo que hizo esa persona para hacernos daño. Significa soltar emociones poco saludables como el resentimiento y la amargura y el peso de sentirse victimizado, para así poder experimentar libertad personal. Es fundamental recordar las palabras del artista y autor C. R. Strahan: "El perdón no tiene que ver con absolver al criminal de su crimen. Tiene todo que ver con liberarse a uno mismo de la carga de ser una víctima; soltar el dolor y transformarse uno mismo pasando de ser víctima a ser superviviente".[6]

Conozco una circunstancia en la cual un padre violó a una de sus hijas pequeñas durante años, al mismo tiempo que abusaba sexualmente de otras niñas del barrio. El perdón en esta clase de situación abusiva necesitará límites. En el caso de la niña, que ahora es una mujer adulta con una familia propia, aunque ha perdonado a su padre también ha decidido lícitamente no volver a verlo nunca más. Incluso bajo circunstancias horrendas, el perdón no debería considerarse un lastre, sino amor a uno mismo y un camino poderoso hacia la libertad.

El perdón llama a una comprensión profunda de las palabras de Martin Luther King Jr. al decir que "hay cierta bondad en los peores de nosotros y cierta maldad en los mejores de nosotros". Cuando reconocemos nuestras imperfecciones y prestamos atención a la naturaleza destructiva de algunos de nuestros propios pensamientos y acciones inmorales, perdonar a otros se vuelve factible. Es fundamental reconocer este principio, porque en lugar de admitir nuestros defectos, errores o fallos de carácter, nuestra tendencia natural es abordar inicialmente estas fallas con excusas y justificaciones que protejan nuestra integridad. Eso evita que veamos nuestros errores tal como son. Irónicamente, con frecuencia hacemos precisamente lo contrario con quienes nos dañan, inflando sus errores. Subestimar nuestra posible responsabilidad en un área de intenso conflicto o tensión aumenta la probabilidad de que sobrestimemos el papel del otro. Por lo tanto, nos convertimos en la víctima y lo seguimos siendo.

Un buen ejemplo es cuando un matrimonio se disuelve. ¿Cuántos divorcios caóticos has visto? Tal vez tú mismo atravesaste uno de ellos. En estas situaciones, dos personas junto con sus familias, amigos y abogados, llevan a cabo ataques legales y públicos para desacreditarse y destruirse el uno al otro. Es el cerebro reptiliano humano en modo ataque. Uno de mis buenos amigos es abogado de divorcios, y me dijo una expresión común que se utiliza en su profesión: "Comemos lo que matamos". Irónicamente, cuando los cónyuges buscan aniquilarse el uno al otro en lo económico, lo mental o emocional con cada instinto imaginable de competencia y supervivencia del Sistema 1, las únicas personas que ganan esas peleas despiadadas son los abogados.

El Dr. King siempre ha sido uno de mis héroes, pero mi respeto por él aumentó recientemente cuando volví a leer y examinar sus escritos y sermones. En su famoso mensaje "Ama a tus enemigos" que dio en Montgomery, Alabama, en 1957, King predicó sobre el mandamiento de Jesús de amar a nuestros enemigos (ver Mateo 5:44). El activista por los derechos civiles subrayó que el odio, junto con las emociones que lo acompañan como orgullo, celos, enojo y resentimiento, es la fuerza impulsora que está detrás de la falta de perdón. Planteó que solamente al amar verdaderamente y con valentía somos capaces de perdonar. Esto, a su vez, nos libera del odio y de toda la negativa rebelde y asfixiante que se suma a él (tengamos en mente que King hizo una distinción entre amar y caer bien. Podemos amar a personas que no necesariamente deben caernos bien).

Dos citas de este increíble sermón tienen un profundo significado personal y filosófico para mí. La primera de ellas es la siguiente:

> Perdonar no significa ignorar lo que se hizo o poner una etiqueta falsa sobre un acto de maldad. Más bien significa que el acto de maldad ya no sigue siendo una barrera para la relación. El perdón es un catalizador que crea la atmósfera necesaria para un nuevo comienzo y e inicio. Es levantar una carga o la cancelación de una deuda.[7]

Jesús contó una parábola sobre un rey que perdonó a su siervo cancelando una deuda que le debía y liberándolo de todas las obligaciones financieras (ver Mateo 18:23-35). King dijo que este acto es el primer paso crítico para un nuevo comienzo para el individuo que perdona y también para el que es perdonado. Aunque no siempre es posible la reconciliación, perdonar a otro sí que ofrece una oportunidad para un nuevo inicio que de otro modo puede que no hubiera existido.

La segunda cita es, con mucha diferencia, la más famosa. Creo que está entre las palabras más importantes pronunciadas en mi vida: "La oscuridad no puede expulsar a la oscuridad; solamente la luz puede hacer eso. El odio no puede expulsar al odio; solamente el amor puede hacer eso".[8] ¿Quieres conocer la clave para la libertad en esta tierra? Es este extraordinario principio del Sistema 1 de no devolver odio por odio sino responder al odio con amor.

Es la respuesta conmovedora de la hermosa comunidad de la iglesia episcopal metodista africana Emanuel de Charleston cuando la maldad saqueó su santuario. Es el sentimiento susurrado del pueblo amish cuando niños inocentes fueron abatidos a tiros. Es lo que tú y yo tenemos la capacidad de hacer, aunque sin duda no es fácil, parece poco natural, y desafía la lógica. Es un acto de heroísmo, que evidencia la compasión y la misericordia propias de Cristo.

Nuestros instintos de supervivencia del Sistema 1 comunican con claridad precisamente lo contrario. Nos dicen que ataquemos o huyamos de cualquiera que sea una amenaza. El llamado de Jesús a amar a nuestros enemigos y el énfasis de King en esta enseñanza nos piden que vayamos en contra de todo lo que está grabado de modo innato en las partes primitivas de nuestro cerebro. Esto requiere un *Yo* profundamente diferenciado y una reconfiguración amplia.

En su reciente libro *Forgiveness Is Living* [Perdonar es vivir], apoyado por décadas de investigación, Robert Enright describe cómo el perdón sana y puede utilizarse para mejorar la salud y el sufrimiento. Otros autores y él escriben sobre cómo el perdón es un proceso que puede convertirse en un hábito cuando hacemos lo siguiente:

- En primer lugar, examina cómo la injusticia afecta tus emociones (enojo, odio y amargura). Pensamientos y emociones negativas y abrumadoras y sentirte indefenso pueden ser motivadores estupendos para el cambio y para recuperar tu poder.

- En segundo lugar, decide cambiar tu mundo interior que ha sido dañado por la injusticia. A medida que aprendes el perdón y lo practicas, ofreces a tu *Yo* paz, misericordia y bondad.

✦ En tercer lugar, no tienes que aprobar la maldad o excusar o reconciliarte con tu ofensor o abusador, especialmente si no es seguro hacerlo.[9]

En las páginas siguientes tendrás la oportunidad de abordar la falta de perdón en tu corazón y explorar si es una fortaleza o no; pero, antes, es importante explorar otra faceta de este asunto.

PERDONAR A TU YO

Tal vez más difícil que perdonar a otros es mirar fijamente tu propio reflejo en el espejo y tener que ofrecer esa misma gracia. Para muchos, mostrar compasión y bondad hacia sí mismos está cargado de culpabilidad y vergüenza, paralizando nuestro avance.

Una amiga mía me contó una historia poderosa y trágica sobre lo que le sucedió a su familia hace cincuenta años atrás. Diez hermanos y hermanas se criaron en una pequeña comunidad granjera rural donde se establecieron cuando fueron adultos y formaron sus propias familias. La caza era una práctica necesaria y común; por desgracia, predominaban los accidentes. Un día, un hijo de una de las hermanas salió con su mejor amigo y su primo a buscar y derribar un ciervo para la cena. De forma trágica, el muchacho confundió a su primo con la presa deseada y accidentalmente disparó y lo mató. Abrumado por la culpa, se negó a perdonarse a sí mismo incluso cuando la tía de este muchacho (la mamá de la víctima) le rogó que procurara en su corazón perdonarse a sí mismo, ya que ella lo había perdonado por lo que fue un terrible accidente.

Pasaron los años. A medida que el muchacho se hacía adulto, el odio y la vergüenza hacia sí mismo se fortalecieron. Se sentía en deuda con su tía y, debido a la culpa que sentía le pedía constantemente hacer tareas por ella. La mujer le aseguró que no necesitaba nada de él excepto que se perdonara; sin embargo, por mucho que intentaba consolar a su sobrino, él era incapaz de otorgarse a sí mismo la misma misericordia que ella le mostró. Este hombre murió joven, solo, quebrantado y profundamente afligido.

Uno de los aspectos más inquietantes de esta historia es el gran alcance del impacto de la incapacidad de este hombre de perdonarse a sí mismo; afectó al resto de su familia extendida. Nadie se atrevía nunca a hablar del muchacho que murió porque inevitablemente sacaría a la superficie a quien lo mató por accidente. Debido a que su familia no podía celebrar las vidas de los dos fallecidos, su capacidad de hacer luto quedó truncada. Durante años después del accidente, solo se mencionaba tras puertas cerradas y entre susurros, normalmente cuando un familiar más joven y desprevenido sacaba el tema.

Nuestra incapacidad de perdonar a nuestro *Yo* afecta a otros, incluso en generaciones venideras. Recientemente le dije a mi exesposa que aunque puede que no mostráramos a nuestro hijos cómo amar bien, podemos mostrarles —y les hemos mostrado— cómo perdonar adecuadamente.

El acto de perdonar a tu *Yo* es difícil cuando las garras de la culpa y la vergüenza te están ahogando. Hay una distinción en ambas. La culpa es frecuentemente apropiada. Se produce cuando entendemos que nos hemos quedado cortos en nuestros valores personales y la moralidad de Dios. Esta comprensión debería ser lo bastante incómoda como para motivarnos hacia el cambio verdadero. La culpa no es necesariamente mala mientras no se infecte y se convierta en vergüenza.

La autora de éxitos de venta Brené Brown establece una clara distinción entre culpa y vergüenza:

Un modo claro para ver la diferencia es pensar en esta pregunta: Si cometiste un error que realmente hirió los sentimientos de alguien, ¿estarías dispuesto a decir: "Lo siento. Cometí un error"? Si estás experimentando culpa, la respuesta es sí: "*Cometí* un error". La vergüenza, por otro lado, es decir: "Lo siento. *Soy* un error". La vergüenza no solo suena diferente a la culpa; se siente diferente. Cuando entendemos esta distinción, la culpa incluso puede hacernos sentir más positividad acerca de nosotros mismos, porque señala a la brecha existente entre lo que hicimos y quiénes somos; y, afortunadamente, podemos cambiar lo que hacemos.[10]

Durante el tiempo que me sentí atrapado por la vergüenza, sintiéndome responsable del accidente de mi hijo debido a mis fracasos morales, nunca olvidaré lo que sucedió para ayudar a cambiar mi perspectiva. Un día particularmente malo, salí a manejar un rato. Fui por la autopista, llorando desconsoladamente. Oí sonar mi celular e ignoré la llamada; pero el teléfono seguía sonando sin cesar. Sin prestar atención al nombre de quien llamaba que aparecía en la pantalla, finalmente agarré el teléfono. Antes de lanzarlo al asiento del acompañante, grité: "¡Déjame en paz!".

No tuve esa suerte. Otra llamada entrante. Comprendiendo que era Tanya, mi hermana pequeña, di un suspiro y respondí a la llamada. Tanya y yo nos queremos mucho, pero a decir verdad nos hemos peleado desde el día en que ella nació.

Yo lloraba tan fuerte que me resultaba difícil hablar. Mi hermana me ordenó que me apartara a un lado de la carretera. Me reprendió diciendo: "¿No comprendes que podrías causar un accidente y matar a alguien al estar en un estado emocional tan horrible?".

Tras seguir sus instrucciones y tomar un momento para recuperar el aliento y calmarme, expresé mis sentimientos de vergüenza. Incluso le dije que, de hecho, si yo era el motivo por el que mi hijo tenía que sufrir, quería morir.

Aunque Tanya no tuvo palabras de compasión para su hermano mayor desconsolado, sí que me ofreció sabiduría en forma de amor firme. "¿Quieres callarte un momento?", comenzó, y después hizo una pausa antes de continuar con un tono bastante áspero.

"Eres un gran falso, ¿no es así, Ski? No crees ni una sola cosa de las que te enseñaron en la escuela dominical y en la iglesia todos estos años".

"¿A qué te refieres?", le pregunté.

"Ski, cada día tienes una página en blanco. Cuando lo sientes y has pedido perdón por los pecados del día anterior, Dios los ha perdonado y olvidado. Cualquier necio sabe eso. Ayer tuviste una página en blanco, y el día anterior, y el día anterior a ese. Por lo tanto, el accidente de Josh no pudo haber sido culpa tuya. ¿Qué diantres te pasa? Sabes muy bien que la gracia es el centro de tu fe. ¡Es el único modo en que cualquiera de nosotros puede ser realmente libre!".

Mi hermana pequeña tenía razón. ¿Cómo pude haberlo pasado por alto?

Si has estado flagelando a tu *Yo* por algo que hiciste años atrás, o incluso recientemente, pero te has hecho responsable de tus acciones, es el momento de que te detengas. Es el momento de sanar. El perdón a uno mismo es esencial para poder seguir adelante. No puedes cambiar el pasado, pero puedes cambiar la trayectoria de tu vida a partir de ahora.

TU TURNO

El perdón es una experiencia muy profunda que te permitirá recuperar tu capacidad y tu alegría. Vale la pena, especialmente cuando compartes tu experiencia y ayudas a otros por medio de ella. Toma un tiempo y reflexiona en el estado actual de tu vida.

Repasa la autonarrativa que escribiste en el capítulo 11. ¿Puedes detectar ciertas características (como enojo, relaciones tensas, negatividad) que podrían resultar de no perdonar por completo heridas del pasado? Tal vez eres incapaz de mantener relaciones saludables porque albergas un profundo resentimiento contra un familiar por abusar de ti cuando eras pequeño. Quizá no permitirás a tu *Yo* ser feliz o divertirse debido a la vergüenza tremenda que sientes por algo que hiciste. La falta de perdón podría ser tu mayor piedra de tropiezo para ser libre. El siguiente ejercicio te ayudará a comenzar el proceso de reconfiguración para desconectarte de tus disfunciones emocionales que te inundan debido a la falta de perdón.

Antes de comenzar, si esta área ha sido tu mayor tropiezo para vivir una vida mejor, te recomiendo encarecidamente que busques consejo en un entorno seguro para trabajar en este asunto. Aunque este ejercicio es un inicio estupendo, tal vez necesites más guía de la que yo puedo ofrecer en un capítulo de un libro.

Comienza haciendo lo siguiente:

1.   Escribe los nombres de todos los que te hayan causado dolor o daño y a quienes te resulta difícil perdonar.

2.   Escribe las ofensas cometidas contra ti y cómo te sientes al respecto. No te reprimas.

3.   Escribe lo que ha evitado que los perdones y por qué es importante perdonar.

4.   Ahora toma un tiempo para reflexionar, meditar y orar a Dios pidiendo ayuda para perdonar a esas personas. Recuerda: esto no significa que absuelves su culpa o minimizas la ofensa. Simplemente estás abriendo en tu corazón la puerta a la libertad.

5.   Puede que también sea útil compartir este ejercicio con un amigo de confianza, un asesor espiritual profesional, o un mentor con el que te sientas seguro.

Si tu batalla está en el perdón a ti mismo, haz lo siguiente:

1.   Piensa en áreas en tu vida o acontecimientos en los que causaste a tu *Yo* o a otras personas dolor, daño o perjuicio.

2.   Si te has hecho responsable de tus acciones, pero sigues experimentando culpa y vergüenza, anota cómo esas emociones abrumadoras han afectado tu vida y tus relaciones con otros.

3.   En oración, pide humildemente a Dios que te perdone por tus errores y fracasos morales que han dañado a otros. Mediante la reflexión y la meditación, ofrece perdón y gracia a tu *Yo*. Afirma está acción con declaraciones positivas como "perdono a mi *Yo*", incluso si no lo sientes. Recuerda que el perdón no es una emoción; es una decisión. Puede que no te inunde la calidez cuando perdonas a otros o a tu *Yo*, pero aun así estás tomando la poderosa decisión de liberar a tu *Yo* y crear un santuario interior de paz, salud y alegría.

4.   Si todavía no lo has hecho, es importante que te disculpes y repares el daño, siempre que sea posible, con las personas a las que heriste, excepto cuando hacer eso causaría más daño aún. Decir "lo siento" ha sido una parte muy importante de mi viaje. No siempre recibí perdón inmediato, pero esto me ha permitido completar mi parte del viaje del perdón.

EL PODER DE LA LIBERTAD

El perdón tiene la capacidad de transformar poderosamente nuestro *Yo* y darnos libertad en nuestra vida. Mediante este canal transformador somos liberados de las cadenas de nuestros complejos, nuestras heridas, nuestras inseguridades, nuestra culpa y nuestra vergüenza. Somos libres para amar. Somos libres para disfrutar la vida.

La libertad es un aspecto esencial, hermoso y único de la existencia humana. C. S. Lewis dijo de la libertad que:

> Aunque hace posible la maldad, es también lo único que hace posible cualquier clase de amor, bondad o alegría que vale la pena tener. Un mundo de autómatas, de criaturas que actuaran como máquinas, apenas si valdría la pena crearlo. La felicidad con la que Dios diseña a sus criaturas superiores es la felicidad de estar unidos a Él y los unos a los otros libremente y voluntariamente en un éxtasis de amor y deleite, que si comparamos con el amor más apasionado entre un hombre y una mujer en esta tierra, es meramente leche y agua. Y, para eso, tienen que ser libres.[11]

Creo que Dios lo apostó todo a nuestra libertad. Cuando nos creó, sabía que nosotros, como estos cerebros primitivos del Sistema 1, usaríamos esa libertad para destruirnos a nosotros mismos y a otros. Él sabía que, a menos que uniera cuerdas de marioneta o nos rodeara de una valla limitante, nos desgarraríamos los unos a los otros. Y Él fue testigo del abuso de esa libertad en forma de asesinatos en masa, genocidio, racismo, abuso sexual y emocional, abandono, matrimonios destruidos, familias rotas y adicciones. La libertad se ha cobrado, y se sigue cobrando, un precio increíblemente elevado con la humanidad. Sin embargo, para Dios vale la pena. ¿Por qué?

Amor y libertad son los conceptos que más definen la existencia humana. Aunque tienen distintos significados, no son independientes entre sí; están interconectados profundamente. Cada palabra da significado a la otra. La libertad contiene el potencial de escoger el amor: el amor inmenso e inexplicable que impulsa a un hijo adolescente de Charleston a perdonar al joven que mató a su mamá; o que impulsa a una mujer a perdonar a su papá por abusar de ella sexualmente a lo largo de su niñez y adolescencia y, cuando es anciano, a ocuparse de él económicamente y en otros aspectos; o que influencia a los padres de una activista *antiapartheid* en Sudáfrica que fue asesinada brutalmente por residentes de color de Cape Town, a perdonar a los asesinos de su hija y formar una organización sin fines de lucro para ayudar a la juventud sudafricana.

LA LIBERTAD DE CAMBIAR

Mientras escribía este libro, experimenté una hermosa mañana de Pascua que me ayudó a comprender nuestra necesidad desesperada de perdón y la Semana Santa. Tomé tiempo más adelante esa mañana para escribir acerca de mi experiencia:

En mi prisa por comenzar esta mañana, olvido que hoy es domingo. Entonces, de repente comprendo que no es cualquier domingo; es domingo de Pascua. Me siento en la mesa de la cocina mirando por la ventana mientras el amanecer aparece perezosamente por encima del horizonte. Mi teléfono me dice que el sol saldrá en nueve minutos, tiempo suficiente para que agarre un abrigo, caliente mi café, y salga al patio trasero para contemplar la gloria de la mañana.

Mientras siento escalofríos por el frío, mis ojos reposan en el magnífico cielo color naranja que se extiende moteado por matices de color amarillo y rojizo. Al mirar fijamente esos matices de color, comprendo que no llevo puesto ningún calzado. Y me estoy congelando afuera en esa mañana de abril tan fría. Entonces, los escalofríos se disipan. Mi atención se dirige hacia los primeros y brillantes rayos de luz cuando el sol comienza a levantarse. Un nuevo día. Un nuevo amanecer. Domingo de Pascua.

Mi encuentro con el amanecer me recuerda que la Semana Santa, el día en el calendario cristiano en el que celebramos la resurrección de Cristo, significa que somos libres. Libres del pecado, sí, pero también engloba mucho más. La Pascua simboliza un nuevo comienzo. Nos recuerda que somos liberados de todos los errores y tristezas que han hecho que nuestras vidas sean tan difíciles. Somos liberados de la cárcel en la que nuestro mundo nos metió, y tal vez más importante, en la que nosotros nos hemos metido. Somos liberados de los lamentos y resentimientos del pasado y los temores y las expectativas del futuro. Y, sí, nuestros espíritus atemporales ahora son libres de esta vida temporal y estos cuerpos con defectos. Verdaderamente, el milagro de la Pascua es que podemos dejar atrás todas nuestras cosas malas y avanzar hacia un futuro nuevo y brillante.

Este libro ha sido una crónica de las rebeldes emociones, respuestas y disfunciones del Sistema 1 que consumen nuestra vida diaria. Nos enfocamos en cómo estas semillas, con el paso del tiempo, crean malas decisiones, conductas inexplicables, relaciones dolorosas, y problemas de control que finalmente conducen a ansiedad, culpa, vergüenza, depresión y una profunda sensación de soledad. También he descrito nuestro cerebro extraordinariamente complejo con sus numerosas partes, su configuración complicada, y sus sistemas de razonamiento que compiten. Es difícil ser humano, especialmente en un tiempo en el que somos absolutamente abrumados con situaciones e información que desencadenan nuestros temores, conductas y sentimientos primitivos.

Te ruego que uses los principios de este libro para encontrar tu viaje hacia la libertad, de modo que dentro de un año no despiertes una mañana magnífica de Pascua y captes el amanecer con otro conjunto similar de errores, inseguridades, lamentos, resentimientos, dolores y tristezas en tu corazón. La decisión de cambiar es tuya.

El psicólogo Viktor Frankl fue un prisionero en cuatro campos de concentración nazis, incluido Auschwitz, durante la Segunda Guerra Mundial, y perdió a su esposa, su madre y su hermano en el Holocausto. Él escribió: "Cuando ya no somos capaces de cambiar una situación… somos desafiados a cambiarnos a nosotros mismos".[12] Cada día que permaneces cautivo de las disfunciones de tu Sistema 1 es un día menos de libertad que tienes.

Abriste este libro porque comprendías que algo en tu vida tenía que cambiar. Es mi esperanza y mi oración que estas palabras hayan podido empujarte hacia una dirección mejor. Aunque puede que sigas pensando en los conceptos que has aprendido, tengo confianza en que el proceso de reconfiguración ha comenzado. Estás en la génesis de un cambio. Es tu decisión seguir el ímpetu y no mirar atrás.

Como dice mi hijo Josh casi todos los días: "¡Es momento de dejar de actuar en el Sistema 1!".

RECONOCIMIENTOS

Gracias:

A Dios, en primer lugar y sobre todo, por su generoso amor, gracia y dirección. Es aleccionador que Él pueda usar un instrumento tan imperfecto como yo para comunicar este mensaje vital.

A mis coautoras, Margaret Rukstalis y A. J. Gregory. Siempre recordaré y estaré agradecido a mi apreciada amiga A. J. por acompañarme y guiarme en el viaje más milagrosamente creativo que he emprendido nunca.

A Trish, la mujer que ha capturado mi corazón. Ofreces una gran sabiduría y me ayudas a ser un mejor hombre. A mi hijo inspirador, Josh, quien me apoyó cada día y a menudo cada hora durante mi viaje de nueve meses para escribir este libro. Gracias desde lo más profundo de mi corazón.

A mis otros hijos extraordinarios (Candice, Shane y Saran), a mi hermosa nieta (Grace), y a los cuatro maravillosos hijos de Trish (Adam, Rachel, Donna y Leah). Ustedes han sido una fuente constante de amor e inspiración.

A mi mamá, Ruby, que siempre ha sido mi mayor fan, mi fuente de fortaleza, y mi norte verdadero en los asuntos más importantes de la vida; y también a mi papá, Floyd (FH), por enseñarme las lecciones más significativas de la vida y, sobre todo, a vivir libre. Te extraño cada día, papá.

A mis hermanas (Tammy, Tanya y Debbie) y también a mis increíbles sobrinas y sobrinos, y a toda la familia Chilton por todo su ánimo y aliento.

Al doctor Kevin Jung por reunirse conmigo todos los viernes para guiarme en asuntos filosóficos complejos. A la doctora Ellie Rahbar por ayudarme a editar las primeras versiones del manuscrito. A mi asistente Denise Griffin Wolfe por hacer que no fuera pesado y mantenerme cuerdo durante este proceso.

A mi amiga y agente literaria Esther Fedorkevich y al increíble equipo, especialmente a Whitney Gossett, de la Agencia Fedd.

Al doctor Frank Seekins por su sabiduría, apoyo y cuidado.

A todo el equipo de Baker, incluyendo a Chad Allen, por creer en el poder de este libro; A Wendy Wetzel y el equipo editorial por su mirada habilidosa y su experiencia; y a Mark Rice, Hannah Brinks, Eileen Hanson, Brianna DeWitt, y el resto del equipo de mercadotecnia y publicidad. No podríamos haber hecho esto sin ustedes.

Literalmente, a los cientos de profesores por los que he tenido la dicha de ser formado y mentoreado en la Universidad Western Carolina, la facultad de medicina de la Universidad de Colorado, de la Universidad Johns Hopkins y de la Wake Forest, y particularmente a los doctores Lumb, Wykle, Murphy, Lichtenstein, Undem y McCall. Gracias por permitirme aprender de ustedes.

NOTAS

INTRODUCCIÓN

1. El mago de Oz, dirigida por Victor Fleming (1939; Culver City, CA: Warner Home Video, 1998), DVD.

2. Paulo Coelho, *Warrior of the Light* (Nueva York: HarperOne, 2003), p. 15.

CAPÍTULO 1: HISTORIA DE DOS MENTALIDADES

1. Charles Dickens, *A Christmas Carol* (Nueva York: Global Classics, 2014), p. 4.

2. *Ibid.*, p. 27.

3. B. F. Skinner, *About Behaviorism* (Nueva York: Knopf, 1974); J. Feinberg, *Reason and Responsibility: Readings in Some Basic Problems of Philosophy*, 7th ed. (Belmont, CA: Wadsworth, 1989).

4. Ver Timothy D. Wilson, *Strangers to Ourselves* (Cambridge, MA: Belknap Press, 2002), pp. 43-44.

5. C. S. Lewis, *The Screwtape Letters* (Nueva York: HarperCollins, 2001), p. 61.

6. William C. Reeve et al., "Mental Illness Surveillance among Adults in the United States", *Morbidity and Mortality Weekly Report*, 2 de septiembre de 2011, http://www.cdc.gov/mmwr/preview/mmwrhtml/su6003a1.htm.

7. *Ibid.*

8. *Ibid.*

CAPÍTULO 2: FIJO EN LA HIPERACTIVIDAD

1. Y. Dvir, B. Denietolis, J. A. Frazier, "Childhood Trauma and Psychosis", Child and Adolescent Psychiatric Clinics of North America, 22 de octubre de 2014, http://www.ncbi.nlm.nih.gov/pubmed/24012077.

2. Daniel Kahneman, *Thinking, Fast and Slow* (Nueva York: Farrar, Straus and Giroux, 2011).

3. Wilson, *Strangers to Ourselves*, p. 50.

4. Gary Zukav, *The Seat of the Soul* (Nueva York: Simon & Schuster, 1989), p. 7.

5. "Embryonic Stem Cells," Science Daily, http://www.sciencedaily.com/terms/embryonic_stem_cell.htm.

6. Tor Nørretranders, *The User Illusion* (Nueva York: Viking, 1998).

7. Kimerer LaMothe, "Emotional Habits: The Key to Addiction", *Psychology Today*, 16 de marzo de 2012, https://www.psychologytoday.com/blog/what-body-knows/201203/emotional-habits-the-key-addiction.

CAPÍTULO 3: OBSESIONADO POR EL TEMOR

1. Matthew Weiner, "Smoke Gets in Your Eyes", *Mad Men*, temporada 1, episodio 1, emitido 19 de julio de 2007.

2. Martin Lindstrom, *Brandwashed: Tricks Companies Use to Manipulate Our Minds and Persuade Us to Buy* (Gran Bretaña: Kogan Page Limited, 2012), p. 35.

3. *Ibid.*, p. 36.

4. Franklin D. Roosevelt, Inaugural Address, 4 de marzo de 1933, en línea, The American Presidency Project by Gerhard Peters y John T. Woolley, http://www.presidency.ucsb.edu/ws/?pid=14473.

5. Lou Dzierzak, "Factoring Fear: What Scares Us and Why", *Scientific American*, 27 de octubre de 2008, http:// www.scientificamerican.com/article/factoring-fear-what-scares.

6. Adaptado de http://www.12step.org/docs/Step4_Inventory.pdf.

7. Karl Albrect, "The (Only) 5 Fears We All Share", *Psychology Today*, 22 de marzo de 2012, https://www.psychologytoday.com/ blog/brainsnacks/201203/the-only-5-fears-we-all-share.

8. Elliot D. Cohen, "The Fear of Losing Control", *Psychology Today*, 22 de mayo de 2011, https://www.psychologytoday.com/blog/ what-would-aristotle-do/201105/the-fear-losing-control.

9. Steven Pinker, *The Better Angels of Our Nature: Why Violence Has Declined* (Nueva York: Penguin Books, 2012), p. 692.

10. Seth Borenstein, "Bombings, Beheadings? Statistics Show a Peaceful World", *Associated Press*, 23 de octubre de 2011, http:// www.nbcnews.com/id/44999572/ns/world_news/t/bombings-beheadings-statistics-show-peaceful-world/#.VVClWO vVRUS.

11. Steven Pinker, citado en *ibid.*

12. John Tierney, "Living in Fear and Paying a High Cost in Heart Risk", *New York Times*, 15 de enero de 2008, http://www.nytimes.com/2008/01/15/science/15tier.html?pagewanted=all.

13. E. Alison Holman, FNP, PhD; Roxane Cohen Silver, PhD; Michael Poulin, PhD; Judith Andersen, PhD; Virginia Gil-Rivas, PhD; Daniel N. McIntosh, PhD, "Terrorism, Acute Stress, and Cardiovascular Health: A 3-Year National Study Following the September 11th Attacks", *Archives of General Psychiatry* 65, no. 1 (2008):73-80, doi:10.1001/archgenpsychiatry.2007.6.

14. N. del T.: Pollyanna es una novela de Eleanor H. Porter publicada en el año 1913. Cuenta la historia de una niña que siempre encuentra el lado bueno de cualquier situación. El libro fue un éxito, y añadió una nueva palabra en inglés: *Pollyanna*, que se usa para describir a una persona que es optimista de manera exagerada.

15. William Shakespeare, *Julius Caesar*, acto II, escena 2, pp. 32-33.

CAPÍTULO 4: TU CEREBRO EN CAMBIO

1. Aristóteles, *Generation of Animals*, trad. A. L. Peck (Cambridge: Harvard University Press, 1979).

2. William James, *The Principles of Psychology*, vol. 1 (Nueva York: Cosimo, 2007), p. 105.

3. J. S. Griffith y H. R. Mahler, "DNA Ticketing Theory of Memory", *Nature* 223 (1969): pp. 580-82.

4. Norman Doidge, *The Brain That Changes Itself* (New York: Viking, 2007), xv.

5. "I-405 in LA Named Busiest Interstate in Any US City", CBS Los Angeles, 20 de agosto de 2013, http://losangeles.cbslocal.com/2013/08/20/i-405-in-la-named-busiest-interstate-in-any-us-city

6. Doidge, *The Brain That Changes Itself*, p. 213.

7. "A Logical Proposition (Attributed to Bishop Beckwith)", *Sunday Critic*, 22 de noviembre de 1885, http://quoteinvestigator.com/2013/01/10/watch-your-thoughts.

8. Elliot Rose, *Experiencing the Soul* (Carlsbad, CA: Hay House, 1998), p. 15.

9. *Alcohólicos Anónimos: The Big Book*, 4a ed. (Nueva York: Alcoholics Anonymous World Services, 2001), p. 58.

CAPÍTULO 5: LO QUE SIGNIFICA SER HUMANO

1. http://www.oxfordlearnersdictionaries.com/us/definition/english/first-principles.

2. Drake Baer, "Elon Musk Uses This Ancient Critical-Thinking Strategy To Outsmart Everybody Else", Business Insider, 15 de enero de 2015, http://www.businessinsider.com/elon-musk-first-principles-2015-1 (consultado en línea 25 de enero de 2016).

3. C. S. Lewis, *The Problem of Pain* (Nueva York: Macmillan, 1962), p. 127.

4. Erich Fromm, *El arte de amar* (Nueva York: Harper Perennial Modern Classics, 2006), p. 9.

5. P. Mellars, "Why Did Modern Human Populations Disperse from Africa ca. 60,000 Years Ago? A New Model", *Proceedings of the National Academy of Sciences* 103 (2006): 9381–9386, doi: 10.1073/pnas.0510792103.

6. R. A. Mathias et al., "Adaptive Evolution of the FADS Gene Cluster within Africa", *PLoS One*, 19 de septiembre de 2012, 7(9):e44926. doi: 10.1371/journal.pone.0044926.

7. Aaron Smith y Monica Anderson, "5 Facts about Online Dating", *Fact Tank* (blog), Pew Research, 20 de abril de 2015, http://www.pewresearch.org/fact-tank/2015/04/20/5-facts-about-online-dating.

8. "New Comscore Social Media User Trends Report", Battenhall, http://battenhall.net/blog/new-comscore-social-media-user-trends-report.

9. "Mobile Technology Fact Sheet", Pew Research Center, http://www.pewinternet.org/fact-sheets/mobile-technology-fact-sheet.

10. "Society's New Addiction: Getting a 'Like' over Having a Life", Vital Smarts, 12 de marzo de 2015, https://www.vitalsmarts.com/press/2015/03/societys-new-addiction-getting-a-like-over-having-a-life.

11. Sophie Curtis, "Social Media Users Feel 'Ugly, Inadequate, and Jealous'", *Telegraph*, 25 de julio de 2014, http://www.telegraph.co.uk/technology/social-media/10990297/Social-media-users-feel-ugly-inadequate-and-jealous.html.

12. C. S. Lewis, *The Last Battle* (Nueva York: Collier, 1970), p. 184.

13. Mother Teresa, *A Simple Path* (Nueva York: Ballantine Books, 1995), p. 79.

CAPÍTULO 6: LO BUENO Y LO MALO IMPORTAN

1. Henry Ward Beecher, *Sermons: Henry Ward Beecher, Plymouth Church, Brooklyn*, vol. 2 (Nueva York: Harper & Brothers, 1868), p. 73.

2. N. T. Wright, *Paul and the Faithfulness of God* (Mineápolis: Fortress Press, 2013), p. 743.

3. H. G. Frankfurt, "Alternate Possibilities and Moral Responsibility", *Journal of Philosophy* 66, no. 23 (1969): pp. 829-39.

4. E. B. Foa, D. J. Stein, y A. C. McFarlane, "Symptomatology and Psychopathology of Mental Health Problems after Disaster", *Journal of Clinical Psychiatry* 67 (2006): 15–25; O. Agid et al., "Environment and Vulnerability to Major Psychiatric Illness: A Case Control Study of Early Parental Loss in Major Depression, Bipolar Disorder, and Schizophrenia", *Molecular Psychiatry* 4, no. 2 (1999): 163-72.

5. Blaine Harden, prefacio a la edición revisada de *Escape from Camp 14*, http://www.blaineharden.com.

6. Anderson Cooper, "North Korean Prisoner Escaped after 23 Years", All Things Anderson, 2 de diciembre de 2012, http://www. allthingsandersoncooper.com/2012/12/anderson-cooper-inter-views-shin-dong.html.

7. J. Bryan Lowder, "What Disturbs Us Most about the NY Post Subway Death Cover", *Slate*, 4 de diciembre de 2012, http://www. slate.com/blogs/behold/2012/12/04/ny_post_subway_death_ photo_of_ki_suk_han_why_r_umar_abbasi_s_image _disturbs. html.

8. "The Unethical Rationalization List: 24 and Counting", *Ethics Alarms*, 14 de abril de 2012, http://ethicsalarms.com/2012/04/14/ the-unethical-rationalization -list-24-and-counting.

CAPÍTULO 7: CUANDO GOLPEA LA TRAGEDIA

1. Emily Perl Kingsley, "Welcome to Holland," *Our Kids*, 1987, http://www.ourkids.org/archives/Holland.html.

2. Leslie Weatherhead, *The Will of God* (Nashville: Whitmore & Stone, 1944), p., 12.

3. *Ibid.*

4. *Ibid.*, p. 13.

5. Nira Kfir, *Crisis Intervention Verbatim* (Nueva York: Taylor and Francis, 1989), p. 29.

CAPÍTULO 8: ENFRENTAR EL MAYOR RETO: LA CRIANZA DE LOS HIJOS

1. Erich Fromm, *El arte de amar* (Nueva York: Harper Perennial Modern Classics, 2006), pp. 36-37.

2. *Ibid.*, p. 39.

3. Emily Badger, "The Unbelievable Rise of Single Motherhood in America over the Last 50 Years", *Washington Post*, 18 de diciembre de 2014, http://www.washingtonpost.com/news/wonkblog/wp/2014/12/18/the-unbelievable-rise-of-single-motherhood-in-america-over-the-last-50-years.

4. Ron L. Deal, "Marriage, Family, and Stepfamily Statistics", *Smart Step- families*, abril de 2014, http://www.smartstepfamilies.com/view/statistics.

5. "What Everybody Ought to Know about Narcissism", *Mutual Responsibility*, http://www.mutualresponsibility.org/science/what-everybody-ought-to-know-about-narcissism.

6. Douglas Belkin, "Today's Anxious Freshmen Declare Majors Far Faster Than Their Elders", *Wall Street Journal*, 19 de marzo de 2015, http://www.wsj.com/articles/todays-anxious-freshmen-declare-majors-far-faster-than-their-elders-1426818334.

CAPÍTULO 9: NO ERES TÚ, SOY YO

1. "Marriage and Divorce in America", Real Relational Solutions, 2007, http://passionworkshop.com/pdf/marriage_divorce_in_america-FS.pdf.

2. Fromm, *El arte de amar*, p. 17.

3. Lisa Firestone, "Differentiation: Living Life on Your Own Terms", *Psychology Today*, 19 de noviembre de 2009, https://www.psychologytoday.com/blog/com passion-matters/200911/differentiation-living-life-your-own-terms.

4. Kenneth Levy y J. Wesley Scala, "Transference, Transference Interpretations, and Transference-Focused Psychotherapies", *Psychotherapy* 49, no. 3 (2012): 392, http://www.researchgate.net/profile/J_Scala/publication/230827646_Transference_transference_interpretations_and_transference-focused_psychotherapies /links/0fcfd506c695cc9c23000000.pdf.

5. Saul McLeod, "Attachment Theory", *Simply Psychology*, 2009, http://www.simplypsychology.org/attachment.html.

6. George Vaillant, *Triumphs of Experience: The Men of the Harvard Grant Study* (Cambridge, MA: Belknap Press, 2012).

7. *Ibid.*, p. 113.

8. *Ibid.*, pp. 112-3.

9. Fromm, *El arte de amar*, pp. 43, 45, 49, 53, 59.

10. Melody Beattie, *Codependent No Mo10re: How to Stop Controlling Others and Start Caring for Yourself*, 2a rev. ed. (Center City: Hazelden, 1992), 36.

11. "Oprah's Life Lesson from Maya Angelou: 'When People Show You Who They Are, Believe Them'", *Huffington Post*, 14 de marzo de 2013, http://www.huffingtonpost.com/2013/03/14/oprah-life-lesson-maya-angelou_n_2869235.html.

12. *Ibid.*

CAPÍTULO 10: EL REGALO DE LA INTIMIDAD Y EL SEXO

1. Vanessa Taylor, escritor, *Hope Springs*, Columbia Pictures, 2012.

2. Helen Fisher, *Why We Love: The Nature and Chemistry of Romantic Love* (New York: Henry Holt, 2004), xv.

3. H. E. Fisher, "Lust, Attraction, and Attachment in Mammalian Reproduction", *Human Nature* (1998): pp. 9, 23-52.

4. David Schnarch, "People Have Sex within the Limits of Their Development", *Psychology Today*, *Intimacy and Desire* blog, 4 de junio de 2011, https://www.psychologytoday.com /blog/intimacy-and-desire/201106/people-have-sex-within-the-limits-their-development.

5. Agustín Fuentes, "Why Is Sex So Complicated?", *Psychology Today*, 3 de diciembre de 2012, https://www.psychologytoday.com/ blog/busting-myths-about-human-nature/201212/why-is-sex-so-complicated.

6. Helen Fisher, *Anatomy of Love* (Nueva York: Ballantine Books, 1994), p. 32.

7. David Schnarch, *Intimacy and Desire: Awaken the Passion in Your Relationship* (Nueva York: Beaufort Books, 2009).

8. A. C. Kinsey, W. R. Pomeroy, and C. E. Martin, "Sexual Behavior in the Human Male", *American Journal of Public Health* 93, no. 6 (junio de 2003): 894-98.

9. "Does Sex Get Better with Age?", MSN Health Hub, 29 de agosto de 2014, http://www.msn.com/en-nz/lifestyle/relationships/does-sex-get-better-with-age/ar-AA5SKMM.

10. "The Allure Aging Survey", *Allure*, http://www.allure.com/beauty-trends/2013/the-allure-aging-survey?slide=2#slide=1 (consultado en línea 25 de enero de 2016).

11. Stacy Tessler Lindau et al., "A Study of Sexuality and Health among Older Adults in the United States", *New England Journal of Medicine* 357, no. 8 (23 de agosto de 2007): pp. 762-74.

12. Schnarch, *Intimacy and Desire*, p. 69.

13. William Nicholson, escritor, *Shadowlands*, Price Entertainment, 1994.

CAPÍTULO 11: ¿QUIÉN SOY YO?

1. Bronnie Ware, *The Top Five Regrets of the Dying: A Life Transformed by the Dearly Departing* (Carlsbad, CA: Hay House, 2012), p. 37.

2. Christoph Cardinal Schoenborn, *The Joy of Being a Priest: Following the Cure of Ars* (San Francisco: Ignatius Press, 2010), p. 83.

3. Timothy D. Wilson, *Strangers to Ourselves* (Cambridge, MA: Belknap Press, 2004), p. 68.

CAPÍTULO 12: RENDICIÓN

1. Buddy T, "Hitting Bottom", About Health, 28 de noviembre de 2014, http://alcoholism.about.com/cs/support/a/aa031997.htm.

2. Ignatius of Loyola, "Suscipe", Loyola Press, http://www. loyolapress.com/suscipe-prayer-saint-ignatius-of-loyola.htm.

3. "Yoke," Google, https://www.google.com/webhp?sourceid= chrome-instant &ion=1&espv=2&ie=UTF-8#q=yoke.

4. A. W. Tozer, *I Talk Back to the Devil: The Fighting Fervor of the Victorious Christian* (Camp Hill, PA: First Wingspread Publishers Edition, 2008), edición Kindle.

CAPÍTULO 13: PERDÓN Y LIBERTAD

1. Nikita Stewart and Richard Perez-Pena, "In Charleston, Raw Emotion at Hearing for Suspect in Church Shooting", *New York Times*, 19 de junio de 2015, http://www.nytimes.com/2015/06/20/ us/charleston-shooting-dylann-storm-roof .html?_r=0.

2. *Ibid.*

3. "Amish Grandfather: 'We Must Not Think Evil of This Man'", 2006, http://www.kltv.com/story/5495980/amish-grandfather-we-must-not-think-evil-of-this-man (consultado en línea 25 de enero de 2016).

4. *Ibid.*

5. Entrevista con Robert D. Enright sobre *The Forgiving Life* grabada en la 2011 APA Convention in Washington, DC, American Psychological Association, http://www.apa.org/pubs/books/ interviews/4441016-enright.aspx.

6. C. R. Strahan, *The Roan Maverick* (Charleston, SC: Booksurge Publishing, 2006), p. 162.

7. Martin Luther King Jr. y Coretta Scott King, *A Gift of Love: Sermons from Strength to Love and Other Preachings* (Boston: Beacon Press, 2012), p. 47.

8. *Ibid.*, p. 48.

9. Ver Roy Lloyd y Robert Enright, "The Science of Forgiveness", *Huffington Post*, 25 de mayo de 2011, http://www.huffingtonpost. com/roy-lloyd/the-science-of-forgivenes_b_613138.html.

10. Brené Brown, "4 (Totally Surprising) Life Lessons We All Need to Learn", Oprah.com, 14 de junio de 2012, http://www.oprah.com/spirit/ Life-Lessons-We-All-Need-to-Learn-Brene-Brown#ixzz3gwXXqr4p.

11. C. S. Lewis, *The Complete C. S. Lewis Signature Classics* (Grand Rapids: Zondervan, 2007), pp. 47-48.

12. Viktor Frankl, *Man's Search for Meaning* (Nueva York: Buccaneer Books, 2006), p. 116. Para leer más sobre el perdón, ver Roy Lloyd y Robert Enright, "The Science of Forgiveness".

El **Dr. Ski Chilton** es profesor en el departamento de psicología y farmacología de la facultad de medicina Wake Forest. Ha sido el autor o coautor de más de 130 artículos científicos y cuatro libros, incluyendo *Inflammation Nation*. Su trabajo se presenta regularmente en lugares como WebMD, *Men's Journal*, *Men's Health*, *Prevention*, the *Wall Street Journal*, *ABC News*, y muchos otros. Vive en Carolina del Norte.

La **Dra. Margaret Rukstalis** es psiquiatra de las adicciones que ha estudiado el cerebro y el cambio de conducta por más de veinticinco años. Recibió su doctorado de Dartmouth Medical School, actualmente forma parte del profesorado de la facultad de medicina Wake Forest, y ha sido coautora de más de cincuenta artículos científicos y capítulos de libros. Vive en Carolina del Norte.

A. J. Gregory es la autora de *Messy Faith* y *Silent Savior*. También ha colaborado con figuras de alto perfil en más de treinta y cinco autobiografías y libros de autoayuda, algunos de ellos éxitos de ventas del *New York Times*. Vive en Nueva Jersey.